COVID-19:
DER GROSSE
UMBRUCH

KLAUS SCHWAB
THIERRY MALLERET

FORUM PUBLISHING

Fassung 1.0

World Economic Forum,
91-93 route de la Capite,
CH-1223 Cologny/Genf SChweiz.

Tel.: +41 (0)22 869 1212
Fax +41 (0) 22 786 2744
E-Mail: contact@weforum.org
www.weforum.org

ISBN 978-2-940631-19-3

Über *Covid-19: Der große Umbruch*

Mit seinem Erscheinen hat das Corona-Virus die bisherige Regierungsführung der Länder, unser Zusammenleben und die Weltwirtschaft als Ganzes gehörig durcheinandergebracht. Die Verfasser Klaus Schwab, Gründer des Weltwirtschaftsforums, und Thierry Malleret, Autor von Monthly Barometer, befassen sich in *Covid-19: Der große Umbruch* mit den weitreichenden und dramatischen Auswirkungen auf die Welt von morgen.

Vorrangiges Ziel des Buches ist es, den künftigen Entwicklungen in verschiedensten Bereichen Rechnung zu tragen. Das im Juli 2020, mitten in der Krise und vor möglichen weiteren Infektionswellen veröffentlichte Buch ist eine Mischung aus einem zeitgenössischen Essay und einer wissenschaftlichen Momentaufnahme eines entscheidenden historischen Moments. Es setzt sich aus Theorie und praktischen Beispielen zusammen, möchte jedoch in erster Linie erklären und enthält viele Mutmaßungen und Vorstellungen, wie sich die Welt nach der Pandemie gestalten könnte und vielleicht auch sollte.

Das Buch ist in drei Hauptkapitel gegliedert, die einen breiten Überblick über die künftige Landschaft bieten. Im ersten Kapitel wird untersucht, wie sich die Pandemie auf fünf wichtige Makrokategorien auswirken wird, nämlich Wirtschaft, Gesellschaft, Geopolitik, Umwelt und Technologie. Das zweite Kapitel befasst sich mit den mikroökonomischen Auswirkungen auf bestimmte Branchen und Unternehmen. Im dritten Kapitel geht es um mögliche Folgen auf individueller Ebene.

Anfang Juli 2020 stehen wir an einem Scheideweg, argumentieren die Autoren von *Covid-19: Der große Umbruch*. Ein Weg wird uns in eine bessere Welt führen, eine integrativere, gerechtere und umweltfreundlichere Welt. Der andere wird uns in eine Welt führen, die der Welt ähnelt, die wir gerade hinter uns gelassen haben – nur schlimmer und ständig von bösen Überraschungen geplagt. Wir müssen also den richtigen Weg wählen. Die bevorstehenden Herausforderungen könnten folgenschwerer sein, als wir uns bisher vorzustellen wagten – ebenso könnten wir jedoch auch besser für einen Umbruch gewappnet sein, als wir bisher zu hoffen gewagt hatten.

Über die Autoren

 Professor **Klaus Schwab** (1938, Ravensburg, Deutschland) ist der Gründer und Vorstandsvorsitzende des Weltwirtschaftsforums. 1971 veröffentlichte er *Moderne Unternehmensführung im Maschinenbau.* Er argumentiert in diesem Buch, dass Unternehmen, um langfristig erfolgreich zu sein, nicht nur die Interessen der Aktionäre vertreten, sondern alle Interessengruppen (*Stakeholder*) bedienen müssen. Um dieses Stakeholder-Konzept zu fördern, gründete er im selben Jahr das Weltwirtschaftsforum.

Professor Schwab promovierte in Wirtschaftswissenschaften (Universität Freiburg) und Ingenieurwissenschaften (Eidgenössische Technische Hochschule Zürich) und erwarb einen Master-Abschluss in Public Administration (MPA) an der Kennedy School of Government der Universität Harvard. Zusätzlich zu seiner Führungsrolle beim Forum wurde er 1972 Professor an der Universität Genf. Er erhielt zahlreiche internationale und nationale Auszeichnungen und ist Ehrendoktor an 17 Universitäten. Seine jüngsten Bücher sind *Die Vierte Industrielle Revolution* (2016), ein weltweiter Bestseller, der in 30 Sprachen übersetzt wurde, und *Die Zukunft der Vierten Industriellen Revolution* (2019).

 **Thierry Malleret** (1961, Paris, Frankreich) ist geschäftsführender Partner von Monthly Barometer, einer prägnanten, prädiktiven Analyse für private Investoren, globale CEO sowie Meinungsbildner und Entscheidungsträger. Im Laufe seiner Karriere gründete er das Global Risk Network des Weltwirtschaftsforums und leitete dessen Programmteam.

Malleret studierte an der Sorbonne und der Ecole des Hautes Etudes en Sciences Sociales, Paris sowie am St. Antony's College, Oxford. Er hat einen Master-Abschluss in Wirtschaftswissenschaften und Geschichte sowie einen Doktortitel in Wirtschaftswissenschaften. Er war in den Bereichen Investmentbanking, Think-Tanks, Wissenschaft und Politik (drei Jahre im Büro des Premierministers in Paris) tätig. Er ist Autor mehrerer Bücher zu wirtschaftlichen und wissenschaftlichen Themen und hat vier Romane veröffentlicht. Mit seiner Frau Mary Anne lebt er in Chamonix, Frankreich.

INHALTSVERZEICHNIS

EINLEITUNG

Die durch die Coronavirus-Pandemie ausgelöste weltweite Krise ist beispiellos in der jüngsten Geschichte. Es ist sicherlich keine Übertreibung, wenn wir behaupten, dass sie für die gesamte Welt und jeden Einzelnen die schwierigsten Zeiten heraufbeschwört, die wir seit Generationen erlebt haben. Es ist unser entscheidender Moment – wir werden jahrelang mit ihren Folgen zu tun haben und Vieles wird sich für immer ändern. Sie verursacht wirtschaftliche Schäden von monumentalem Ausmaß, versetzt uns an mehreren Fronten – politisch, gesellschaftlich, geopolitisch – in gefährliche und unbeständige Zeiten, weckt große Besorgnis hinsichtlich der Umwelt und erweitert die Technologisierung (ob bedrohlich oder nicht) unseres Lebens. Keine Branche und kein Wirtschaftszweig werden von den Auswirkungen dieser Veränderungen verschont bleiben. Millionen Unternehmen drohen zu verschwinden und viele Branchen stehen vor einer ungewissen Zukunft; einige wenige werden erfolgreich sein. Auf individueller Basis gerät für viele das Leben, wie sie es bisher kannten, mit alarmierender Geschwindigkeit aus den Fugen. Tiefe, existenzielle Krisen ermöglichen jedoch auch mehr Selbstreflexion und bergen das Potenzial für einen Wandel. Die Bruchlinien der Welt – vor allem die sozialen Gräben, mangelnde Gerechtigkeit, fehlende Kooperation, das Versagen von Global Governance und Leadership – sind jetzt offensichtlich wie nie zuvor, und die Menschen spüren, dass die Zeit für einen Paradigmenwechsel gekommen ist. Eine neue Welt wird entstehen, deren Umrisse wir ersinnen und skizzieren müssen.

Zum Zeitpunkt der Abfassung (Juni 2020) verschlimmert sich die Pandemie weiterhin weltweit. Viele von uns fragen sich, wann sich die Dinge wieder normalisieren werden. Die kurze Antwort lautet: niemals. Nichts wird jemals wieder so sein wie zuvor. Die Normalität in dem Sinne, wie wir sie kannten, ist zu Bruch gegangen und die Coronavirus-Pandemie stellt einen grundlegenden Wendepunkt auf unserem globalen Kurs dar. Einige Analysten sprechen von einem Scheideweg, andere von einer tiefen Krise „biblischen" Ausmaßes, das Ergebnis ist jedoch gleich: Die Welt, wie wir sie in den ersten Monaten des Jahres 2020 kannten, gibt es nicht mehr, sie hat sich im Kontext der Pandemie aufgelöst. Es kommen derart radikale Veränderungen auf uns zu, dass manche Experten bereits von der Zeit „vor Corona" (BC) und „nach Corona" (AC) sprechen. Diese Veränderungen werden uns wie bisher plötzlich und unerwartet überraschen und im Zuge ihrer Verkettung Auswirkungen zweiter, dritter, vierter und weiterer Ordnung, Dominoeffekte und unvorhergesehene Folgen hervorrufen. Auf diese Weise wird eine „neue Normalität" entstehen, die sich radikal von jener unterscheidet, die wir nach und nach hinter uns lassen werden. Viele unserer Überzeugungen und

Annahmen, wie die Welt aussehen könnte oder sollte, werden sich dabei zerschlagen.

Generalisierte und radikale Verkündungen (wie etwa „Alles wird sich ändern") und Schwarz-Weiß-Analysen der Art „Alles oder Nichts" sind jedoch mit großer Vorsicht zu genießen. Die Realität wird natürlich viel differenzierter sein. Die Pandemie an sich wird die Welt zwar nicht komplett verändern, aber sie wird wahrscheinlich viele der Veränderungen beschleunigen, die bereits vor ihrem Ausbruch stattfanden, wodurch wiederum andere Veränderungen in Gang gesetzt werden. Nur eines ist gewiss: Die Veränderungen werden nicht linear verlaufen und es wird drastische Brüche geben. *COVID-19: Der große Umbruch* ist ein Versuch, die auf uns zukommenden Veränderungen aufzuzeigen und einen bescheidenen Beitrag zur Skizzierung einer wünschenswerteren und nachhaltigeren Form dieser Veränderungen zu leisten.

Beginnen wir damit, die Dinge ins richtige Verhältnis zu setzen: Den Menschen gibt es seit etwa 200.000 Jahren, die ältesten Bakterien seit Milliarden von Jahren und Viren seit mindestens 300 Millionen Jahren. Dies bedeutet, dass Pandemien höchstwahrscheinlich seit jeher existieren und ein fester Bestandteil der Geschichte der Menschheit sind, seit der Mensch zu reisen begann; in den letzten 2000 Jahren waren sie eher die Regel als die Ausnahme. Aufgrund ihres von Natur aus zerstörerischen Charakters haben sich Epidemien im Laufe der Geschichte als eine Triebkraft dauerhafter und oft radikaler Veränderungen erwiesen: Sie haben Unruhen hervorgerufen, zu sozialen und militärischen Konflikten geführt, aber auch Innovationen ausgelöst, Staatsgrenzen neu gezogen und oft den Weg für Revolutionen geebnet. Epidemien zwangen ganze Imperien, ihren Kurs zu ändern, wie im Falle des Byzantinischen Reichs, als es 541-542 von der Justinianischen Pest befallen wurde, und andere wurden gänzlich ausgelöscht, als Herrscher der Azteken und Inka gemeinsam mit einem Großteil ihrer Untertanen an Krankheitserregern aus Europa starben. Auch behördliche Maßnahmen zu ihrer Eindämmung gehören seit jeher zum politischen Arsenal. Die Ausgangssperren und Lockdowns zur Bekämpfung von Covid-19 im Großteil unserer Welt sind daher nichts Neues. Sie sind seit Jahrhunderten gängige Praxis. Die frühesten Formen der Ausgangssperre waren die Quarantänen zur Eindämmung der Pest, die zwischen 1347 und 1351 etwa ein Drittel der Einwohner Europas tötete. Das Wort Quarantäne stammt von *quaranta* (dem italienischen Wort für „vierzig") ab. Anfangs wussten die Behörden zwar nicht wirklich, was sie mit der 40-tägigen Ausgangssperre, die sie den Menschen auferlegten, eindämmen wollten, aber die Maßnahmen waren eine der ersten Formen der „institutionalisierten öffentlichen Gesundheit" zur legitimierten Machtausweitung des modernen Staates.[1] Der Zeitraum von 40 Tagen entbehrt jeglicher medizinischer Grundlage; er wurde aus symbolischen und religiösen Gründen gewählt: Sowohl das Alte als auch das Neue Testament beziehen sich im Kontext der Reinigung häufig auf die Zahl 40 – insbesondere die 40 Tage Fastenzeit und die 40 Tage Sintflut in der Genesis.

Die Ausbreitung von Infektionskrankheiten schafft es, wie kaum ein anderer Umstand Angst, Besorgnis und Massenhysterie zu schüren. Dabei stellt sie, wie wir gesehen haben, auch unseren sozialen Zusammenhalt und unsere kollektive Fähigkeit zur Krisenbewältigung in Frage. Epidemien sind von Natur aus spaltend und traumatisierend. Wir kämpfen gegen einen unsichtbaren Feind: Unsere Familie, Freunde und Nachbarn könnten Überträger des Virus sein, unsere alltäglichen Gepflogenheiten wie das Treffen mit Freunden an einem öffentlichen Ort können zur Ansteckungsgefahr werden, und die Behörden, die versuchen, uns durch die Auferlegung von Ausgangssperren zu schützen, werden oft als Unterdrücker wahrgenommen. Geschichtlich bedeutend und wiederkehrend ist die Suche nach einem Sündenbock, um die Schuld auf Außenseiter zu schieben. Im mittelalterlichen Europa gehörten die Juden fast immer zu den Opfern der berüchtigten Pestpogrome. Ein tragisches Beispiel veranschaulicht dies: 1349, zwei Jahre nachdem der Schwarze Tod auf dem Kontinent zu wüten begonnen hatte, wurden in Straßburg am Valentinstag Juden, die der Verbreitung der Pest durch Brunnenvergiftung bezichtigt wurden, aufgefordert, sich zu bekehren. Etwa 1.000 weigerten sich und wurden bei lebendigem Leib verbrannt. Im selben Jahr wurden jüdische Gemeinden in anderen europäischen Städten ausgerottet, was sie zu einer massiven Abwanderung in den östlichen Teil Europas (nach Polen und Russland) zwang. Die Demografie des Kontinents veränderte sich dadurch nachhaltig. Was für den europäischen Antisemitismus zutrifft, gilt auch für den Aufstieg des Absolutismus, den allmählichen Rückzug der Kirche und viele andere historische Ereignisse, die in nicht geringem Maße auf Pandemien zurückzuführen sind. Die Veränderungen waren so vielfältig und weitreichend, dass sie zum „Ende einer Ära der Unterwerfung" führten, Feudalismus und Leibeigenschaft ein Ende setzten und das Zeitalter der Aufklärung einläuteten. Kurzum: „Insofern mag der Schwarze Tod der unerkannte Geburtshelfer des modernen Menschen gewesen sein."[2] Wenn solch tiefgreifende soziale, politische und wirtschaftliche Veränderungen durch die Pest in der mittelalterlichen Welt hervorgerufen werden konnten, könnte dann die Covid-19-Pandemie den Beginn eines ähnlichen Wendepunkts mit langfristigen und dramatischen Folgen für unsere heutige Welt darstellen? Im Gegensatz zu vergangenen Epidemien stellt Covid-19 keine neue existenzielle Bedrohung dar. Sie wird weder zu einer unvorhergesehenen Hungersnot noch zu größeren militärischen Niederlagen oder Regimewechseln führen. Bevölkerungsgruppen werden durch die Pandemie weder ausgerottet noch vertrieben. Dies kommt jedoch keiner Beschwichtigung gleich. In Wirklichkeit verhält es sich so, dass bereits bestehende Gefahren, denen wir bisher nicht angemessen begegnet sind, durch die Pandemie dramatisch verschärft werden. Sie wird auch beunruhigende Trends, die sich im Laufe der Zeit entwickelt haben, beschleunigen.

Für die Ausarbeitung einer aussagekräftigen Antwort brauchen wir einen konzeptuellen Rahmen (oder eine einfache mentale Landkarte), um über das Kommende nachzudenken und es zu verstehen. Besonders hilfreich können historische Einblicke sein. Deshalb suchen wir so oft nach einem beruhigenden „geistigen Anker", der uns als Maßstab dient, wenn wir gezwungen sind, uns schonungslose Fragen darüber zu stellen, was sich in welchem Umfang verändern wird. Dabei suchen wir nach Präzedenzfällen, mit Fragen wie: Ist die Pandemie mit der Spanischen Grippe von 1918 (die in drei Wellen schätzungsweise mehr als 50 Millionen Menschen weltweit getötet hat) vergleichbar? Könnte sie sich wie die Weltwirtschaftskrise gestalten, die 1929 begann? Gibt es Ähnlichkeiten mit dem durch die Terroranschläge am 11. September ausgelösten psychologischen Schock? Gibt es Ähnlichkeiten mit SARS im Jahr 2003 und H1N1 im Jahr 2009 (wenn auch in einem anderen Ausmaß)? Haben wir es mit etwas wie der großen Finanzkrise von 2008, nur viel größer zu tun? Die richtige, wenn auch unliebsame Antwort auf all diese Fragen lautet nein! Keines dieser Ereignisse entspricht der Reichweite und dem Muster des menschlichen Leids und des wirtschaftlichen Zusammenbruchs, die durch die gegenwärtige Pandemie verursacht werden. Insbesondere die wirtschaftlichen Auswirkungen weisen keine Ähnlichkeit mit anderen Krisen unserer Zeit auf. Wie viele Staats- und Regierungschefs mitten in der Pandemie gesagt haben, befinden wir uns im Krieg, jedoch mit einem unsichtbaren Feind und natürlich im übertragenen Sinne: „Wenn das, was wir gerade durchmachen, wirklich als Krieg bezeichnet werden kann, dann ist es sicherlich kein typischer Krieg. Denn heute hat die gesamte Menschheit den gleichen Feind".[3]

Dennoch könnte der Zweite Weltkrieg einer der wichtigsten geistigen Anker sein, wenn wir uns damit beschäftigen, was als Nächstes kommt. Der Zweite Weltkrieg war der Transformationskrieg schlechthin. Er löste nicht nur grundlegende Veränderungen der Weltordnung und der Weltwirtschaft aus, sondern brachte auch einen radikalen Wandel gesellschaftlicher Haltungen und Überzeugungen mit sich, der schließlich den Weg für völlig neue Politiken und sozialverträgliche Regelungen ebnete (wie den Eintritt von Frauen in die Arbeitswelt, bevor sie das Wahlrecht erhielten). Natürlich gibt es grundlegende Unterschiede zwischen einer Pandemie und einem Krieg (auf die wir auf den folgenden Seiten näher eingehen werden) – das Ausmaß ihrer transformativen Kraft ist jedoch vergleichbar. Beide haben das Potenzial einer transformativen Krise von bisher unvorstellbaren Dimensionen. Allerdings müssen wir uns vor allzu schnellen Analogieschlüssen hüten. Selbst im schlimmsten Fall wird Covid-19 weit weniger Menschen töten als die großen Plagen, einschließlich der Pest, oder der Zweite Weltkrieg. Darüber hinaus entbehrt die heutige Wirtschaft jeglicher Ähnlichkeit mit der Wirtschaft vergangener Jahrhunderte, die sich auf körperliche Arbeit und Landwirtschaft oder Schwerindustrie stützte. In der heutigen hochgradig vernetzten Welt voller Wechselbeziehungen werden die Auswirkungen der Pandemie jedoch weit über die (bereits erschütternden) Statistiken hinausgehen, die sich „nur" auf Tod, Arbeitslosigkeit und Konkurse beziehen.

Covid-19: Der große Umbruch wird inmitten einer Krise verfasst und veröffentlicht, deren Folgen sich über viele Jahre hinweg offenbaren werden. Kein Wunder, dass wir uns alle etwas verstört fühlen – ein durchaus verständliches Gefühl, wenn ein enormer

18

Schock die beunruhigende Gewissheit mit sich bringt, dass er sowohl unerwartete als auch ungewöhnliche Folgen haben wird. Diese Eigenartigkeit wird von Albert Camus in seinem 1947 erschienen Roman *Die Pest* sehr gut wiedergegeben: „Aber in gewissem Sinne waren alle diese Veränderungen so außergewöhnlich und so plötzlich eingetreten, daß es nicht leicht fiel, sie als normal und dauerhaft zu betrachten."[4] Jetzt, wo das Undenkbare vor uns liegt – was wird als nächstes geschehen, unmittelbar nach der Pandemie und dann in absehbarer Zukunft?

Es ist natürlich noch viel zu früh, um mit hinreichender Genauigkeit sagen zu können, welche „bedeutsamen" Veränderungen Covid-19 mit sich bringen wird. Dieses Buch möchte jedoch einige kohärente und konzeptionell fundierte Richtlinien darüber geben, was vor uns liegen könnte, und zwar so umfassend wie möglich. Wir möchten unseren Lesern helfen, die vielschichtige Dimension der bevorstehenden Veränderungen zu erfassen. Zumindest wird die Pandemie, wie wir argumentieren werden, einen Systemwandel beschleunigen, der sich bereits vor der Krise abzeichnete: der teilweise Rückzug aus der Globalisierung, die zunehmende Entkoppelung zwischen den USA und China, die Beschleunigung der Automatisierung, die Sorge über eine verstärkte Überwachung, die wachsende Attraktivität der Wohlfahrtspolitik, der zunehmende Nationalismus und die daraus resultierende Angst vor Einwanderung, die wachsende Macht der Technologie, die Notwendigkeit einer noch stärkeren Online-Präsenz von Unternehmen und vieles mehr. Es könnte über eine bloße Beschleunigung hinausgehen, indem

19

Dinge verändert werden, die zuvor unveränderlich schienen. Es könnte zu Veränderungen kommen, die vor dem Ausbruch der Pandemie unvorstellbar schienen, wie z. B. neue Formen der Währungspolitik wie Helikoptergeld (bereits auf dem Tisch), die Überprüfung/Justierung einiger unserer sozialen Prioritäten und eine verstärkte Suche nach dem Gemeinwohl als politisches Ziel, der Begriff der Fairness, der politische Schlagkraft gewinnt, radikale Wohlfahrts- und Steuermaßnahmen sowie drastische geopolitische Neuordnungen.

Im weiteren Sinne: Die Möglichkeiten für Veränderungen und die daraus resultierende neue Ordnung sind jetzt unbegrenzt und nur durch unsere Vorstellungskraft beschränkt, im Guten wie im Schlechten. Unsere Gesellschaft könnte entweder egalitärer oder autoritärer werden, sie könnte auf mehr Solidarität oder Individualismus ausgerichtet sein und die Interessen weniger oder vieler begünstigen; die Volkswirtschaften könnten, wenn sie sich erholen, den Weg zu mehr Inklusivität einschlagen und sich stärker an den Bedürfnissen unserer globalen Gemeinschaftsgüter orientieren, oder sie könnten wieder so funktionieren wie zuvor. Sie verstehen, worauf wir hinauswollen: Wir sollten diese beispiellose Gelegenheit nutzen, unsere Welt neu zu überdenken, damit sie besser und gestärkt aus dieser Krise hervorgeht.

Wir sind uns bewusst, dass der Versuch, den Umfang und das Spektrum aller in diesem Buch angesprochenen Punkte abzudecken, eine gewaltige Aufgabe ist, die möglicherweise gar nicht zu bewerkstelligen ist. Das Thema und alle damit verbundenen

Unsicherheiten sind gigantisch und hätten die Seiten eines Buches füllen können, das fünfmal so dick ist wie dieses hier ist. Unser Ziel war jedoch, ein relativ prägnantes und einfaches Buch zu schreiben, das dem Leser auf verständliche Weise vermittelt, was uns in verschiedensten Bereichen bevorsteht. Um den Textfluss so wenig wie möglich zu unterbrechen, erscheinen die Quellenangaben am Ende des Buches und direkte Verweise wurden auf ein Minimum reduziert. Dieses Buch wurde mitten in der Krise und in Erwartung weiterer Infektionswellen veröffentlicht und ist ein laufendes Projekt, das dem sich verändernden Wesen des Themas Rechnung tragen wird. Künftige Ausgaben werden im Hinblick auf neue Erkenntnisse, neueste Forschungsergebnisse, überarbeitete politische Maßnahmen und Feedback von Lesern aktualisiert.

Dieser Band ist eine Mischung aus einem einfach verständlichen wissenschaftlichen Buch und einem Essay. Es setzt sich aus Theorie und praktischen Beispielen zusammen, möchte jedoch in erster Linie erklären und enthält viele Mutmaßungen und Vorstellungen, wie sich die Welt nach der Pandemie gestalten könnte und vielleicht auch sollte. Es enthält weder Allgemeinrezepte noch Empfehlungen für eine Welt auf dem Weg zur neuen Normalität, aber wir gehen davon aus, dass es nützlich sein wird.

Dieses Buch ist in drei Hauptkapitel gegliedert, die einen breiten Überblick über die künftige Landschaft bieten. Im ersten Kapitel wird untersucht, wie sich die Pandemie auf fünf wichtige Makrokategorien auswirken wird, nämlich Wirtschaft, Gesellschaft, Geopolitik, Umwelt und Technologie. Das zweite Kapitel befasst sich mit den mikroökonomischen Auswirkungen auf bestimmte Branchen und Unternehmen. Im dritten Kapitel geht es um mögliche Folgen auf individueller Ebene.

1. MAKRO-UMBRUCH

Die erste Etappe unserer Reise durchläuft fünf Makrokategorien, die einen umfassenden analytischen Rahmen bieten, um zu verstehen, was in der heutigen Welt vor sich geht und wie sich die weitere Entwicklung der Geschehnisse gestalten könnte. Jede Kategorie wird separat behandelt, um die Lektüre zu erleichtern. In Wirklichkeit sind diese Themen miteinander verflochten und das ist unser Ausgangspunkt: Unser Gehirn lässt uns linear denken, die Welt um uns herum ist jedoch nicht linear, sondern komplex, anpassungsfähig, schnelllebig und mehrdeutig.

1.1. Konzeptueller Rahmen – Drei wesentliche Merkmale der heutigen Welt

Der Makro-Umbruch erfolgt im Kontext der drei vorherrschenden säkularen Kräfte, die unsere heutige Welt prägen: Interdependenz, Geschwindigkeit und Komplexität. Dieses Trio übt seine Kraft in mehr oder weniger starkem Maße auf uns alle aus, egal wer oder wo wir sind.

1.1.1. Interdependenz

Müsste man das Wesen des 21. Jahrhunderts mit nur einem Schlagwort beschreiben, dann wäre dies „Interdependenz". Sie ist ein Nebenprodukt der Globalisierung und des technologischen Fortschritts und kann im Wesentlichen als die Dynamik der wechselseitigen Abhängigkeit zwischen den Komponenten definiert werden, aus denen sich ein System zusammensetzt. Der Riesenfortschritt der Globalisierung und Technologie in den letzten Jahrzehnten hat einige Experten zu der Aussage veranlasst, dass die Welt nun „hypervernetzt" sei – eine Variante der Interdependez auf Steroiden! Was bedeutet diese Interdependenz in der Praxis? Ganz einfach, dass die Welt „verkettet" oder miteinander verflochten ist. In den frühen 2010er-Jahren gab Kishore Mahbubani, ein Wissenschaftler und ehemaliger Diplomat aus Singapur, diese Realität mit der Bootmetapher wieder: „Die 7 Milliarden Menschen, die den Planeten Erde bewohnen, leben nicht mehr in mehr als einhundert separaten Booten [Ländern]. Stattdessen leben sie alle in 193 separaten Kabinen auf demselben Boot." Er wollte damit sagen, dass dies eine der größten Transformationen sei, die es je gegeben hat. Im Jahr 2020 kam er im Kontext der Pandemie auf diese Metapher zurück und schrieb: „Wenn wir 7,5 Milliarden Menschen jetzt auf einem virusinfizierten Kreuzfahrtschiff zusammengepfercht sind, macht es dann Sinn, nur unsere eigenen Kabinen zu reinigen und zu schrubben und dabei die Gänge und Luftschächte draußen zu ignorieren, durch die sich das Virus ausbreitet? Die Antwort lautet eindeutig nein. Und trotzdem haben wir genau das getan. ... Da wir jetzt alle im selben Boot sitzen, muss sich die Menschheit um dieses eine Boot als Ganzes kümmern".[5]

Eine interdependente Welt ist eine Welt der tiefen systemischen Vernetzung, in der sich alle Risiken durch ein Netz komplexer Wechselwirkungen gegenseitig beeinflussen. Unter derartigen Bedingungen ist die These, dass sich ein wirtschaftliches Risiko auf den wirtschaftlichen Bereich beschränkt oder dass ein Umweltrisiko keine Auswirkungen auf Risiken anderer Art (wirtschaftlicher, geopolitischer Art etc.) hat, nicht mehr haltbar. Wir alle können uns vorstellen, dass wirtschaftliche Risiken zu politischen Risiken werden (wie ein starker Anstieg der Arbeitslosigkeit, der zu sozialen Unruhen führt), oder dass technologische Risiken zu gesellschaftlichen Risiken mutieren (wie Corona-Tracing-Apps, die Proteste in der Gesellschaft auslösen). Einzelne Risiken – ob wirtschaftlicher, geopolitischer, gesellschaftlicher oder ökologischer Natur – erwecken bei isolierter Betrachtung den falschen Eindruck, sie könnten eingedämmt oder gemindert werden; in der Realität zeigt uns die systemische Vernetzung, dass es sich dabei um ein künstliches Konstrukt handelt. In einer interdependenten Welt verstärken sich die Risiken gegenseitig und haben dadurch Dominoeffekte. Deshalb kann kein Reim zwischen Isolation oder Eindämmung einerseits und Interdependenz und Vernetzung andererseits gefunden werden.

Die nachstehende Grafik, die dem *Global Risks Report 2020*[6] des Weltwirtschaftsforums entnommen wurde, verdeutlicht dies. Sie veranschaulicht die Vernetzung der Risiken, denen wir gemeins-

25

am gegenüberstehen: Jedes einzelne Risiko verschmilzt stets mit den anderen innerhalb seiner Makrokategorie, ebenso aber mit den Einzelrisiken der anderen Makrokategorien (wirtschaftliche Risiken sind blau dargestellt, geopolitische orange, gesellschaftliche rot, ökologische grün und technologische violett). Auf diese Weise birgt jedes einzelne Risiko das Potenzial, durch die Auslösung anderer Risiken Querschlägereffekte zu bewirken. Wie die Grafik deutlich macht, wirkt sich das Risiko „Infektionskrankheiten" u.a. zwangsläufig direkt auf das „Versagen von Global Governance", „soziale Instabilität", „Arbeitslosigkeit", „Finanzkrisen" und „unfreiwillige Migration" aus. Jedes dieser Risiken beeinflusst wiederum andere Einzelrisiken, sodass das Einzelrisiko, von dem die Wirkungskette ausgegangen ist (in diesem konkreten Fall „Infektionskrankheiten"), letztendlich viele andere Risiken, nicht nur in seiner eigenen Makrokategorie (gesellschaftliche Risiken), sondern auch in den anderen vier Makrokategorien, verstärkt. Dies zeigt das Phänomen der Ansteckung durch systemische Vernetzung auf. In den folgenden Unterkapiteln befassen wir uns damit, was das Pandemierisiko aus wirtschaftlicher, gesellschaftlicher, geopolitischer, ökologischer und technologischer Sicht mit sich bringen könnte.

Abbildung 1

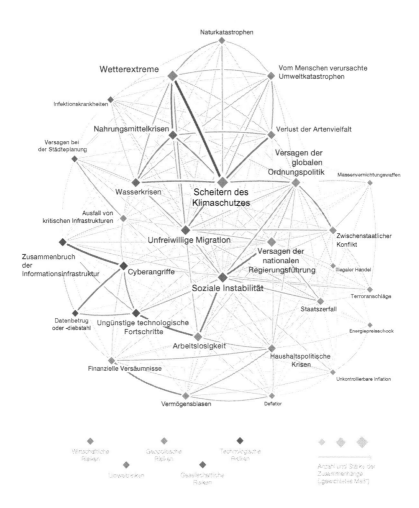

Quelle: World Economic Forum, *The Global Risks Report 2020,* Abbildung IV: The Global Risks Interconnections Map 2020, World Economic Forum Global Risks Perception Survey 2019-2020

Interdependenz hat einen wichtigen konzeptionellen Effekt: Sie entkräftet das „Silodenken". Da es letztlich auf die Zusammenführung und systemische Vernetzung ankommt, ist die isolierte Beurteilung oder Betrachtung eines Problems oder Risikos sinnlos und nutzlos. Dieses „Silodenken" erklärt zum Teil, warum so viele Ökonomen nicht imstande waren, die Finanzkrise (2008) vorherzusagen, und warum so wenige Politologen den Arabischen Frühling (2011) kommen sahen. Heute verhält es sich genauso mit der Pandemie. Epidemiologen, Fachleute für die öffentliche Gesundheit, Ökonomen, Sozialwissenschaftler und all die anderen Wissenschaftler und Spezialisten, die Entscheidungsträgern den Blick auf die Zukunft eröffnen sollten, können oft nur schwer (und manchmal überhaupt nicht) über die Grenzen ihrer eigenen Disziplin hinweg denken. Deshalb sind komplexe Kompromisse wie die Eindämmung der Ausbreitung der Pandemie einerseits und das Wiederhochfahren der Wirtschaft andererseits so schwierig. Verständlicherweise konzentrieren sich die meisten Experten auf immer spezifischere, engere Fachbereiche. Daher fehlt ihnen jene breitere Sicht der Dinge, die notwendig ist, um die vielen verschiedenen Punkte zu einem Gesamtbild zu verbinden, das Entscheidungsträger so dringend benötigen.

1.1.2. Geschwindigkeit

Die obigen Aussagen bezichtigen den technologischen Fortschritt und die Globalisierung der Hauptschuld an der größeren Interdependenz. Darüber hinaus haben sie eine derart ausgeprägte Kultur der Unmittelbarkeit geschaffen, dass die Behauptung, in der heutigen Welt gehe alles viel schneller als früher, wahrlich keine Übertreibung ist. Dürfte man nur eine Erklärung für diese erstaunliche Geschwindigkeitszunahme heranziehen, dann wäre dies zweifellos das Internet. Mehr als die Hälfte (52 %) der Weltbevölkerung ist heute online, verglichen mit weniger als 8 % vor 20 Jahren; 2019 wurden weltweit mehr als 1,5 Milliarden Smartphones verkauft – ein Symbol und Vektor der Geschwindigkeit, die es uns ermöglicht, überall und jederzeit erreichbar zu sein. Das Internet der Dinge (IdD) verbindet heute 22 Milliarden Geräte in Echtzeit, von Autos über Krankenhausbetten, Stromnetze und Wasserversorgungspumpen bis hin zu Küchenöfen und landwirtschaftlichen Bewässerungssystemen. Schätzungen zufolge soll diese Zahl bis 2030 auf 50 Milliarden oder mehr ansteigen. Andere Erklärungen für den Geschwindigkeitsanstieg beziehen sich auf den Faktor der Knappheit: Je reicher die Gesellschaften werden, desto wertvoller wird die Zeit und daher als immer knapper empfunden. Dies mag Studien erklären, die zeigen, dass Menschen in wohlhabenden Städten schneller gehen als in armen Städten – sie haben keine Zeit zu verlieren! Egal, wie die kausale Erklärung lautet, die Schlussfolgerung lautet zweifelsohne: Als Verbraucher und Produzenten, Ehepartner und Eltern, Anführer und Anhänger sind wir alle einem ständigen, wenn auch diskontinuierlichen, raschen Wandel unterworfen.

Geschwindigkeit ist heute omnipräsent, ob Krise, soziale Unzufriedenheit, technologische Entwicklungen und ihre Übernahme, geopolitische Umbrüche, die Finanzmärkte und natürlich das Auftreten von Infektionskrankheiten – alles passiert jetzt im

Schnelldurchlauf. Und so werden wir das Gefühl nicht los, dass sich das Lebenstempo in unserer Echtzeit-Gesellschaft ständig erhöht. Diese neue, von der Geschwindigkeit besessene Kultur der Unmittelbarkeit spiegelt sich in allen Facetten unseres Lebens wieder, von Just-in-time-Beschaffung bis zum Hochfrequenzhandel, vom Speed-Dating bis zum Fastfood. Sie ist so allgegenwärtig, dass einige Experten dieses neue Phänomen als „Diktatur der Eile" bezeichnen. Sie kann extreme Formen annehmen. Untersuchungen von Forschern bei Microsoft zeigen etwa, dass eine Website, die um nur 250 Millisekunden (eine Viertelsekunde) langsamer ist, bereits Zugriffe an ihre „schnelleren" Konkurrenten verliert! Fazit ist, dass Politiken, Produkte oder Ideen und die Lebensdauer eines Entscheidungsträgers oder eines Projekts ein kürzeres Ablaufdatum und ein oft jähes Ende haben.

Nichts veranschaulichte dies besser als die halsbrecherische Geschwindigkeit, mit der sich Covid-19 im März 2020 ausbreitete. In weniger als einem Monat schien aus dem durch die atemberaubende Geschwindigkeit, mit der die Pandemie den Großteil der Welt erfasste, ausgelöste Sog ein völlig neues Zeitalter zu entstehen. Man ging davon aus, dass der Ausbruch der Pandemie in China bereits früher begonnen hatte, aber die exponentielle globale Ausbreitung der Pandemie hat viele Entscheidungsträger und den Großteil der Öffentlichkeit doch überrascht, da es uns im Allgemeinen kognitiv schwerfällt, die Bedeutung des exponentiellen Wachstums zu erfassen. Stellen Sie sich zur sogenannten Verdoppelungszeit Folgendes vor: Wenn eine Pandemie um 30 % pro Tag anwächst (wie im Falle

von Covid-19 etwa Mitte März in einigen der am schlimmsten
betroffenen Ländern), verdoppeln sich die registrierten Fälle
(oder Todesfälle) in etwas mehr als zwei Tagen. Bei einem Wachstum von 20 % dauert es zwischen vier und fünf Tage, bei einem Wachstum von 10 % dauert es etwas mehr als eine Woche.
Anders ausgedrückt: Weltweit brauchte Covid-19 drei Monate,
um 100.000 Fälle zu verursachen, 12 Tage, um sich auf 200.000
Fälle zu verdoppeln, vier Tage, um 300.000 Fälle zu verursachen, und dann wurden 400.000 und 500.000 Fälle in jeweils
zwei Tagen erreicht. Bei diesen Zahlen schwirrt uns der Kopf
– das Virus hat mit extremer Geschwindigkeit zugeschlagen!
Exponentielles Wachstum ist für unsere kognitiven Fähigkeiten
so verwirrend, dass wir oft eine exponentielle „Kurzsichtigkeit"
entwickeln[7] und es einfach als „sehr schnell" betrachten. In einem berühmten Versuch aus dem Jahr 1975 stellten zwei Psychologen Folgendes fest. Wenn wir einen exponentiellen Prozess
vorhersagen müssen, unterschätzen wir ihn oft um den Faktor
10.[8] Das Verständnis dieser Wachstumsdynamik und der Macht
der Exponenten macht deutlich, warum Geschwindigkeit ein
so wichtiges Thema ist und warum die Schnelligkeit des Eingreifens zur Eindämmung der Wachstumsrate so entscheidend
ist. Ernest Hemingway verstand dies. In seinem Roman *Fies-
ta* führen zwei Figuren das folgende Gespräch: „Wie bist du
bankrottgegangen?" fragt Bill. „Auf zweierlei Weise", antwortet
Mike. „Erst schleichend und dann plötzlich." Dasselbe gilt für
große Systemveränderungen und Brüche im Allgemeinen: Die
Dinge ändern sich zunächst allmählich und dann ganz plötzlich.
Dasselbe ist beim Makro-Umbruch zu erwarten.

Geschwindigkeit nimmt nicht nur extreme Formen an, sondern kann auch abwegige Effekte hervorrufen. „Ungeduld" zum Beispiel, deren Auswirkungen sich in ähnlicher Weise im Verhalten der Finanzmarktteilnehmer (laut jüngsten Forschungsergebnissen führt der auf Geschwindigkeit basierende Impulshandel dazu, dass Aktienkurse ständig von ihrem Grundwert bzw. „richtigen" Kurs abweichen) und im Verhalten der Wähler bei einer Wahl zeigen. Letzteres wird in der Zeit nach der Pandemie von entscheidender Bedeutung sein. Regierungen brauchen zwangsläufig eine Weile, um Entscheidungen zu treffen und umzusetzen: Sie sind verpflichtet, viele verschiedene Gruppen von Wählern und konkurrierende Interessen zu berücksichtigen, innenpolitische Belange mit externen Aspekten abzuwägen und die gesetzliche Verabschiedung sicherzustellen, bevor sie den bürokratischen Mechanismus zur Umsetzung all dieser Entscheidungen in Gang setzen. Im Gegensatz dazu erwarten die Wähler politische Ergebnisse und Verbesserungen von heute auf morgen und sind sofort enttäuscht, wenn sie nicht schnell genug eintreten. Dieses Problem der Ungleichzeitigkeit zwischen zwei verschiedenen Gruppen (Entscheidungsträger und Öffentlichkeit), deren Zeithorizont sich markant unterscheidet, wird sich im Zusammenhang mit der Pandemie zuspitzen und nur schwer zu bewältigen sein. Die Geschwindigkeit des Schocks und der (tiefe) Schmerz, den er verursacht hat, werden und können nicht mit der gleichen Geschwindigkeit auf politischer Seite wettgemacht werden.

Die Geschwindigkeit verleitete viele Beobachter auch dazu, Covid-19 fälschlicherweise mit der saisonalen Grippe zu vergleichen. Dieser Vergleich, der in den ersten Monaten der Pandemie immer wieder auftauchte, war irreführend und konzeptionell fehlerhaft. Nehmen wir die USA als Beispiel, um diesen Punkt zu verdeutlichen und die Rolle der Geschwindigkeit hier besser zu verstehen. Laut den Centers for Disease Control (CDC) erkrankten zwischen 39 und 56 Millionen US-Amerikaner während der Wintersaison 2019-2020 an der Grippe, zwischen 24.000 und 62.000 Menschen starben.[9] Im Gegensatz dazu waren nach den Angaben der Johns Hopkins University am 24. Juni 2020 mehr als 2,3 Millionen Menschen mit Covid-19 diagnostiziert und fast 121.000 waren gestorben.[10] Hier endet der Vergleich auch schon; er ist aus zwei Gründen unsinnig: 1) Die Grippezahlen entsprechen der geschätzten Gesamtzahl an Fällen, während die Covid-19-Zahlen bestätigte Fälle sind, und 2) die saisonale Grippe kaskadiert in „sanften" Wellen über einen Zeitraum von (bis zu sechs) Monaten mit einem gleichmäßigen Muster, während sich das Covid-19-Virus wie ein Tsunami nach einem Hotspot-Muster (konzentriert auf einige wenige Städte und Regionen) ausbreitet und dabei die Kapazitäten des Gesundheitswesens überfordern und zum Stillstand bringen kann, wodurch Krankenhäuser monopolisiert werden und weniger Kapazitäten für Nicht-Corona-Patienten haben. Der zweite Grund – die Geschwindigkeit, mit der die Covid-19-Pandemie überhand nimmt, und die Plötzlichkeit, mit der sich Cluster bilden – ändert die Sache grundlegend und macht den Vergleich mit der Grippe irrelevant.

Der erste und zweite Grund liegen in der Geschwindigkeit, mit der die Epidemie voranschreitet: In der überwiegenden Mehrheit der Länder war es aufgrund der Geschwindigkeit, mit der sich die Epidemie ausbreitete, unmöglich, ausreichende Testmöglichkeiten bereitzustellen, und zahlreiche nationale Gesundheitssysteme, die für eine vorhersehbare, regelmäßig wiederkehrende und eher langsame saisonale Grippe, aber nicht für eine „überschnelle" Pandemie gerüstet sind, waren überfordert.

Eine weitere bedeutende und weitreichende Konsequenz der Geschwindigkeit ist, dass Entscheidungsträger zwar über mehr Informationen und Analysen als je zuvor verfügen, aber weniger Zeit für Entscheidungen haben. Für Politiker und Führungskräfte aus der Wirtschaft prallt das Bedürfnis strategischer Einblicke immer häufiger gegen den alltäglichen Druck unmittelbarer Entscheidungen, was im Kontext der Pandemie besonders offensichtlich ist und komplexitätsbedingt noch verstärkt wird, wie wir im nächsten Abschnitt sehen.

1.1.3. Komplexität

Am einfachsten lässt sich Komplexität als das definieren, was wir nicht oder nur schwer verstehen. Der Psychologe Herbert Simon definierte ein komplexes System als „ein System, das aus einer großen Anzahl von Teilen besteht, die auf nicht einfache Weise zusammenwirken."[11] Komplexe Systeme zeichnen sich oft dadurch aus, dass es keine sichtbaren Kausalzusammenhänge zwischen ihren Elementen gibt, was ihre Vorhersage praktisch unmöglich macht. Tief in uns selbst spüren wir: Je komplexer ein System, desto größer die Wahrscheinlichkeit, dass etwas schiefgeht und es zu einem Unfall oder einer Entgleisung mit entsprechenden Konsequenzen kommen kann.

Komplexität lässt sich grob anhand von drei Faktoren messen: „1) die Menge des Informationsgehalts oder die Anzahl der Komponenten in einem System, 2) die Vernetztheit – definiert als die Dynamik der wechselseitigen Reaktionsfähigkeit –zwischen diesen Informationen oder Komponenten und 3) der Effekt der Nichtlinearität (nichtlineare Elemente werden oft als „Wendepunkte" bezeichnet). Nichtlinearität ist ein Schlüsselmerkmal der Komplexität, denn sie bedeutet, dass eine Änderung bei nur einer Komponente eines Systems zu einem überraschenden und unverhältnismäßigen Effekt an anderer Stelle führen kann."[12] Aus diesem Grund liefern Pandemiemodelle so oft eine große Bandbreite an Ergebnissen: Eine unterschiedliche Prämisse hinsichtlich nur einer Komponente des Modells kann das Endergebnis dramatisch beeinflussen. Wenn man von „schwarzen Schwänen", „bekannten Unbekannten" oder „Schmetterlingseffekten" hört, ist Nichtlinearität am Werk; es überrascht daher nicht, dass wir die Komplexität der Welt oft mit „Überraschungen", „Turbulenzen" und „Unsicherheit" in Zusammenhang bringen. Wie viele „Experten" rechneten 2008 beispielsweise damit, dass hypothekarisch gesicherte Wertpapiere aus den Vereinigten Staaten Banken auf der ganzen Welt lahmlegen und das globale Finanzsystem letztlich an den Rand des Zusammenbruchs bringen würden? Und wie viele Entscheidungsträger haben in den ersten Wochen des Jahres 2020 vorausgesehen, in welchem Ausmaß eine mögliche Pandemie einige der fortschrittlichsten Gesundheitssysteme der Welt ins Chaos stürzen und der Weltwirtschaft so großen Schaden zufügen würde?

Eine Pandemie ist ein komplexes, adaptives System mit vielen verschiedenen Komponenten oder Informationen (von der Biologie zur Psychologie), dessen Verhalten von Variablen wie der Rolle von Unternehmen, der Wirtschaftspolitik, staatlicher Intervention, Gesundheitspolitik oder nationaler Staatsführung beeinflusst wird. Aus diesem Grund kann und sollte sie als ein „lebendiges Netzwerk" betrachtet werden, das sich an veränderliche Bedingungen anpasst – nicht als etwas Statisches, sondern als ein System aus Interaktionen, das sowohl komplex als auch adaptiv ist. Sie ist komplex, weil sie ein „Fadenspiel" der wechselseitigen Abhängigkeiten und Verbindungen darstellt, denen sie entstammt, und adaptiv in dem Sinne, dass ihr „Verhalten" von Interaktionen zwischen den Knotenpunkten (den Organisationen, den Menschen – uns!) bestimmt wird, die in Zeiten von Stress verwirrt und „unbändig" werden können (Werden wir uns an die Ausgangssperre gewöhnen? Wird sich eine Mehrheit von uns – oder nicht – an die Regeln halten? etc.). Das Management (in diesem speziellen Fall die Eindämmung) eines komplexen adaptiven Systems erfordert eine kontinuierliche, jedoch sich ständig verändernde Zusammenarbeit in Echtzeit zwischen verschiedensten Disziplinen und zwischen unterschiedlichen Bereichen innerhalb dieser Disziplinen. Um ein generalisiertes und stark vereinfachtes Beispiel zu nennen: Die Eindämmung der Coronavirus-Pandemie erfordert ein globales Überwachungsnetz, das in der Lage ist, neue Ausbrüche zu erkennen, sobald sie auftreten, Laboratorien an mehreren Standorten auf der ganzen Welt, die neue Virusstämme rasch analysieren und wirksame Therapien entwickeln können, große IT-Infrastrukturen, damit sich die Bevölkerung vorbereiten und effektiv reagieren kann, geeignete und koordinierte politische Mechanismen zur effizienten Umsetzung der getroffenen Entscheidungen und so weiter. Der wichtige Punkt ist hier: Jede einzelne Aktivität ist für sich genommen notwendig, um die Pandemie zu bekämpfen, aber unzureichend, wenn sie nicht in Zusammenhang mit den anderen betrachtet wird. Daraus folgt, dass dieses komplexe adaptive System größer ist als die Summe seiner Teile. Seine Wirksamkeit hängt davon ab, wie gut es als Ganzes funktioniert, und es ist nur so stark wie sein schwächstes Glied.

Viele Experten haben die Covid-19-Pandemie fälschlicherweise als „schwarzen Schwan" bezeichnet, also ein unerwartetes Ereignis mit weitreichenden, zumeist negativen Auswirkungen, nur, weil sie alle Merkmale eines komplexen adaptiven Systems aufweist. In Wirklichkeit handelt es sich jedoch um einen „weißen Schwan", etwas, das von Nassim Taleb in seinem 2007 veröffentlichten Buch *Der Schwarze Schwan* ausdrücklich als solches dargestellt wurde: ein Ereignis, das letztendlich mit großer Sicherheit eintreten würde.[13] In der Tat! Seit Jahren warnen uns internationale Organisationen wie die

Weltgesundheitsorganisation (WHO), Institutionen wie das Weltwirtschaftsforum und die Koalition für Innovationen in der Epidemievorbeugung (CEPI - im Rahmen des Jahrestreffens 2017 in Davos ins Leben gerufen) oder auch Einzelpersonen wie Bill Gates vor dem nächsten Pandemierisiko, ja sie spezifizieren sogar, dass es 1) an einem dicht bevölkerten Ort seinen Ausgang nehmen würde, an dem Menschen und Wildtiere durch die wirtschaftliche Entwicklung eng zusammenleben, 2) sich schnell und in aller Stille über die Reise- und Handelstätigkeit ausbreiten würde und 3) mehrere Länder befallen und somit eine Eindämmung vereiteln würde. Wie wir in den folgenden Kapiteln sehen werden, ist es von entscheidender Bedeutung, die Pandemie richtig einzuordnen und ihre Charakteristika zu verstehen, denn sie machen die Unterschiede in Bezug auf die Katastrophenbereitschaft auf. Viele asiatische Länder reagierten schnell, weil sie (aufgrund von SARS) logistisch und organisatorisch vorbereitet waren und so die Auswirkungen der Pandemie abfedern konnten. Im Gegensatz dazu traf die Pandemie viele westliche Länder völlig unvorbereitet – es überrascht daher nicht, dass dort die Fehleinschätzung vom schwarzen Schwan am häufigsten kursierte. Wir können jedoch getrost behaupten, dass die Pandemie (ein hochwahrscheinlicher und folgenreicher weißer Schwan) durch Wirkungen zweiter, dritter, vierter und weiterer Ordnung viele schwarze Schwäne hervorrufen wird. Es ist schwer, wenn nicht gar unmöglich vorauszusehen, was am Ende der Kette geschehen könnte, wenn nach einem Anstieg der Arbeitslosigkeit, der Pleite von

Unternehmen und Ländern, die am Rande des Zusammenbruchs stehen, Auswirkungen mehrfacher Ordnung und der sich daraus ergebende Dominoeffekt aufgetreten sind. Nichts davon ist per se unvorhersehbar, aber es liegt in ihrer Natur, einen Orkan auszulösen, wenn sie mit anderen Risiken zusammenfließen, die uns unvorbereitet treffen. Die Pandemie ist also an sich kein schwarzer Schwan, aber einige ihrer Folgen werden in dieser Form auftreten.

Der entscheidende Punkt ist hier folgender: Komplexität limitiert unser Wissen und unser Verständnis der Dinge; es könnte also sein, dass die heutige zunehmende Komplexität Politiker im Besonderen – und Entscheidungsträger im Allgemeinen – buchstäblich dabei überfordert, fundierte Entscheidungen zu treffen. Ein theoretischer Physiker, der später Staatsoberhaupt wurde (Präsident Armen Sarkissian von Armenien), machte diesen Punkt deutlich, als er den Ausdruck „Quantenpolitik" prägte und skizzierte, wie die klassische Welt der post-newtonschen Physik – linear, vorhersehbar und in gewissem Maße sogar deterministisch – der hochgradig vernetzten und unsicheren, unglaublich komplexen und sich auch je nach Position des Beobachters verändernden Quantenwelt gewichen war. Dieser Ausdruck erinnert an die Quantenphysik, die erklärt, wie alles funktioniert, und ist „die beste Beschreibung, die wir über die Natur der Teilchen, aus denen die Materie besteht, und die Kräfte, mit denen sie wechselwirken", haben."[14] Die Covid-19-Pandemie hat uns diese Quantenwelt deutlich vor Augen geführt.

1.2. Wirtschaftlicher Umbruch

1.2.1. Die Ökonomie von Covid-19

Unsere gegenwärtige Wirtschaft unterscheidet sich radikal von jener der vergangenen Jahrhunderte. Verglichen mit der Vergangenheit ist sie unendlich viel vernetzter, komplizierter und komplexer. Sie zeichnet sich durch eine exponentiell wachsende Weltbevölkerung aus, durch Flugzeuge, die jeden Ort auf der Welt in wenigen Stunden mit einem anderen verbinden und dadurch Jahr für Jahr mehr als eine Milliarde von uns Grenzen überqueren lassen, durch Eingriffe des Menschen in die Natur und die Lebensräume der Wildtiere, durch allgegenwärtige, rasant wachsende Megastädte, in denen Millionen von Menschen auf engstem Raum leben (oft ohne angemessene sanitäre und medizinische Versorgung). Gemessen an der Landschaft von vor wenigen Jahrzehnten, geschweige denn Jahrhunderten, ist die heutige Wirtschaft einfach nicht wiederzuerkennen. Ungeachtet dessen haben einige der wirtschaftlichen Lehren, die aus historischen Pandemien zu ziehen sind, auch heute noch Gültigkeit, um zu begreifen, was uns bevorsteht. Die globale Wirtschaftskatastrophe, mit der wir jetzt konfrontiert sind, ist die größte seit 1945; in puncto Geschwindigkeit ist sie beispiellos in der Geschichte. Auch wenn sie nicht dem Ausmaß der Katastrophen und absoluten wirtschaftlichen Verzweiflung gleichkommt, die Menschen in der Vergangenheit durchlebt haben, gibt es doch einige aufschlussreiche Merkmale, die sich auf erschreckende Weise ähneln. Als 1665 innerhalb von 18

Monaten die letzte Beulenpest ein Viertel der Londoner Bevölkerung ausgerottet hatte, schrieb Daniel Defoe in *Die Pest zu
London*[15] (veröffentlicht 1722): „....daß jedes Geschäft aufhörte
und damit den Armen die Arbeit und alle Möglichkeit, ihr Brot
zu verdienen, abgeschnitten war. Im Anfang war denn auch ihre
Lage schrecklich, bis die Wohltätigkeit sie ein wenig milderte.
Viele flohen gleich hinaus aufs Land, die meisten aber blieb-
en in London, bis der äußerste Mangel sie wegtrieb. Aber der
Tod folgte ihnen auf ihrem Wege, und wirklich konnten sie als
Boten des Todes gelten..." Defoes Buch ist voller Anekdoten,
die an die heutige Situation erinnern. Er erzählt uns, wie die
Reichen aufs Land flüchteten, „den Tod mit sich nahmen", und
beobachtet, wie die Armen der Pest viel stärker ausgesetzt waren,
oder er beschreibt, wie „Quacksalber und Marktschreier" falsche
Heilmittel verkauften.[16]

Was die Geschichte früherer Epidemien immer wieder zeigt,
ist, wie Pandemien Handelswege und den Interessenkonflikt
zwischen öffentlicher Gesundheit und Wirtschaft zu ihrem
Vorteil nutzen (ein wirtschaftlicher „Irrweg", wie wir ein paar
Seiten weiter sehen werden). Wie der Historiker Simon Schama beschreibt:

> Inmitten eines Unglücks stand die Wirtschaft stets
> im Konflikt mit den Interessen der öffentlichen Ge-
> sundheit. Auch wenn die Pest bis zur Erkenntnis,
> dass Krankheiten über Bakterien übertragen werden
> können, meist auf „schlechte Luft" und giftige

Dämpfe zurückgeführt wurde, die angeblich aus
stehenden Gewässern oder verunreinigten Sümpfen
stammen, gab es doch den Verdacht, dass gerade
jene Handelswege, die Wohlstand geschaffen hatten, nun zu giftigen Überträgern wurden. Doch als
Quarantänen vorgeschlagen oder verhängt wurden
(...), leisteten diejenigen, denen der größte Verlust
drohte, nämlich die Händler und an einigen Orten
die Handwerker und Arbeiter, gegen das Schließen
von Märkten, Messen und Handel heftigen Widerstand. Muss die Wirtschaft sterben, damit sie in ro-
buster Gesundheit wiederaufleben kann? Ja, sagten
die Hüter der öffentlichen Gesundheit, die ab dem
15. Jahrhundert Bestandteil des städtischen Lebens
in Europa wurden.[17]

Die Geschichte zeigt uns, dass Epidemien die Wirtschaft und
das soziale Gefüge der Länder neu konfiguriert haben. Warum
sollte es bei Covid-19 anders sein? Ein bahnbrechender Artikel über die langfristigen wirtschaftlichen Folgen von großen
Pandemien im Laufe der Geschichte zeigt, dass signifikan-
te makroökonomische Nachwirkungen noch bis zu 40 Jahre
andauern können und die realen Renditen erheblich drücken.[18]
Im Gegensatz dazu haben Kriege den gegenteiligen Effekt: Sie
vernichten Kapital, Pandemien tun dies nicht – Kriege verursachen höhere Realzinsen und lassen die Wirtschaftstätigkeit
ansteigen, während Pandemien niedrigere Realzinsen verursachen, wodurch die Wirtschaftstätigkeit einbricht. Darüber

hinaus zeigt sich die Reaktion der Verbraucher auf den Schock meist in der Erhöhung ihrer Ersparnisse, entweder der Vorsicht halber oder um den Verlust an Vermögen während der Epidemie wieder wett zu machen. Auf der Arbeitnehmerseite kommt es zu Gewinnen auf Kosten des Kapitals, da die Reallöhne nach Pandemien tendenziell steigen. Bereits nach dem Schwarzen Tod, der Europa von 1347 bis 1351 in Schach hielt (und die europäische Bevölkerung innerhalb weniger Jahre um 40 % dezimierte), erkannten die Arbeiter zum ersten Mal in ihrem Leben, dass sie die Macht hatten, Dinge zu verändern. Knapp ein Jahr nach dem Verschwinden der Epidemie forderten und erhielten die Textilarbeiter in Saint-Omer (einer kleinen Stadt in Nordfrankreich) schrittweise Lohnerhöhungen. Zwei Jahre später verhandelten zahlreiche Zünfte über kürzere Arbeitszeiten und höhere Löhne, mitunter bis zu einem Drittel mehr als vor der Pest. Ähnliche, jedoch weniger krasse Beispiele anderer Pandemien weisen in dieselbe Richtung: Machtgewinn der Arbeitskraft zu Lasten des Kapitals. Heutzutage wird dieses Phänomen durch die Bevölkerungsüberalterung auf der ganzen Welt verschärft (mit der Ausnahme Afrikas und Indiens). Ein solches Szenario läuft heute jedoch Gefahr, durch die zunehmende Automatisierung radikal verändert zu werden, ein Thema, auf das wir in Abschnitt 1.6 zurückkommen werden. Im Gegensatz zu früheren Pandemien ist es alles andere als sicher, dass die Covid-19-Krise das Gleichgewicht zugunsten der Arbeit und zulasten des Kapitals kippen wird. Aus politischen und sozialen Gründen wäre sie dazu imstande, aber durch die Technologie ändern sich die Kräfteverhältnisse.

1.2.1.1. Unsicherheit

Das hohe Maß an bestehender Unsicherheit im Zusammenhang mit Covid-19 macht es unglaublich schwierig, sein Risikopotenzial genau einzuschätzen. Wie bei allen neuen Risiken, die Angst schüren, ruft dies eine Reihe sozialer Ängste hervor, die das wirtschaftliche Verhalten beeinflussen. In der Welt der Wissenschaft hat Jin Qi (einer der führenden Wissenschaftler Chinas) überwältigenden Zuspruch gefunden, als er im April 2020 sagte: „Es ist sehr wahrscheinlich, dass die Epidemie mit uns Menschen für lange Zeit koexistieren wird, saisonal zurückkehrt und im menschlichen Körper erhalten bleibt."[19]

Seit Beginn der Pandemie werden wir täglich mit einer Fülle von Daten bombardiert. Dennoch ist unser Wissen im Juni 2020, etwa ein halbes Jahr nach Beginn des Ausbruchs, immer noch sehr lückenhaft und wir wissen nach wie vor nicht wirklich, wie gefährlich Covid-19 ist. Trotz der Flut von wissenschaftlichen Publikationen zum Coronavirus ist seine infektionsbedingte Sterblichkeitsrate (d. h. die Zahl der Covid-19-Fälle, gemessen oder nicht, die zum Tod führen) weiterhin umstritten (etwa 0,4 %-0,5 % und möglicherweise bis zu 1 %). Das Verhältnis zwischen Dunkelziffer und bestätigten Fällen, die Übertragungsrate von asymptomatischen Personen, der Saisonalitätseffekt, die Länge der Inkubationszeit, die nationalen Infektionsraten – es gibt zwar Fortschritte beim Verständnis dieser Komponenten, aber sie und viele andere bleiben weitgehend „bekannte Unbekannte". Diese hohe Unsicherheit macht es für

politische Entscheidungsträger und öffentliche Funktionsträger
sehr schwierig, die richtige Strategie für die öffentliche Gesundheit und damit einhergehend für die Wirtschaft zu konzipieren.

Das ist keine große Überraschung. Anne Rimoin, Professorin
für Epidemiologie an der UCLA, bekennt: „Dies ist ein neuar-
tiges Virus, neu für die Menschheit, und niemand weiß, was
geschehen wird."[20] Derartige Umstände erfordern eine ordent-
liche Portion Demut, denn, wie Peter Piot (einer der weltweit
führenden Virologen) meinte: „Je mehr wir über das Coronavirus lernen, desto mehr Fragen stellen sich."[21] Covid-19 ist ein
Meister der Tarnung. Es manifestiert sich durch eine Vielfalt von
Symptomen, die den Medizinern Kopfzerbrechen bereiten. Es
handelt sich in erster Linie um eine Erkrankung der Atemwege,
bei einer geringen, aber doch beträchtlichen Anzahl von Patient-
en reichen die Symptome hingegen von Herzmuskelentzünd-
ungen und Verdauungsproblemen bis hin zu Niereninfektionen,
Blutgerinnseln und Meningitis. Darüber hinaus leiden viele Personen nach der Genesung an chronischen Nieren- und Herz-
problemen sowie permanenten neurologischen Auswirkungen.

Angesichts der Ungewissheit ist es sinnvoll, auf Szenarien zu-
rückzugreifen, um ein besseres Gespür dafür zu bekommen,
was uns bevorsteht. Auch wenn man weiß, dass die Pandemie
– vorbehaltlich unvorhergesehener und zufälliger Ereignisse –
verschiedenste Ausgänge nehmen kann, zeichnen sich vor allem
drei plausible Szenarien ab. Anhand dieser Szenarien lassen sich
die Konturen der nächsten zwei Jahre umreißen.

Alle drei gehen davon aus, dass[22] uns die Pandemie bis 2022 erhalten bleibt, und wir können uns daher auf sie berufen, um darüber nachzusinnen, was vor uns liegt. Im ersten Szenario folgen auf die erste Welle, die im März 2020 begann, eine Reihe kleinerer Wellen, die bis Mitte 2020 und dann über einen Zeitraum von ein bis zwei Jahren auftreten und 2021 allmählich abnehmen, wie „Höhen und Tiefen". Das Vorkommen und die Ausprägung dieser Höhen und Tiefen sind geografisch unterschiedlich und hängen von den jeweiligen Eindämmungsmaßnahmen ab, die ergriffen werden. Im zweiten Szenario folgt auf die erste Welle eine größere Welle im dritten oder vierten Quartal 2020 und eine oder mehrere kleinere Wellen im Jahr 2021 (wie bei der Spanischen Grippe 1918-1919). Dieses Szenario erfordert um das vierte Quartal 2020 herum das erneute Einsetzen von Maßnahmen, um die Ausbreitung der Infektion einzudämmen und zu verhindern, dass die Gesundheitssysteme überfordert werden. Im dritten Szenario, das bei früheren Grippepandemien nicht beobachtet wurde, bei Covid-19 jedoch möglich ist, folgen auf die erste Welle des Jahres 2020 „schleichende" Neuinfektionen, jedoch ohne ein klares Wellenmuster, nur mit kleineren Höhen und Tiefen. Wie bei den anderen Szenarien unterliegt dieses Muster geografischen Schwankungen und wird bis zu einem gewissen Grad durch die Art der früheren Eindämmungsmaßnahmen bestimmt, die in den einzelnen Ländern bzw. Region ergriffen werden. Infektions- und Todesfälle treten nach wie vor auf, erfordern jedoch keine erneuten Eindämmungsmaßnahmen.

Zahlreiche Wissenschaftler stimmen dem von diesen drei Szenarien gebotenen Rahmenkonzept offensichtlich zu. Alle drei Szenarien implizieren, wie die Autoren ausdrücklich feststellen, dass die politischen Entscheidungsträger mit „mindestens 18 bis 24 weiteren Monaten einer signifikanten Covid-19-Präsenz rechnen müssen, wobei in verschiedenen geografischen Gebieten regelmäßig Hotspots auftreten werden". Wie wir im Folgenden erörtern, kann erst dann ein vollständiger Konjunkturaufschwung stattfinden, wenn wir das Virus besiegt und hinter uns gelassen haben.

1.2.1.2. Einige Leben retten, um das Wachstum zu retten - ein wirtschaftlicher Trugschluss

Während der Pandemie lief eine Debatte über „Leben retten gegen Wirtschaft retten" – Leben gegen Existenzen. Dieses Tauschgeschäft geht nicht auf. Aus wirtschaftlicher Sicht lässt sich der Mythos, zwischen öffentlicher Gesundheit und einem Einbruch des BIP-Wachstums entscheiden zu müssen, leicht entkräften. Abgesehen von der (nicht unbedeutenden) ethischen Fragestellung, ob es eine sozialdarwinistische These ist, Leben zu opfern, um die Wirtschaft zu retten (oder nicht), führt die Entscheidung, keine Leben zu retten, zu keiner Steigerung des wirtschaftlichen Wohlstands. Dafür gibt es zwei Gründe:

Wenn eine vorzeitige Lockerung der verschiedenen Einschränkungen und des Social Distancing zu einer Beschleunigung der Ansteckungsrate führt (was nach Ansicht fast aller

Wissenschaftler der Fall wäre), würden auf der Angebotsseite mehr Angestellte und Arbeiter infiziert und mehr Unternehmen würden einfach nicht überleben. Nach dem Ausbruch der Pandemie im Jahr 2020 wurde die Stichhaltigkeit dieses Arguments mehrmals bewiesen. Angefangen von Fabriken, die ihren Betrieb einstellen mussten, weil zu viele Arbeitskräfte erkrankt waren (was vor allem in Arbeitsumgebungen mit großer physischer Nähe zwischen den Arbeitskräften der Fall war, wie z.B. in Fleischverarbeitungsbetrieben), bis hin zu Marineschiffen, die in Häfen anlegen mussten, weil zu viele Besatzungsmitglieder infiziert worden waren und kein normaler Betrieb mehr möglich war. Ein weiterer Faktor, der sich negativ auf das Arbeitskräfteangebot auswirkt, ist die Tatsache, dass es weltweit immer wieder Fälle gab, in denen sich Arbeitnehmer aus Angst vor einer Ansteckung weigerten, an ihren Arbeitsplatz zurückzukehren. In vielen großen Unternehmen ging von Mitarbeitern, die sich gefährdet fühlten, eine Welle des Aktivismus aus und es kam dadurch auch zu Arbeitsniederlegung.

Auf der Nachfrageseite reduziert sich das Argument auf die grundlegendste und dennoch wesentlichste Determinante der Wirtschaftstätigkeit: das Konsumklima, also die Stimmung der Verbraucher. Da die Verbraucherstimmung der wirkliche Motor der Volkswirtschaften ist, wird eine Rückkehr zu jeglicher Art von „Normalzustand" erst dann erfolgen, wenn das Vertrauen wiederhergestellt ist, und nicht früher. Das Sicherheitsempfinden des Einzelnen steuert Verbraucher- und Geschäftsentscheidungen, was bedeutet, dass ein nachhaltiger Wirtschaftsaufschwung von zwei Dingen abhängt: der Gewissheit, dass die Pandemie hinter uns liegt – ohne diese Prämisse werden Menschen weder konsumieren noch investieren – und dem Beweis, dass das Virus auf globaler Ebene besiegt ist – ohne diese zweite Prämisse werden sich die Menschen weder zuhause noch im weiteren Umkreis sicher fühlen.

Aus diesen beiden Punkten ergibt sich die logische Schlussfolgerung, dass Staaten im Interesse unserer Gesundheit und unseres kollektiven Wohlstands alles tun müssen, koste es was es wolle, damit sich die Wirtschaft nachhaltig erholt. Wie es ein Ökonom und ein Spezialist für öffentliche Gesundheit formulierten: „Nur wenn Leben gerettet werden, werden Existenzen gerettet",[23] was deutlich macht, dass nur politische Maßnahmen, die die Gesundheit der Menschen in den Mittelpunkt stellen, einen wirtschaftlichen Aufschwung ermöglichen. Dem fügten sie hinzu: Wenn es dem Staat nicht gelingt, Leben zu retten, werden Menschen, die Angst vor dem Virus haben, nicht mehr einkaufen, reisen oder essen gehen. Dies wird den wirtschaftlichen Aufschwung behindern, mit und ohne Lockdown."

Nur zukünftige Daten und die anschließende Analyse werden den unumstößlichen Beweis erbringen, dass es keinen Kompromiss zwischen Gesundheit und Wirtschaft gibt. So zeigten einige Daten aus den USA, die in den frühen Phasen nach Aufhebung des Lockdowns in einigen Bundesstaaten erhoben wurden, dass es bereits vor dem Lockdown zu einem Rückgang der Ausgaben und der Arbeitstätigkeit kam.[24] Als die Menschen begannen, sich angesichts der Pandemie Sorgen zu machen, begannen sie effektiv damit, die Wirtschaft „herunterzufahren", noch bevor die Regierung sie offiziell dazu aufgefordert hatte. Ein ähnliches Phänomen ließ sich nach dem (teilweisen) Wiederhochfahren einiger US-amerikanischer Bundesstaaten beobachten: Der Konsum blieb lahm. Dies beweist, dass das Wirtschaftsleben nicht auf Befehl in Gang gebracht werden kann, veranschaulicht jedoch auch die Zwangslage, in der sich die meisten Entscheidungsträger befanden, als sie sich für oder gegen eine Wiedereröffnung entscheiden mussten. Der wirtschaftliche und gesellschaftliche Schaden eines Lockdowns ist für jedermann offenkundig, während der Erfolg bei der Eindämmung der Pandemie und Vermeidung von Todesfällen – eine Voraussetzung für eine erfolgreiche Öffnung – mehr oder weniger unsichtbar ist. Es gibt keinen Applaus, wenn es zu keinem Coronavirus-Fall oder Todesfall kommt, was zu dem gesundheitspolitischen Paradoxon führt, dass „nichts geschieht, wenn man es richtig macht". Aus diesem Grund waren ein verzögerter Lockdown oder eine zu frühe Öffnung stets eine starke politische Versuchung. Mittlerweile haben jedoch mehrere Studien gezeigt, dass eine solche Versuchung mit einem erheblichen Risiko einherging. Zwei dieser Studien, die mit unterschiedlichen Methoden zu ähnlichen Schlussfolgerungen kamen, skizzierten insbesondere, was ohne Lockdown hätte geschehen können. Laut einer Studie des Imperial College London konnten im März 2020 durch weitreichende, strenge Lockdowns 3,1 Millionen Todesfälle in elf europäischen Ländern (darunter das Vereinigte Königreich, Spanien, Italien, Frankreich und Deutschland) vermieden werden.[25] Die andere, von der University of California, Berkeley, durchgeführte Studie kam zu dem Schluss, dass in sechs Ländern (China, Südkorea, Italien, Iran, Frankreich und den USA) insgesamt 530 Millionen Infektionen bzw. 62 Millionen bestätigte Fälle durch die in den einzelnen Ländern ergriffenen Eindämmungsmaßnahmen vermieden werden konnten.[26] Die einfache Schlussfolgerung: In Ländern, in denen sich die registrierten Covid-19-Fälle zu Spitzenzeiten alle zwei Tage in etwa verdoppelten, hatten die Regierungen keine vernünftige Alternative, als strenge Lockdowns zu verhängen. Alles andere käme einer Verleugnung der Macht des exponentiellen Wachstums und des beträchtlichen Schadens, den eine Pandemie anrichten kann, gleich. Aufgrund der unheimlich rasanten Verbreitung von Covid-19 war zeitgerechtes und energisches Handeln von entscheidender Bedeutung.

1.2.2. Wachstum und Beschäftigung

Bis März 2020 war die Weltwirtschaft noch nie so abrupt und brutal zum Stillstand gekommen; noch nie zuvor hatte die Menschheit einen wirtschaftlichen Zusammenbruch erlebt, der so drastisch und dramatisch schnell verlief.

Der Schock, den die Pandemie der Weltwirtschaft zugefügt hat, war schwerwiegender und trat viel schneller ein als alle anderen Geschehnisse in der Geschichte der Wirtschaft. Selbst bei der Weltwirtschaftskrise Anfang der 1930er Jahre und der globalen Finanzkrise 2008 dauerte es mehrere Jahre, bis das BIP um 10 %

oder mehr schrumpfte und die Arbeitslosigkeit über 10 % stieg. Die Pandemie brachte im März 2020 innerhalb von nur drei Wochen katastrophale makroökonomische Folgen mit sich – insbesondere explodierende Arbeitslosenzahlen und eine rasante Talfahrt des BIP-Wachstums. Covid-19 verursachte eine Krise von Angebot und Nachfrage, die zum tiefsten Einbruch der Weltwirtschaft seit über 100 Jahren führte. Der Ökonom Kenneth Rogoff warnte: „Alles hängt davon ab, wie lange es dauert, aber wenn es noch lange so weitergeht, wird dies mit Sicherheit die Mutter aller Finanzkrisen sein."[27]

Die Dauer und die Wucht der Rezession und ihre späteren Auswirkungen auf Wachstum und Beschäftigung hängen von drei Faktoren ab: 1) der Dauer und dem Schweregrad der Pandemie, 2) dem Erfolg der einzelnen Länder bei der Eindämmung der Pandemie und der Milderung ihrer Auswirkungen und 3) dem Zusammenhalt der Gesellschaften im Umgang mit den Maßnahmen nach der Ausgangssperre und den verschiedenen Öffnungsstrategien. Zum Zeitpunkt der Abfassung (Ende Juni 2020) sind alle drei Aspekte noch unbekannt. Es kommt zu erneuten (großen und kleinen) Wellen, der Erfolg der Länder bei der Eindämmung der Pandemie ist entweder von Dauer oder wird plötzlich durch neue Wellen zunichte gemacht und der Zusammenhalt der Gesellschaften wird unter Umständen durch abermaliges wirtschaftliches und soziales Leid auf die Probe gestellt.

1.2.2.1. Wirtschaftswachstum

Im Bemühen, die Pandemie einzudämmen, trafen Staaten weltweit zu verschiedenen Zeitpunkten zwischen Februar und Mai 2020 die bewusste Entscheidung, einen Großteil ihrer jeweiligen Volkswirtschaften stillzulegen. Dieser beispiellose Verlauf der Ereignisse hat einen grundlegenden Wandel des Modus Operandi der Weltwirtschaft mit sich gebracht. Dieser ist durch eine abrupte und ungebetene Rückkehr zu einer Form relativer Autarkie – jedes Land versucht, sich auf bestimmte Formen der Selbstversorgung umzustellen – sowie durch eine Verringerung der nationalen und globalen Produktion gekennzeichnet. Die Auswirkungen dieser Entscheidungen schienen umso dramatischer, als sie in erster Linie den Dienstleistungssektor betrafen, einen Sektor, der traditionell immuner gegen Konjunkturschwankungen ist als andere Branchen (wie das Baugewerbe oder die Fertigungsindustrie). Folglich war es genau dieser Sektor, der bei weitem die größte Komponente der Wirtschaftstätigkeit in jeder entwickelten Volkswirtschaft darstellt (etwa 70 % des BIP und mehr als 80 % der Beschäftigung in den USA), der am schlimmsten von der Pandemie getroffen wurde. Eine weitere Besonderheit dieses Sektors ist, dass im Gegensatz zur Fertigungsindustrie oder Landwirtschaft die Umsatzverluste im Dienstleistungsbereich unwiderruflich verloren sind. Sie können nicht abgegrenzt werden, weil Dienstleistungsunternehmen keine Lagerbestände haben oder Rohstoffe bevorraten.

Monate nach der Pandemie sieht es so aus, als sei auch nur der Anschein einer Rückkehr zu „Business as usual" für die meisten Dienstleistungsunternehmen undenkbar, solange Covid-19 eine Bedrohung für unsere Gesundheit darstellt. Dies wiederum legt nahe, dass eine vollständige Rückkehr zur „Normalität" nicht vorstellbar ist, bevor es einen Impfstoff gibt. Wann könnte das sein? Nach Ansicht der meisten Experten ist frühestens im ersten Quartal 2021 damit zu rechnen. Mitte Juni 2020 waren bereits mehr als 135 Studien angelaufen, die zudem in einem bemerkenswerten Tempo voranschreiten, wenn man bedenkt, dass die Entwicklung eines Impfstoffs in der Vergangenheit mitunter bis zu 10 Jahre dauerte (fünf im Fall von Ebola). Die Gründe dafür sind als nicht bei der Wissenschaft, sondern bei der Produktion zu suchen. Die Herstellung von Milliarden Impfstoffdosen stellt die eigentliche Herausforderung dar, die eine massive Erweiterung und Umleitung bestehender Kapazitäten erfordert. Die nächste Hürde ist die politische Herausforderung, weltweit genügend Menschen zu immunisieren (wir sind gemeinsam so stark wie das schwächste Glied) und trotz der wachsenden Zahl der Impfgegner eine ausreichend hohe Compliance-Rate zu erreichen. In den Monaten bis dahin wird die Wirtschaft nicht auf vollen Touren laufen: ein länderspezifisches Phänomen, das als 80%ige Wirtschaft bezeichnet wird. Unternehmen in so unterschiedlichen Sektoren wie Tourismus, Gastgewerbe, Einzelhandel oder Sport und Veranstaltungen sind vom folgenden dreifachen Pech betroffen: 1) weniger Kunden (die auf die Unsicherheit reagieren, indem sie risikoscheuer werden), 2) diejenigen, die konsumieren, werden im Durchschnitt weniger ausgeben (aufgrund von Vorsichtssparen) und 3) die Erwerbsnebenkosten werden steigen (die Bedienung eines Kunden kostet wegen der räumlichen Abstands- und Hygienemaßnahmen mehr).

Unter Berücksichtigung der Kritikalität der Dienstleistungen für das BIP-Wachstum (je reicher ein Land, desto größer die Bedeutung des Dienstleistungssektors für das Wachstum) wirft diese neue Realität einer 80%igen Wirtschaft die Frage auf, ob sukzessive Shutdowns der Geschäftstätigkeit im Dienstleistungssektor dauerhafte Auswirkungen auf die Gesamtwirtschaft durch Konkurse und den Verlust von Arbeitsplätzen haben werden, was wiederum die Frage aufwirft, ob auf diese möglichen dauerhaften Auswirkungen ein Einbruch der Nachfrage folgen könnte, da die Menschen ihr Einkommen wie auch ihr Vertrauen in die Zukunft verlieren. Ein solches Szenario wird fast zwangsläufig zu einem Einbruch der Investitionen bei den Unternehmen und einem Anstieg des Vorsichtssparens bei den Verbrauchern führen, mit Auswirkungen auf die gesamte Weltwirtschaft durch Kapitalflucht, der schnelle und unsichere Transfer großer Geldmengen aus einem Land, was Wirtschaftskrisen tendenziell verschärft.

Laut der OECD könnte die unmittelbare jährliche Auswirkung des Shutdowns der Wirtschaft einer Verringerung des BIP in den G7-Ländern zwischen 20 % und 30 % gleichkommen.[28] Aber auch hier hängt die Einschätzung von der Dauer und Schwere der Pandemie in den einzelnen Ländern ab: Je länger der Lockdown, desto größer der strukturelle Schaden, den er anrichtet, da der Wirtschaft durch Arbeitsplatzverluste, Konkurse und die Streichung von Investitionen bleibende Narben zugefügt werden. Als Faustregel gilt: Mit jedem Monat, in dem große Teile einer Volkswirtschaft geschlossen bleiben, sinkt das jährliche Wachstum möglicherweise um weitere 2 Prozentpunkte. Wie jedoch zu erwarten, ist die Beziehung zwischen der Dauer der restriktiven Maßnahmen und den entsprechenden Auswirkungen auf das BIP nicht linear. Das Niederländische Büro für wirtschaftspolitische Analysen (*Centraal Planbureau*) stellte fest, dass jeder zusätzliche Monat der Eindämmung zu einer größeren, nicht proportionalen Verschlechterung der Wirtschaftstätigkeit führt. Dem Modell zufolge würde ein wirtschaftlicher „Winterschlaf" von einem Monat zu einem Verlust von 1,2 % des niederländischen Wachstums im Jahr 2020 führen, während drei Monate einem Verlust von 5 % gleichkämen.[29]

Für die Regionen und Länder, die den Lockdown bereits hinter sich haben, ist es noch zu früh, um zu sagen, wie sich das BIP-Wachstum entwickeln wird. Ende Juni 2020 führten V-förmige Daten (wie die Einkaufsmanagerindizes (EMI) des Euroraums) und ein paar Anhaltspunkte zu einem stärker als erwarteten Narrativ der Erholung, wir sollten jedoch aus zwei Gründen die Kirche im Dorf lassen:

1. Die deutliche Verbesserung der EMI im Euroraum und in den USA bedeutet nicht, dass diese Volkswirtschaften über den Berg sind. Sie weist lediglich darauf hin, dass sich die Geschäftstätigkeit im Vergleich zu den Vormonaten verbessert hat, was ganz natürlich ist, da auf die durch den rigorosen Lockdown verursachte Zeit der Untätigkeit eine deutliche Belebung folgt.

2. Im Hinblick auf das künftige Wachstum ist einer der aussagekräftigsten Indikatoren, den es zu beobachten gilt, die Sparquote. Im April (zugegebenermaßen während des Lockdowns) kletterte die private Sparquote in den USA auf 33 %, während die Sparquote der Haushalte im Euroraum (anders berechnet als die private Sparquote in den USA) auf 19 % stieg. Beide werden mit dem Wiederhochfahren der Volkswirtschaften deutlich sinken, aber wahrscheinlich nicht genug, um zu verhindern, dass diese Raten auf historisch hohem Niveau bleiben.

In seinem im Juni 2020 veröffentlichten „World Economic Outlook Update" warnte der Internationale Währungsfonds (IWF) vor „einer Krise wie keine andere" und einem „unsicheren Konjunkturaufschwung".[30] Im Vergleich zum April revidierte er seine Prognosen für das globale Wachstum nach unten und rechnet für das Jahr 2020 mit einem globalen BIP von -4,9 %, fast zwei Prozentpunkte unter der vorherigen Schätzung.

1.2.2.2. Beschäftigung

Die Pandemie konfrontiert die Wirtschaft mit einer Arbeitsmarktkrise von gigantischem Ausmaß. Die Erschütterung ist so stark und so plötzlich, dass selbst die erfahrensten politischen Entscheidungsträger fast sprachlos sind (und schlimmer noch, fast „politiklos"). In einer Aussage vor dem Bankenausschuss des US-Senats am 19. Mai gestand der Vorsitzende des Federal Reserve System, Jerome „Jay" Powell: „Dieser rasante Rückgang der Wirtschaftsaktivität hat ein Ausmaß an Leid verursacht, das schwer in Worte zu fassen ist. Das Leben der Menschen wird inmitten großer Unsicherheit über die Zukunft auf den Kopf gestellt.“[31] Allein in den beiden Monaten März und April 2020 verloren mehr als 36 Millionen US-Amerikaner ihren Arbeitsplatz und machten damit den seit 10 Jahren anhaltenden Beschäftigungszuwachs zunichte. In den USA, wie auch anderswo, können vorübergehende Entlassungen infolge des anfänglichen Lockdowns zu permanenten Entlassungen werden, die den Volkswirtschaften der Länder großes soziales Leid (das nur robuste soziale Sicherheitsnetze lindern können) und tiefgreifende strukturelle Schäden zufügen.

Das Ausmaß der weltweiten Arbeitslosigkeit hängt letztlich von der Tiefe des Einbruchs der Wirtschaftsaktivität ab, aber es ist bereits klar, dass sie weltweit mindestens im zweistelligen Bereich liegen wird. In den USA, einem Vorboten von Schwierigkeiten, die sich auch in anderen Länder abzeichnen werden, geht man davon aus, dass die offizielle Arbeitslosenquote im Jahr 2020 einen Höchststand von 25 % erreichen könnte – ein Niveau, das jenem der Weltwirtschaftskrise entspricht – und noch höher wäre, wenn man die versteckte Arbeitslosigkeit mit einrechnet (wie z. B. Arbeitnehmer, die in den offiziellen Statistiken nicht erfasst werden, weil sie so entmutigt sind, dass sie die Suche nach einem Arbeitsplatz aufgegeben haben, oder Teilzeitbeschäftigte, die nach einer Vollzeitbeschäftigung suchen). Besonders schlimm wird die Lage der Beschäftigten in der Dienstleistungsbranche sein, und noch verheerender die der Schwarzarbeiter.

Im Hinblick auf das BIP-Wachstum sind das Ausmaß und der Schweregrad der Arbeitslosigkeit länderspezifisch. Jedes Land wird je nach seiner Wirtschaftsstruktur und der Art seines Gesellschaftsvertrags unterschiedlich betroffen sein. Die USA und Europa weisen jedoch zwei radikal unterschiedliche Modelle auf, wie das Thema von den politischen Entscheidungsträgern angegangen wird und was bevorsteht.

Im Juni 2020 verzeichneten die USA einen weitaus höheren Anstieg der Arbeitslosenquote (vor der Pandemie lag sie bei nur 3,5 %) als jedes andere Land. Im April 2020 war die Arbeitslosenquote in den USA im Vergleich zum Februar um 11,2 Prozentpunkte gestiegen, während sie im selben Zeitraum in Deutschland um weniger als einen Prozentpunkt zugenommen hatte. Für diesen markanten Unterschied gibt es zwei Gründe: 1) auf dem US-amerikanischen Arbeitsmarkt gibt es eine „Hire-and-Fire"-Kultur für leichte Einstellungen und Entlassungen, die in Europa nicht existiert und oft gesetzlich verboten ist, und 2) von Beginn der Krise an hat Europa steuerliche Maßnahmen zur Förderung der Beschäftigung eingeführt.

In den USA war die staatliche Unterstützung bis dato (Juni 2020) größer als in Europa, aber von grundlegend anderer Natur. Sie bietet Einkommensbeihilfen für jene, die ihren Arbeitsplatz verloren haben, was mitunter dazu führt, dass Entlassene besser gestellt sind als in ihren Vollzeitjobs vor der Krise. In Europa hingegen beschlossen die Regierungen, jene Unternehmen direkt zu unterstützen, die die Arbeitsplätze ihrer Arbeitnehmer erhalten, auch wenn sie nicht mehr Vollzeit oder gar nicht mehr arbeiten.

In Deutschland ersetzte diese Kurzarbeit (ein Modell, das in vielen Ländern zum Vorbild wurde) bis zu 60 % des Verdienstes von 10 Millionen Arbeitnehmern, die sonst ihren Arbeitsplatz verloren hätten, während in Frankreich eine ähnliche Regelung eine ähnliche Anzahl von Arbeitnehmern entschädigte, indem sie ihnen bis zu 80 % ihres früheren Gehalts zahlte. Viele andere europäische Länder haben ähnliche Lösungen entwickelt, ohne die es zu folgenschweren Entlassungen und Kündigungen gekommen wäre. Diese arbeitsmarktunterstützenden Maßnahmen werden von anderen Notfallmaßnahmen der Regierung begleitet, z. B. solchen, die insolventen Unternehmen die Möglichkeit geben, Zeit zu gewinnen. Wenn Unternehmen nachweisen können, dass ihre Liquiditätsprobleme durch die Pandemie verursacht wurden, müssen sie in vielen europäischen Ländern erst später (in einigen Ländern sogar erst im März 2021) Konkurs anmelden. Dies ist durchaus sinnvoll, wenn die wirtschaftliche Erholung greift, aber es könnte auch sein, dass das Problem durch diese Maßnahme nur hinausgeschoben wird. Weltweit könnte eine vollständige Erholung des Arbeitsmarktes Jahrzehnte dauern, und in Europa wie auch anderswo droht die Angst vor Massenpleiten und anschließender Massenarbeitslosigkeit.

In den kommenden Monaten wird sich die Situation der Arbeitslosigkeit weiter verschlechtern, aus dem einfachen Grund, weil sie sich bis zum Beginn einer nachhaltigen wirtschaftlichen

Erholung nicht wesentlich verbessern kann. Dies wird nicht eintreten, bevor es einen Impfstoff oder eine Therapie gibt, was bedeutet, dass viele Menschen doppelt besorgt sind – einerseits, dass sie ihren Arbeitsplatz verlieren, und andererseits, dass sie keinen neuen finden, wenn sie einmal arbeitslos sind (was zu einem starken Anstieg der Sparquoten führen wird). In etwas fernerer Zeit (von einigen Monaten bis zu einigen Jahren) werden zwei Kategorien von Menschen mit einer besonders düsteren Beschäftigungssituation konfrontiert sein: junge Menschen, die erstmals in den von der Pandemie verwüsteten Arbeitsmarkt eintreten, und Arbeitnehmer, die durch Roboter ersetzt werden können. Dabei handelt es sich um grundlegende Fragen am Schnittpunkt von Wirtschaft, Gesellschaft und Technologie mit bestimmenden Auswirkungen auf die Zukunft der Arbeit. Vor allem die Automatisierung wird Anlass zu akuter Sorge geben. Das wirtschaftliche Argument, dass Technologie langfristig stets einen positiven wirtschaftlichen Effekt hat, ist bekannt. Dieses Argument lautet wie folgt: Automatisierung ist ein Störfaktor, aber sie verbessert die Produktivität und steigert den Wohlstand, was wiederum zu einer größeren Nachfrage nach Gütern und Dienstleistungen und damit zu neuen Arten von Arbeitsplätzen führt, um dieser Nachfrage nachzukommen. Das ist richtig, aber was passiert zwischen jetzt und der langfristigen Perspektive?

Aller Wahrscheinlichkeit nach wird die durch die Pandemie ausgelöste Rezession einen starken Anstieg der Arbeitssubstitution auslösen, d. h. körperliche Arbeit wird durch Roboter und „intelligente" Maschinen ersetzt, was wiederum dauerhafte und strukturelle Veränderungen auf dem Arbeitsmarkt hervorrufen wird. Im Kapitel zum Thema Technologie analysieren wir genauer, welche Auswirkungen die Pandemie auf die Automatisierung hat; es gibt jedoch bereits zahlreiche Hinweise darauf, dass sie das Tempo des Wandels beschleunigt. Der Callcenter-Sektor ist der Inbegriff dieser Situation.

In der Zeit vor der Pandemie wurden schrittweise neue, auf künstlicher Intelligenz (KI) basierende Technologien eingeführt, um bestimmte, bisher von menschlichem Personal ausgeführte Aufgaben zu automatisieren. Die Covid-19-Krise und die damit einhergehenden Maßnahmen zur räumlichen Distanzierung haben diesen Prozess der Innovation und des technologischen Wandels nun plötzlich beschleunigt. Chatbots, die sich oft auf die gleiche Spracherkennungstechnologie wie Alexa von Amazon stützen, und andere Software, die Aufgaben anstelle von menschlichem Personal ausführen kann, setzen sich rasch durch. Diese auf Notwendigkeit (wie z.B. Hygienemaßnahmen) beruhenden Innovationen werden bald Hunderttausende und möglicherweise Millionen von Arbeitsplätzen kosten.

Da die Verbraucher in nächster Zeit wahrscheinlich automatisierte Dienste einem persönlichen Kontakt vorziehen, wird das, was derzeit im Callcenter-Sektor geschieht, unweigerlich auch in anderen Bereichen auftreten. Die „Automatisierungsangst" lebt wieder auf[32] und wird durch die wirtschaftliche Rezession noch verstärkt. Der Automatisierungsprozess verläuft niemals linear; er erfolgt in der Regel in Wellen und oft in wirtschaftlich schwierigen Zeiten, in denen sich die Lohnkosten der Unternehmen durch Umsatzeinbußen relativ verteuern. Dann ersetzen Arbeitgeber weniger qualifizierte Arbeitnehmer durch Automatisierung, um die Arbeitsproduktivität zu erhöhen.[33] Beschäftigte mit niedrigem Einkommen, die Routinearbeiten (in der Produktion und im Dienstleistungssektor wie etwa Lebensmittel und Transport) ausführen, sind davon am ehesten betroffen. Der Arbeitsmarkt wird sich zunehmend polarisieren zwischen gut bezahlter Arbeit und vielen Jobs, die von der Bildfläche verschwinden oder schlecht bezahlt und nicht sehr attraktiv sind. In Schwellen- und Entwicklungsländern (insbesondere in Ländern mit einem „Youth Bulge", also einer überproportional großen Jugendbevölkerung) läuft die Technologie Gefahr, die „demografische Dividende" in einen „demografischen Alptraum" zu verwandeln, weil es durch die Automatisierung viel schwieriger sein wird, auf den Zug des Wirtschaftswachstums aufzuspringen.

Man verfällt leicht in übertriebenen Pessimismus, weil wir Menschen uns besser vorstellen können, was verschwindet als das, was kommt. Wir wissen und verstehen, dass die Arbeitslosenquote in absehbarer Zukunft weltweit steigen wird, werden jedoch in den kommenden Jahren und Jahrzehnten wahrscheinlich trotzdem überrascht sein. Wir könnten Zeugen einer beispiellosen Innovations- und Kreativitätswelle durch neue Produktionsmethoden und Produktionsmittel werden. Es könnte auch zu einer globalen Explosion von Hunderttausenden neuen Mikroindustrien kommen, die hoffentlich Hunderte Millionen von Menschen beschäftigen. Natürlich wissen wir nicht, was uns die Zukunft bringt, außer dass viel vom Verlauf des künftigen Wirtschaftswachstums abhängt.

1.2.2.3. Wie das künftige Wachstum aussehen könnte

In der Zeit nach der Pandemie könnte die neue wirtschaftliche „Normalität" aktuellen Prognosen zufolge durch ein weitaus geringeres Wachstum als in den vergangenen Jahrzehnten gekennzeichnet sein. Zu Beginn des Aufschwungs mag das quartalsmäßige BIP-Wachstum beeindruckend aussehen (weil das Ausgangsniveau sehr niedrig ist), es kann jedoch Jahre dauern, bis in den meisten Ländern die Gesamtgröße der Wirtschaft wieder den Stand vor der Pandemie erreicht. Dies ist auch darauf zurückzuführen, dass die Schwere des durch das Coronavirus verursachten wirtschaftlichen Schocks mit einem langfristigen Trend einhergehen wird, nämlich einem Bevölkerungsrückgang in vielen Ländern sowie Überalterung (die Demografie ist „Schicksal" und eine entscheidende Triebkraft des BIP-Wachstums). Unter solchen Bedingungen, wenn ein niedrigeres Wirtschaftswachstum fast sicher scheint, werden sich viele Menschen fragen, ob es überhaupt sinnvoll ist, sich zu sehr auf das Wachstum zu versteifen und zu dem Schluss kommen, dass es sinnlos ist, einem immer höheren BIP-Wachstum hinterherzulaufen.

Die durch Covid-19 verursachte weltweite tiefe Krise hat der Gesellschaft eine Zwangspause verordnet, um darüber nachzudenken, was wirklich von Wert ist. Jetzt, da die wirtschaftlichen Notmaßnahmen zur Bekämpfung der Pandemie in Kraft getreten sind, kann die Gelegenheit genutzt werden, um institutionelle Veränderungen in die Wege zu leiten und politische Entscheidungen zu treffen, die die Volkswirtschaften auf einen neuen Weg in eine gerechtere, grünere Zukunft führen. Der historische Prozess des radikalen Umdenkens in den Jahren nach dem Zweiten Weltkrieg, zu dem die Einrichtung der Bretton-Woods-Institutionen, der Vereinten Nationen, der EU und der Ausbau der Wohlfahrtsstaaten gehörten, zeigt das Ausmaß eines möglichen Wandels.

Dies wirft zwei Fragen auf: 1) Welchen neuen Kompass brauchen wir zur Verfolgung des Fortschritts? und 2) Was sind die neuen Triebkräfte einer integrativen und nachhaltigen Wirtschaft?

Hinsichtlich der ersten Frage erfordert ein Kurswechsel eine Änderung der Denkweise führender Politiker, um dem Wohlergehen aller Bürger und unseres Planeten mehr Aufmerksamkeit und Priorität einzuräumen. Historisch gesehen wurden nationale Statistiken in erster Linie erhoben, um den Regierungen ein besseres Verständnis der verfügbaren Mittel für Besteuerung und Kriegsführung zu geben. Mit dem Erstarken der Demokratien erweiterte sich in den 1930er-Jahren der Aufgabenbereich der nationalen Statistiken, um den wirtschaftliche Wohlstand der Bevölkerung zu erfassen,[34] jedoch auf das BIP komprimiert. Wirtschaftlicher Wohlstand wurde mit aktueller Produktion und aktuellem Konsum gleichgesetzt, ohne Berücksichtigung der zukünftigen Verfügbarkeit von Ressourcen. Die übermäßige Abhängigkeit der politischen Entscheidungsträger vom BIP als Indikator für wirtschaftlichen Wohlstand hat zum gegenwärtigen Zustand der Erschöpfung natürlicher und sozialer Ressourcen geführt.

Welche anderen Elemente sollte eine verbesserte Anzeigetafel des Fortschritts aufweisen? Erstens einmal muss das BIP selbst aktualisiert werden, um die Wertschöpfung der digitalen Wirtschaft, die Wertschöpfung durch unbezahlte Arbeit sowie den Wert, der durch bestimmte Arten von wirtschaftlicher Aktivität möglicherweise zerstört wird, widerzuspiegeln. Es ist seit langem ein Thema, dass Wertschöpfung durch Haushaltsarbeit übergangen wird, und die Forschungsbemühungen zur Schaffung eines Messrahmens brauchen neue Impulse. Darüber hinaus hat sich mit der Expansion der digitalen Wirtschaft die Kluft zwischen gemessener Aktivität und tatsächlicher wirtschaftlicher Aktivität vergrößert. Zudem verlagern bestimmte Arten von Finanzprodukten, die durch ihre Einbeziehung in das BIP als wertschöpfend erfasst werden, lediglich den Wert von einem Ort zum anderen oder zerstören ihn manchmal sogar.

Zweitens kommt es nicht nur auf die Gesamtgröße der Wirtschaft an, sondern auch auf die Verteilung der Gewinne und welche Chancen geboten werden. Mit der immer ausgeprägteren Einkommensungleichheit in vielen Ländern und der zunehmenden Polarisierung durch den technologischen Fortschritt werden das Gesamt-BIP oder gemittelte Werte wie das Pro-Kopf-BIP als aussagekräftige Indikatoren für die Lebensqualität des Einzelnen immer weniger brauchbar. Die Vermögensungleichheit ist eine bedeutende Dimension der heutigen Ungleichheitsdynamik und sollte systematischer verfolgt werden.

Drittens muss die Resilienz besser gemessen und überwacht werden, um den wahren Gesundheitszustand einer Wirtschaft zu beurteilen. Dazu gehören auch Einflussfaktoren der Produktivität wie Institutionen, Infrastruktur, Humankapital und Innovations-Ökosysteme, die für die Gesamtstärke eines Systems entscheidend sind. Darüber hinaus müssen die Kapitalrücklagen, auf die ein Land in Krisenzeiten zurückgreifen kann, einschließlich des finanziellen, physischen, natürlichen und sozialen Kapitals, systematisch verfolgt werden. Auch wenn insbesondere das natürliche und soziale Kapital schwer messbar sind, sind sie entscheidend für den sozialen Zusammenhalt und die ökologische Nachhaltigkeit eines Landes und sollten nicht unterschätzt werden. Jüngste wissenschaftliche Versuche einer Messung führen Datenquellen des öffentlichen und privaten Sektors zusammen.

Reale Beispiele für eine Schwerpunktverlagerung der politischen Entscheidungsträger werden sichtbar. Es ist kein Zufall, dass im Jahr 2019 ein Land, das sich unter den Top 10 des *World Happiness Report* befindet, ein „Wohlfahrtsbudget" vorgestellt hat. Die Entscheidung der neuseeländischen Premierministerin, Geld für soziale Themenbereiche wie psychische Gesundheit, Kinderarmut und Gewalt in der Familie bereitzustellen, machte das Wohlergehen zu einem ausdrücklichen Ziel der öffentlichen

Ordnung. Damit machte Premierministerin Ardern zu einem Politikum, was jeder seit Jahren weiß, nämlich, dass eine Steigerung des BIP keine Verbesserung des Lebensstandards und des sozialen Wohlergehens garantiert.

Darüber hinaus befassen sich verschiedene Institutionen und Organisationen, von Städten bis hin zur Europäischen Kommission, mit möglichen Optionen, um die zukünftige Wirtschaftsaktivität auf einem Niveau zu erhalten, das einerseits unsere materiellen Bedürfnisse zufriedenstellt und andererseits die planetaren Grenzen respektiert. Die Stadt Amsterdam ist die weltweit erste, die sich offiziell zu diesen Rahmenbedingungen als Ausgangspunkt für politische Entscheidungen in der Welt nach der Pandemie verpflichtet hat. Der Rahmen ähnelt einem Doughnut: Der innere Ring stellt das Minimum dar, das wir brauchen, um ein gutes Leben zu führen (wie es in den Zielen der Vereinten Nationen für nachhaltige Entwicklung formuliert ist), und der äußere Ring die von Erdsystemwissenschaftlern festgelegte ökologische Obergrenze (jene Grenze, die durch menschliches Handeln nicht überschritten werden darf, um negative Auswirkungen auf Klima, Boden, Meere, Ozonschicht, Süßwasser und Artenvielfalt zu vermeiden). Zwischen den beiden Ringen befindet sich die optimale Zone bzw. der Teig, an dem die Bedürfnisse des Menschen und des Planeten erfüllt werden.[35]

Wir wissen noch nicht, ob die „Tyrannei des BIP-Wachstums" ein Ende haben wird; verschiedene Signale deuten jedoch darauf hin, dass die Pandemie Veränderungen vieler unserer fest verankerten sozialen Normen beschleunigen könnte. Wenn wir alle gemeinsam anerkennen, dass ab einem bestimmten Wohlstandsniveau, das durch das Pro-Kopf-BIP definiert wird, die Zufriedenheit mehr von immateriellen Faktoren wie einer zugänglichen Gesundheitsversorgung und einem robusten sozialen Gefüge als vom materiellen Konsum abhängt, dann werden so unterschiedliche Werte wie Umweltschutz, bewusste Ernährung, Einfühlungsvermögen oder Großzügigkeit an Bedeutung gewinnen und nach und nach die neuen sozialen Normen prägen.

Abgesehen von der aktuellen Krise hat das Wirtschaftswachstum in den letzten Jahren je nach Kontext eine unterschiedliche Rolle bei der Verbesserung des Lebensstandards gespielt. In Volkswirtschaften mit hohem Einkommen ist das Produktivitätswachstum seit den 1970er-Jahren stetig zurückgegangen, und es wurde behauptet, dass es derzeit keine klaren politischen Möglichkeiten zur Wiederbelebung des langfristigen Wachstums gibt.[36] Darüber hinaus floss das Wachstum überproportional den Personen an der Spitze der Einkommenspyramide zu. Ein effektiverer Ansatz könnten gezieltere wohlfahrtsförderliche Maßnahmen seitens der politischen Entscheidungsträger sein.[37] In großen Schwellenländern mit niedrigem und mittlerem Einkommen haben die Früchte des Wirtschaftswachstums Millionen von Menschen aus der Armut befreit. Die politischen Optionen zur Ankurbelung der Wachstumsleistung sind besser bekannt (z. B. der Umgang mit grundlegenden Verzerrungen), dennoch müssen neue Ansätze gefunden werden, da das produktionsgesteuerte Entwicklungsmodell mit der bevorstehenden Vierten Industriellen Revolution schnell an Macht verliert.[38]

Dies führt uns zur zweiten entscheidenden Frage zum künftigen Wachstum. Wenn Richtung und Qualität des Wirtschaftswachstums ebenso wichtig sind wie – oder vielleicht sogar wichtiger als – seine Geschwindigkeit, was sind dann die wahrscheinlichen neuen Triebkräfte dieser Qualität in der Wirtschaft nach der Pandemie? Mehrere Bereiche haben das Potenzial, ein förderliches Umfeld für eine integrativere und nachhaltigere Dynamik zu bieten.

Die grüne Wirtschaft umfasst eine Reihe von Möglichkeiten, die von umweltfreundlicherer Energie über Ökotourismus bis hin zur Kreislaufwirtschaft reichen. So kann zum Beispiel der Übergang vom „Take-Make-Dispose"-Modell der Wegwerfwirtschaft zu einem Modell, das „vom Konzept her restaurativ und regenerativ"[39] ist, Ressourcen schonen und Abfall reduzieren. So kann z.B. ein Produkt am Ende seiner Nutzungsdauer wiederverwendet werden, wodurch es zu einer weiteren Wertschöpfung kommt, die wiederum wirtschaftlichen Nutzen generieren kann, indem sie zu Innovation, zur Schaffung von Arbeitsplätzen und letztlich zum Wachstum beiträgt. Unternehmen und Konzepte, die reparierbare Produkte mit längerer Lebensdauer (von Telefonen und Autos bis hin zur Kleidung) und sogar kostenlose Reparaturen anbieten (wie Patagonia Outdoor-Bekleidung) sowie Plattformen für den Handel mit gebrauchten Produkten expandieren schnell.[40]

Die Sozialwirtschaft erstreckt sich auf andere wachstumsstarke und arbeitsplatzschaffende Bereiche in den Sektoren Pflege und persönliche Dienstleistungen, Bildung und Gesundheit. Investitionen in Kinderbetreuung, Altenpflege und andere Bereiche der Versorgungsökonomie würden allein in den USA 13 Millionen Arbeitsplätze und 21 Millionen Arbeitsplätze in sieben Volkswirtschaften schaffen und in den analysierten Ländern zu einem Anstieg des BIP-Wachstums um 2 % führen.[41] Bildung ist ebenfalls ein Bereich massiver Arbeitsplatzschaffung, insbesondere wenn man Grund- und Sekundarschulbildung, Fach- und Berufsausbildung, Hochschul- und Erwachsenenbildung zusammen betrachtet. Wie die Pandemie gezeigt hat, erfordert die Gesundheit weitaus größere Investitionen sowohl in Infrastruktur und Innovation als auch in das Humankapital. Diese drei Bereiche erzeugen einen Multiplikator-Effekt sowohl durch ihr eigenes Beschäftigungspotenzial als auch durch den langfristigen Nutzen, den sie Gesellschaften in puncto Gleichheit, soziale Mobilität und integratives Wachstum bringen.

Innovationen bei Produktions-, Vertriebs- und Geschäftsmodellen können Effizienzzuwächse und neue oder bessere Produkte hervorbringen, die eine höhere Wertschöpfung schaffen und so zu neuen Arbeitsplätzen und wirtschaftlichem Wohlstand führen. Den Staaten stehen somit Instrumente zur Verfügung, um den Wandel hin zu integrativerem und nachhaltigerem Wohlstand zu vollziehen, indem sie durch ein grundlegendes Überdenken der Märkte und deren Rolle in unserer Wirtschaft und Gesellschaft eine Weichenstellung und Anreize des öffentlichen Sektors mit kommerzieller Innovationsfähigkeit verbinden. Dies erfordert unterschiedliche und bewusste Investitionen in die oben erwähnten Grenzmärkte, d. h. in Bereiche, in denen die Marktmechanismen eine transformative Wirkung auf Wirtschaft und Gesellschaft haben könnten, jedoch bestimmte Voraussetzungen für das Funktionieren noch fehlen (z. B. unzureichende technische Kapazitäten für die nachhaltige bedarfsgerechte Herstellung eines Produkts oder eines Vermögenswerts, unzureichend definierte Standards oder noch nicht hinreichend entwickelte Rahmenbedingungen). Die Gestaltung der Regeln und Mechanismen dieser neuen Märkte kann einen tiefgreifenden Einfluss auf die Wirtschaft haben. Wenn die Staaten den Übergang zu einer neuen und besseren Art von Wachstum vollziehen wollen, haben sie die Möglichkeit, jetzt zu handeln, um Anreize für Innovation und Kreativität in den oben genannten Bereichen zu schaffen.

Auch wurde der Ruf nach „Degrowth" bzw. Wachstumsrücknahme oder Postwachstum laut, einem Null- oder sogar negativen BIP-Wachstum, das (zumindest in den reichsten Ländern) eine gewisse Zugkraft gewinnt. Mit der zunehmenden Kritik am Wirtschaftswachstum wird die finanzielle und kulturelle Dominanz der Konsumkultur im öffentlichen und privaten Leben überholt.[42] Dies zeigt sich im verbraucherseitigen Post-Wachstums-Aktivismus in Nischensegmenten, etwa Verbraucher, die für weniger Fleischkonsum oder weniger Flüge kämpfen. Durch die von ihr erzwungene Wachstumsrücknahme hat die Pandemie das Interesse an dieser Bewegung, die das Tempo des Wirtschaftswachstums umkehren möchte, neu entfacht, was mehr als 1.100 Experten aus aller Welt im Mai 2020 zur Veröffentlichung eines Manifests veranlasste, in dem eine Strategie zur Bekämpfung der durch Covid-19 verursachten wirtschaftlichen und humanitären Krise vorgeschlagen wird.[43] In einem offenen Brief fordern sie ein demokratisch „geplantes und zugleich anpassungsfähiges, nachhaltiges und ausgewogenes Downscaling der Wirtschaft, das uns in eine Zukunft führt, in der wir mit weniger besser leben können".

Vorsicht jedoch: Das Streben nach einer Wachstumsrücknahme kann sich als ebenso ziellos erweisen wie das Streben nach Wachstum! Länder mit Weitblick und ihre Regierungen werden stattdessen einen integrativeren und nachhaltigeren Ansatz für das Management und die Messung ihrer Volkswirtschaften vorziehen, der auch das Beschäftigungswachstum, die Verbesserung des Lebensstandards und den Schutz des Planeten fördert. Die Technologie, um mit weniger mehr zu erreichen, ist bereits vorhanden.[44] Es gibt keinen Grundsatzkonflikt zwischen wirtschaftlichen, sozialen und ökologischen Faktoren, wenn wir diesen ganzheitlicheren und längerfristigen Ansatz zur Definition des Fortschritts und zur Schaffung von Anreizen für Investitionen in grüne und soziale Grenzmärkte wählen.

1.2.3. Finanz- und Geldpolitik

Die finanz- und geldpolitische Reaktion auf die Pandemie erfolgte entschlossen, massiv und schnell.

In systemrelevanten Ländern beschlossen die Zentralbanken fast unmittelbar nach Beginn des Ausbruchs, die Zinssätze zu senken und gleichzeitig umfassende Programme zur quantitativen Lockerung aufzulegen, und versprachen, das nötige Geld zu drucken, um die Kosten der staatlichen Kreditaufnahme niedrig zu halten. Die US-Notenbank verpflichtete sich zum Ankauf von Staatsanleihen und hypothekarisch gesicherten Wertpapieren öffentlich-rechtlicher Emittenten, während die Europäische Zentralbank versprach, jedes Instrument zu kaufen, das die Regierungen ausgeben (ein Schritt, mit dem es gelang, die Spanne bei den Kreditkosten zwischen schwächeren und stärkeren Mitgliedern des Euroraums zu verringern).

Parallel dazu haben die meisten Regierungen ehrgeizige und beispiellose finanzpolitische Maßnahmen ergriffen. Schon sehr früh während der Krise wurden dringende und umfassende Maßnahmen mit drei konkreten Zielen ergriffen: 1) die Pandemie mit so vielen Ausgaben wie nötig zu bekämpfen, um sie so schnell wie möglich unter Kontrolle zu bringen (durch die Herstellung von Tests, Erweiterung der Krankenhauskapazitäten, Wirkstoff- und Impfstoffforschung etc.), 2) Soforthilfemittel für private Haushalte und Unternehmen bereitzustellen, die am Rande des Bankrotts und der Katastrophe stehen und 3) die Gesamtnachfrage zu fördern, damit die Wirtschaft so weit wie möglich nahe am Potenzial agiert.[45]

Diese Maßnahmen werden zu sehr großen Haushaltsdefiziten führen, mit einem wahrscheinlichen Anstieg der Schulden im

Verhältnis zum BIP um 30 % des BIP in den reichen Volkswirtschaften. Auf globaler Ebene wird der Gesamtanreiz durch die Staatsausgaben im Jahr 2020 vermutlich mehr als 20 % des globalen BIP betragen. Dabei bestehen zwischen den einzelnen Ländern erhebliche Unterschiede, von 33 % in Deutschland bis über 12 % in den USA.

Diese Erweiterung der finanzpolitischen Möglichkeiten hat äußerst unterschiedliche Auswirkungen, je nachdem, ob das betreffende Land hochentwickelt oder ein Schwellenland ist. Länder mit hohem Einkommen verfügen über einen größeren finanzpolitischen Spielraum, weil sich eine höhere Verschuldung als nachhaltig erweisen und für künftige Generationen ein tragfähiges Maß an Wohlfahrtskosten mit sich bringen dürfte, und zwar aus zwei Gründen: 1) die Zusage der Zentralbanken, Anleihen in beliebiger Höhe zu kaufen, um die Zinssätze niedrig zu halten, und 2) das Vertrauen, dass die Zinssätze in absehbarer Zukunft wahrscheinlich niedrig bleiben werden, da die Unsicherheit weiterhin private Investitionen behindern und ein hohes Maß an Vorsichtssparen rechtfertigen wird. In den Schwellen- und Entwicklungsländern könnte die Situation hingegen nicht schlimmer sein. Die meisten von ihnen verfügen nicht über den erforderlichen finanzpolitischen Spielraum, um entsprechend auf den Pandemieschock zu reagieren; sie leiden bereits unter großen Kapitalabflüssen und einem Verfall der Rohstoffpreise, was bedeutet, dass ihr Wechselkurs unter Druck gerät, wenn sie sich zu einer expansiven Finanzpolitik entschließen. Unter diesen Umständen wird Hilfe in Form von Zuschüssen und

Schuldenerlässen und möglicherweise ein regelrechtes Morato-rium[46] nicht nur notwendig, sondern unerlässlich sein.

Dies sind beispiellose Programme für eine noch nie dagewesene Situation, etwas so Neues, dass es die Ökonomin Carmen Reinhart als „Koste-es-was-es-wolle-Moment für eine groß angelegte, unkonventionelle Finanz- und Geldpolitik" bezeichnete.[47] Maßnahmen, die vor der Pandemie undenkbar erschienen, könnten durchaus weltweit zur Norm werden, da die Regierungen zu verhindern versuchen, dass die wirtschaftliche Rezession in eine katastrophale Depression umschlägt. Zunehmend wird der Ruf nach Regierungen als „Zahler letzter Instanz"[48] laut werden, um die durch die Pandemie ausgelöste Flut von Massenentlassungen und Unternehmenspleiten zu verhindern oder einzudämmen.

Durch all diese Veränderungen ändern sich die Spielregeln der Wirtschafts- und Währungspolitik. Die künstliche Barriere, die Währungs- und Finanzbehörden voneinander unabhängig macht, wurde nun abgebaut, und die Zentralbankiers wurden (bis zu einem gewissen Maß) den amtierenden Politikern untergeordnet. Es ist nun denkbar, dass Regierungen in Zukunft versuchen werden, ihren Einfluss auf die Zentralbanken geltend zu machen, um öffentliche Großprojekte wie z. B. einen Infrastruktur- oder grünen Investitionsfonds zu finanzieren. Ebenso könnte sich das Prinzip eines Eingreifens seitens der Regierung zum Erhalt von Arbeitsplätzen und zur Sicherung der Einkommen sowie zum Schutz der Unternehmen vor Konkurs auch nach dem Ende dieser Maßnahmen halten. Es ist wahrscheinlich, dass der öffentliche und politische Druck zur Erhaltung solcher Systeme bestehen bleibt, selbst wenn sich die Situation verbessert. Eine der größten Sorgen ist, dass diese stillschweigende Zusammenarbeit zwischen Finanz- und Geldpolitik zu einer unkontrollierbaren Inflation führt. Sie hat ihren Ursprung in der These, dass die politischen Entscheidungsträger auf massive fiskalpolitische Anreize zurückgreifen werden, die vollständig monetarisiert, d.h. nicht über die normale Staatsverschuldung finanziert werden. Hier kommen die Moderne Monetäre Theorie (MMT) und das Helikoptergeld ins Spiel: Da die Zinssätze gegen Null tendieren, können die Zentralbanken keine wirtschaftlichen Anreize mit klassischen geldpolitischen Instrumenten, d.h. mit einer Zinssenkung, schaffen – es sei denn, sie setzen auf hohe Negativzinsen, ein problematischer Schritt, gegen den sich die meisten Zentralbanken sträuben.[49] Der Anreiz muss daher von einem Anstieg der Haushaltsdefizite ausgehen (was bedeutet, dass die öffentlichen Ausgaben steigen werden, wenn die Steuereinnahmen sinken). Möglichst einfach (und in diesem Fall vereinfachend) ausgedrückt, gestaltet sich die MMT folgendermaßen: Der Staat gibt Anleihen aus, die die Zentralbank aufkauft. Wenn sie diese nie zurückverkauft, entspricht dies einer monetären Finanzierung: Das Defizit wird monetarisiert (indem die Zentralbank die vom Staat emittierten Anleihen aufkauft), und der Staat kann das Geld für seine Zwecke verwenden. Er kann es zum Beispiel metaphorisch von Hubschraubern an Menschen in Not abwerfen. Die Idee ist attraktiv und realisierbar, aber sie geht mit einem großen Problem gesellschaftlicher Erwartungen und politischer Kontrolle einher:

Sobald die Bürger erkennen, dass es einen „magischen Goldesel"
gibt, geraten die amtierenden Politiker unter heftigen und unerbittlichen öffentlichen Druck, immer mehr zu schaffen, und
dann kommt es zur Inflation.

1.2.3.1. Deflation oder Inflation?

Zwei fachspezifische Kriterien innerhalb des Themas der
monetären Finanzierung sind mit dem Risiko einer Inflation verbunden. Erstens muss die Entscheidung für eine
fortwährende quantitative Lockerung (d. h. für die monetäre
Finanzierung) nicht getroffen werden, wenn die Zentralbank
Staatsanleihen ankauft; die Vorstellung des Geldes, das „auf
Bäumen wächst", zu verbergen oder zu umgehen, kann der
ungewissen Zukunft überlassen werden. Zweitens hängt die
inflationäre Wirkung von Helikoptergeld nicht davon ab, ob
das Defizit finanziert oder nicht finanziert wird, sondern sie
ist direkt proportional zur Höhe des betreffenden Geldbe-
trags. Es gibt keine nominalen Grenzen dafür, wie viel Geld
eine Zentralbank schöpfen kann, aber vernünftige Grenzen
dafür, wie viel sie schöpfen möchte, um eine Ankurbelung
der Wirtschaft zu erreichen, ohne zu viel Inflation zu riskieren. Der sich daraus ergebende Anstieg des nominalen BIP
wird zwischen realem Output-Effekt und einer Erhöhung des
Preisniveau-Effekts gesplittet –dieses Gleichgewicht und sein
inflationärer Charakter hängen davon ab, wie knapp die Ver-
sorgungsengpässe sind, also letztlich von der Menge des geschaffenen Geldes. Die Zentralbankiers befinden möglicher-

weise, dass bei einer Inflation von 2 % oder 3 % nichts zu befürchten ist und dass 4 % bis 5 % auch noch hinnehmbar sind, sie müssen jedoch eine Obergrenze definieren, ab der die Inflation ein ernsthafter Grund zur Sorge ist. Die Herausforderung besteht in der Definition des Niveaus, ab dem die Inflation korrosiv wird und zwanghafte Besorgnis bei den Verbrauchern auslöst.

Zurzeit befürchten einige eine Deflation, während sich andere Sorgen hinsichtlich der Inflation machen. Was steckt hinter diesen divergierenden Zukunftsängsten? Die Bedenkenträger bezüglich einer Deflationsgefahr weisen auf einen zusammenbrechenden Arbeitsmarkt und strauchelnde Rohstoffpreise hin und fragen sich, wie die Inflation unter diesen Bedingungen möglicherweise bald wieder anziehen könnte. Die Bedenkenträger bezüglich einer Inflationsgefahr beobachten den erheblichen Anstieg der Zentralbankbilanzen und der Haushaltsdefizite und fragen sich, wie es möglich sein soll, dass diese nicht zu Inflation, möglicherweise hoher Inflation und sogar Hyperinflation führen werden. Sie verweisen auf das Beispiel Deutschlands nach dem Ersten Weltkrieg, das seine inländischen Kriegsschulden in der Hyperinflation von 1923 weginflationierte, oder auf das Vereinigte Königreich, das die massiven Schulden (250 %)aus dem Zweiten Weltkrieg mit ein wenig Inflation abtrug. Diese Bedenkenträger räumen ein, dass Deflation kurzfristig das größere Risiko darstellen könnte, argumentieren aber, dass eine Inflation angesichts der massiven und unvermeidlichen Anreize letztlich unvermeidlich ist.

Zum gegenwärtigen Zeitpunkt ist es schwer vorstellbar, wie die Inflation in naher Zukunft wieder anziehen könnte. Die Rückverlagerung von Auslandsproduktion könnte fallweise zu Inflationsschüben führen, die sich aber in Grenzen halten werden. Das Zusammenspiel aus starken, langfristigen strukturellen Trends wie Überalterung und Technologie (beide sind deflationärer Natur) und einer außergewöhnlich hohen Arbeitslosenquote, die den Lohnanstieg auf Jahre hinaus bremsen wird, drückt stark auf die Inflation. In der Zeit nach der Pandemie ist eine hohe Nachfrage seitens der Verbraucher unwahrscheinlich. Das Leid, das durch die massive Arbeitslosigkeit, die niedrigeren Einkommen bei weiten Teilen der Bevölkerung und die ungewisse Zukunft verursacht wird, führt wahrscheinlich zu vermehrtem Vorsichtssparen. Nach der Lockerung der Social-Distancing-Maßnahmen könnte die aufgestaute Nachfrage ein wenig Inflation hervorrufen, aber wahrscheinlich nur vorübergehend und daher ohne Auswirkung auf die Inflationserwartungen. Laut Olivier Blanchard, dem ehemaligen Chefökonom des IWF, kann die Inflation nur durch die Kombination der folgenden drei Elemente angeheizt werden: 1) ein sehr starker Anstieg des Schuldenstands im Verhältnis zum BIP über die derzeitige Prognose von 20-30 % hinaus, 2) ein sehr starker Anstieg des neutralen Zinssatzes (d. h. des sicheren Realzinssatzes, der erforderlich ist, um die Wirtschaft auf dem Potenzialniveau zu halten) und 3) eine fiskalische Dominanz der Geldpolitik.[50] Die Wahrscheinlichkeit jedes einzelnen Elements ist bereits gering, daher ist die Wahrscheinlichkeit, dass alle drei gemeinsam eintreten, extrem

gering (wenn auch nicht gleich Null). Anleiheinvestoren sind
der gleichen Auffassung. Dies könnte sich natürlich ändern,
aber im Moment zeichnet das geringe Zinsgefälle zwischen
nominalen und inflationsindexierten Anleihen bestenfalls ein
Bild einer weiterhin sehr niedrigen Inflation.

In den kommenden Jahren könnten einkommensstarke
Länder durchaus mit einer ähnlichen Situation konfrontiert
sein wie Japan in den letzten Jahrzehnten: strukturell schwache Nachfrage, sehr niedrige Inflation und extrem niedrige
Zinssätze. Die mögliche „Japanisierung" der (reichen) Welt
wird oft als eine hoffnungslose Kombination aus fehlen-
dem Wachstum, mangelnder Inflation und unerträglichen
Schuldenständen dargestellt. Dies ist irreführend. Bereinigt
man die Daten um die demografische Entwicklung, schnei-
det Japan besser ab als die meisten anderen Länder. Sein BIP
pro Kopf ist hoch und wächst, und seit 2007 ist sein reales
BIP pro Person im erwerbsfähigen Alter schneller gestiegen
als in jedem anderen G7-Land. Natürlich gibt es für dieses
Phänomen viele landesspezifische Gründe (ein sehr hohes Maß an sozialem Kapital und Vertrauen, aber auch ein
überdurchschnittliches Wachstum der Arbeitsproduktivität
und eine erfolgreiche Übernahme älterer Arbeitnehmer in
die Erwerbsbevölkerung), aber es führt vor Augen, dass eine
schrumpfende Bevölkerung nicht zu wirtschaftlichem Verfall
führen muss. Der hohe Lebensstandard und die hohen Wohl-
standsindikatoren Japans geben in diesen Krisenzeiten Anlass
zur Hoffnung.

1.2.3.2. Das Schicksal des US-Dollars

Jahrzehntelang genossen die USA mit ihrem Dollar das „exorbitante Privileg" der globalen Leitwährung, ein Status, der
lange Zeit „eine Annehmlichkeit imperialer Macht und ein
wirtschaftliches Elixier" war.[51] In erheblichem Maße wurden
US-amerikanische Macht und Wohlstand durch das weltweite
Vertrauen in den Dollar und die Bereitschaft ausländischer
Kunden, Dollarreserven zu halten, aufgebaut und gestärkt,
meist in Form von US-Staatsanleihen. Die Tatsache, dass so
viele Länder und ausländische Institutionen Dollarreserven
als Wertanlage und als Tauschmittel (für den Handel) halten,
hat seinen Status als globale Leitwährung konsolidiert. Somit
konnten die USA günstig Kredite im Ausland aufnehmen und
gleichzeitig von den niedrigen Zinssätzen im Inland profitieren, was es der US-amerikanischen Bevölkerung wiederum ermöglicht hat, über ihre Verhältnisse zu konsumieren. Es hat
auch die großen US-Staatsdefizite der letzten Zeit möglich
gemacht, den USA erhebliche Handelsdefizite gestattet, das
Wechselkursrisiko verringert und die US-Finanzmärkte liquid-
er gemacht. Dem Status des US-Dollars als Leitwährung liegt
eine entscheidende Vertrauensfrage zugrunde: Ausländer, die
Dollarreserven halten, vertrauen darauf, dass die Vereinigten
Staaten sowohl ihre eigenen Interessen (durch eine vernünftige Wirtschaftspolitik) als auch den Rest der Welt schützen,
was den US-Dollar betrifft (durch eine vernünftige Währungspolitik, wie die effiziente und schnelle Bereitstellung von Dol-
lar-Liquidität für das globale Finanzsystem).

Seit geraumer Zeit ziehen einige Analysten und politische Entscheidungsträger ein mögliches und schrittweises Ende der Dominanz des Dollars in Betracht. Sie denken nun, dass die Pandemie der Katalysator sein könnte, der ihnen Recht gibt. Ihre Argumentation ist zweigleisig und bezieht sich auf beide Seiten der Vertrauensfrage.

Einerseits (vernünftige Wirtschaftspolitik) weisen Skeptiker der US-Dollar-Dominanz auf die unvermeidliche und drastische Verschlechterung der Haushaltslage der USA hin. Ihrer Meinung nach wird eine unhaltbare Verschuldung letztendlich das Vertrauen in den US-Dollar untergraben. Unmittelbar vor der Pandemie machten die US-Verteidigungsausgaben plus Zinsen der Staatsverschuldung plus jährliche Sozialausgaben – Medicare, Medicaid und Sozialversicherung –112 % der Steuereinnahmen des Bundes aus (gegenüber 95 % im Jahr 2017). Dieser unhaltbare Weg wird sich in der Zeit nach der Pandemie, nach den Konjunkturpaketen, noch verschärfen. Dieses Argument deutet darauf hin, dass sich deshalb etwas Grundlegendes ändern muss, entweder durch eine stark dezimierte geopolitische Rolle oder eine höhere Besteuerung oder beides. Im gegenteiligen Fall könnte das Defizit einen Schwellenwert erreichen, ab dem ausländische Investoren es nicht länger finanzieren wollen. Schließlich kann sich der Status einer Leitwährung nicht länger halten als das Vertrauen ausländischer Investoren in die Fähigkeit des Devisenhalters, seine Zahlungen zu leisten.

Andererseits (vernünftige Währungspolitik für den Rest der Welt) weisen Skeptiker der Dollar-Dominanz auf die Unvereinbarkeit einer globalen Leitwährung mit dem zunehmenden wirtschaftlichen Nationalismus im eigenen Land hin. Auch wenn die US-Notenbank und das US-Finanzministerium den Dollar und sein weltweites einflussreiches Netzwerk effizient managen, betonen Skeptiker, dass die Bereitschaft der US-Regierung, den US-Dollar als geopolitische Waffe einzusetzen (etwa gegen Länder und Unternehmen, die mit dem Iran oder Nordkorea Handel treiben), Besitzer von Dollarreserven unweigerlich zur Suche nach Alternativen veranlassen wird.

Gibt es tragfähige Alternativen? Die Hegemonie der USA im globalen Finanzsektor ist nach wie vor stark (die Rolle des Dollars bei internationalen Finanztransaktionen ist weitaus größer, wenn auch weniger sichtbar, als im internationalen Handel), aber ebenso würden viele Länder die globale Dominanz des Dollars gern anfechten. Kurzfristig gibt es keine Alternativen. Der chinesische Renminbi (RMB) könnte eine Option sein, aber erst dann, wenn strenge Kapitalverkehrskontrollen abgeschafft werden und der RMB zu einer marktbestimmten Währung wird, was in absehbarer Zukunft unwahrscheinlich ist. Das Gleiche gilt für den Euro. Er könnte eine Option sein, aber erst dann, wenn sich die Zweifel an einer möglichen Implosion des Euroraums endgültig zerstreuen, was in den nächsten Jahren ähnlich unwahrscheinlich ist. Eine globale virtuelle Währung ist noch nicht in Sicht, aber es gibt Versuche, nationale digitale Währungen einzuführen, die letztendlich die Hegemonie des US-Dollars beenden könnten. Der bedeutendste Versuch wurde Ende April 2020 in China mit einem Test einer nationalen digitalen Währung in vier Großstädten gestartet.[52] Bei der Entwicklung einer digitalen Währung in Kombination mit leistungsstarken elektronischen Zahlungsplattformen ist dieses Land dem Rest der Welt um Jahre voraus. Dieses Experiment zeigt deutlich, dass es Geldsysteme gibt, die sich von den US-Intermediären unabhängig machen möchten und gleichzeitig eine stärkere Digitalisierung ansteuern.

Letztendlich hängt ein mögliches Ende des Dollar-Primats davon ab, was in den USA geschieht. Wie Henry Paulson, ein ehemaliger US-Finanzminister, sagt: „Die Bedeutung des US-Dollars beginnt zu Hause (...). Die Vereinigten Staaten müssen eine Wirtschaft erhalten, die weltweit Glaubwürdigkeit und Vertrauen erweckt. Sonst wird die Position des US-Dollars mit der Zeit in Gefahr geraten".[53] Die globale Glaubwürdigkeit der USA hängt zu einem großen Teil auch von der Geopolitik und der Attraktivität ihres Gesellschaftsmodells ab. Das „exorbitante Privileg" ist eng mit der globalen Macht, der Wahrnehmung der USA als verlässlicher Partner und ihrer Rolle in multilateralen Institutionen verflochten. „Wenn diese Rolle als nicht mehr so sicher und diese Sicherheitsgarantie als nicht mehr so eisern gilt, weil sich die USA von der globalen Geopolitik zugunsten einer autarkeren Binnenpolitik abkoppeln, könnte der Sicherheitsbonus des US-Dollars schrumpfen", warnen Barry Eichengreen und Vertreter der Europäischen Zentralbank.[54]

Fragen und Zweifel über den zukünftigen Status des Dollars als globale Leitwährung erinnern uns daran, dass die Wirtschaft nicht isoliert betrachtet werden kann. Besonders hart trifft diese Realität überschuldete Schwellenländer und arme Länder, die heute nicht mehr in der Lage sind, ihre oft auf Dollar lautenden Schulden zurückzuzahlen. Für sie wird diese Krise gewaltige Ausmaße annehmen und ihre Bewältigung Jahre dauern, denn der beträchtliche wirtschaftliche Schaden wird sich schnell in sozialem und humanitärem Leid niederschlagen. In all diesen Ländern könnte die Covid-Krise den schrittweisen Konvergenzprozess beenden, der hoch entwickelte Länder und Schwellen- bzw. Entwicklungsländer einander näher bringen sollte. Dies führt zu einer Zunahme der gesellschaftlichen und geopolitischen Risiken – eine deutliche Erinnerung daran, wie stark sich wirtschaftliche Risiken mit gesellschaftlichen Fragen und Geopolitik überschneiden.

1.3. Gesellschaftlicher Umbruch

Historisch gesehen haben Pandemien die Gesellschaften stets auf eine harte Probe gestellt; die Covid-19-Krise im Jahr 2020 bildet da keine Ausnahme. Vergleichbar mit der Wirtschaft, wie wir eben gesehen haben, und der Geopolitik, wie wir im nächsten Kapitel sehen werden, wird der durch Covid-19 ausgelöste gesellschaftliche Umbruch Jahre und möglicherweise Generationen andauern. Die unmittelbarste und offensichtlichste Auswirkung ist, dass viele Regierungen zur Rechenschaft gezogen werden. Dabei richtet sich die Wut vor allem gegen jene Entscheidungsträger und Politiker, deren Reaktion auf Covid-19 unangemessen oder schlecht vorbereitet schien. Wie Henry Kissinger bemerkte: „Der Zusammenhalt und wirtschaftliche Erfolg von Ländern basiert auf dem Glauben, dass ihre Institutionen Katastrophen vorhersehen, ihre Auswirkungen stoppen und die Stabilität wiederherstellen können. Wenn die Covid-19-Pandemie vorbei ist, werden die Institutionen vieler Länder als gescheitert gebrandmarkt sein."[55] Dies gilt insbesondere für einige reiche Länder mit modernsten Gesundheitssystemen und hochentwickelter Forschung, Wissenschaft und Innovation, deren Bürger sich fragen werden, warum die öffentliche Hand in ihrem Land im Vergleich zu anderen so schlecht abgeschnitten hat. In diesen Ländern kommt unter Umständen das Grundgerüst ihres sozialen Gefüges und ihres sozioökonomischen Systems zum Vorschein und wird als der „wahre" Schuldige angeprangert, der es versäumt hat, das wirtschaftliche und soziale Wohlergehen für die Mehrheit der Bürger zu gewährleisten. In ärmeren Ländern wird die Pandemie einen drastischen Tribut in Form sozialer Kosten fordern. Sie wird die gesellschaftlichen Probleme, unter denen sie bereits jetzt leiden – insbesondere Armut, Ungleichheit und Korruption – noch verschärfen. Dies könnte in einigen Fällen zu schwerwiegenden Konsequenzen wie soziale und gesellschaftliche Desintegration führen („sozial" bezieht sich auf Interaktionen zwischen Einzelnen oder Gruppen von Einzelnen, während sich „gesellschaftlich" auf die Gesellschaft als Ganzes bezieht).

Können wir systemische Lehren daraus ziehen, was im Umgang mit der Pandemie funktioniert hat und was nicht? Inwieweit lässt die Reaktion der verschiedenen Länder innere Stärken und Schwächen bestimmter Gesellschaften oder Regierungssysteme erkennen? Einige, unter anderem Singapur, Südkorea und Dänemark, schnitten offensichtlich recht gut und sicherlich besser als die meisten anderen ab. Andere, wie Italien, Spanien, die USA oder das Vereinigte Königreich, waren scheinbar in vielerlei Hinsicht unterdurchschnittlich, sei es bei der Vorbereitung, dem Krisenmanagement, der öffentlichen Kommunikation, der Zahl der bestätigten Fälle und Todesfälle und verschiedenen anderen Messgrößen. Nachbarländer mit vielen strukturellen Ähnlichkeiten wie Frankreich und Deutschland meldeten zwar eine ungefähr gleiche Anzahl bestätigter Fälle, allerdings gab es auffallend hohe Unterschiede bei den Todesfällen durch Covid-19. Was sind die Gründe für diese offensichtlichen Abweichungen, abgesehen von den Unterschieden im Gesundheitswesen? Zum aktuellen Zeitpunkt (Juni 2020) stehen wir noch immer vor zahlreichen „Unbekannten" hinsichtlich der Gründe, warum Covid-19 in einigen Ländern und Regionen so besonders virulent war und sich so stark ausbreitete, in anderen hingegen nicht. Insgesamt sind jedoch den Ländern, die besser abschneiden, die folgenden allgemeinen Merkmale gemein:

- Sie waren „vorbereitet" auf das, was auf sie zukam (logistisch und organisatorisch).
- Sie trafen schnell und bestimmt Entscheidungen.
- Sie verfügen über ein kosteneffektives und integratives Gesundheitssystem.
- Es handelt sich um Gesellschaften mit einem hohen Maß

an Vertrauen, in denen die Bürger sowohl den Politikern als auch den bereitgestellten Informationen vertrauen.

- Offensichtlich zeigen sie in Notlagen einen echten Sinn für Solidarität, indem sie das Gemeinwohl über individuelle Ambitionen und Bedürfnisse stellen.

Mit der teilweisen Ausnahme der ersten und zweiten Eigenschaft, die eher formaler Natur sind (auch wenn die Formalität kulturelle Elemente enthält), können alle anderen als „günstige" gesellschaftliche Merkmale bezeichnet werden, was beweist, dass die zentralen Werte Inklusivität, Solidarität und Vertrauen starke bestimmende Elemente und wichtige Beiträge zum Erfolg bei der Eindämmung einer Epidemie sind.

Es ist natürlich noch viel zu früh, um genau zu sagen, in welcher Form sich der gesellschaftliche Umbruch in den verschiedenen Ländern vollziehen wird, aber grobe Konturen lassen sich bereits skizzieren. Zuerst einmal wird es in der Ära nach der Pandemie zu einer massiven Umverteilung des Reichtums kommen, von den Reichen zu den Armen und vom Kapital zur Arbeit. Zweitens wird Covid-19 wahrscheinlich den Tod des Neoliberalismus einläuten, einem Korpus von Ideen und Konzepten, der grob gesagt Wettbewerb über Solidarität stellt, schöpferische Zerstörung über staatliche Intervention und Wirtschaftswachstum über soziales Wohlergehen. Seit einigen Jahren ist die neoliberale Doktrin im Schwinden begriffen und viele Kommentatoren, Führungskräfte aus der Wirtschaft und Politiker prangern zunehmend ihren „Marktfetischismus" an – den Gnadenstoß versetzte ihr jedoch Covid-19. Es ist kein Zufall, dass die beiden Länder, die in den letzten Jahren mit größtem Eifer neoliberale Politik betrieben – die USA und Großbritannien – zu den Ländern gehören, die während der Pandemie die meisten Opfer zu beklagen hatten. Diese beiden einhergehenden Kräfte – massive Umverteilung einerseits und Abschied von der neoliberalen Politik andererseits – üben einen bestimmenden Einfluss auf die Organisation unserer Gesellschaften aus, angefangen von der Frage, wie Ungleichheiten soziale Unruhen anheizen könnten, bis hin zur zunehmenden Rolle der Regierungen und der Neudefinition von Gesellschaftsverträgen.

1.3.1. Ungleichheiten

Ein stark irreführendes Klischee, das dem Coronavirus anhaftet, ist die Metapher von Covid-19 als „großer Gleichmacher".[56] Das Gegenteil trifft zu. Covid-19 hat, wo und wann es zuschlägt, die bestehenden Bedingungen der Ungleichheit verschärft. Es ist also kein „Gleichmacher", weder in medizinischer noch wirtschaftlicher, sozialer oder psychologischer Hinsicht. Eher ist die Pandemie ein „großer Ungleichmacher"[57], der die Ungleichheiten in puncto Einkommen, Wohlstand und Chancen verschärft hat. Sie hat nicht nur die große Zahl der wirtschaftlich und sozial verwundbaren Menschen dieser Welt, sondern auch den Grad ihrer Verletzlichkeit offenbart – ein Phänomen, das in Ländern mit rudimentären oder nicht vorhandenen sozialen Sicherheitsnetzen oder schwachen familiären und sozialen Bindungen noch stärker ausgeprägt ist. Diese Situation geht natürlich auf die Zeit vor der Pandemie zurück, aber wie wir auch bei anderen globalen Fragen beobachtet haben, wirkte das Virus als verstärkende Kraft, das uns zwingt, den Ernst dieser problematischen Ungleichheit, die bereits zu lange von zu vielen ignoriert wurde, zu erkennen und einzugestehen.

Die erste Auswirkung der Pandemie bestand in der Vergrößerung der makroökonomischen Herausforderung sozialer Ungleichheiten. Es wurde plötzlich auf schockierende Weise deutlich, welch unterschiedlichem Risiko die Bevölkerung je nach sozialer Schicht ausgesetzt war. In weiten Teilen der Welt trat während des Lockdowns ein schemenhaftes, wenn auch aufschlussreiches Narrativ zutage. Es beschrieb eine Dichotomie: Die Ober- und Mittelschicht konnte von zu Hause aus arbeiten und ihre Kinder zu Hause unterrichten (entweder am Hauptwohnsitz, oder an einem weiter entfernten, sichereren Nebenwohnsitz), während Angehörige der Arbeiterklasse (diejenigen, die einen Arbeitsplatz haben) nicht zu Hause waren und sich nicht um den Unterricht ihrer Kinder kümmern konnten, sondern an vorderster Front arbeiteten, um Leben (direkt oder nicht) und die Wirtschaft zu retten, etwa als Reinigungspersonal in Krankenhäusern, Kassierer(innen), Transporteure lebensnotwendiger Güter und Sicherheitskräfte. Im Falle einer hochentwickelten Dienstleistungswirtschaft wie den USA kann etwa ein Drittel der Jobs von zu Hause bzw. aus der Ferne erledigt werden – mit erheblichen Diskrepanzen, die eng mit dem branchenspezifischen Verdienst korrelieren. Mehr als 75 % der US-amerikanischen Finanz- und Versicherungsangestellten können aus der Ferne arbeiten, während nur 3 % der weitaus schlechter bezahlten Beschäftigten in der Lebensmittelindustrie diese Möglichkeit haben.[58] Mitten in der Pandemie (Mitte April) führten die neuen Infektionsfälle und die Zahl der Todesfälle deutlicher denn je vor Augen, dass Covid-19 bei weitem nicht der „große Gleichmacher" oder „Ausgleicher" ist, von dem so viele Menschen zu Beginn der Pandemie sprachen. Stattdessen stellte sich schnell heraus, dass die Art und Weise, wie das verheerende Virus um sich griff, weder fair noch unparteiisch war.

In den USA hat Covid-19 einen unverhältnismäßig hohen Tribut von Afroamerikanern, Geringverdienern und sozial Bedürftigen, wie z. B. Obdachlosen, gefordert. Im Bundesstaat Michigan, in dem weniger als 15 % der Bevölkerung schwarz sind, machten schwarze Einwohner rund 40 % der Todesfälle infolge von Covid-19-bedingten Komplikationen aus. Die Tatsache, dass die schwarze Bevölkerung so unverhältnismäßig stark von Covid-19 betroffen war, ist lediglich ein Spiegelbild der existierenden Ungleichheiten. In den USA, wie auch in vielen anderen Ländern, sind Afroamerikaner ärmer, häufiger arbeitslos oder unterbeschäftigt und Opfer von Wohnverhältnissen unter Substandardbedingungen. Infolgedessen leiden sie verstärkt unter Gesundheitsproblemen wie Übergewicht, Herzkrankheiten oder Diabetes, die mit einer besonders hohen Covid-19-bedingten Sterblichkeitsrate einhergehen.

Die zweite Auswirkung der Pandemie und des folgenden Lockdowns war, dass uns die tiefe Diskrepanz zwischen der Wesensart und dem inhärenten Wert einer geleisteten Arbeit einerseits und ihrer wirtschaftlichen Vergütung andererseits vor Augen geführt wurde. Anders ausgedrückt: Jene Personen, die die Gesellschaft am meisten braucht, werden wirtschaftlich am schlechtesten entlohnt. Die ernüchternde Wahrheit ist, dass die Helden der unmittelbaren Covid-19-Krise, diejenigen, die sich (auf eigene Gefahr) um die Kranken kümmerten und die Wirtschaft am Laufen hielten, zu den am schlechtesten bezahlten Berufsgruppen gehören, darunter Pflegepersonal, Reinigungskräfte, Auslieferer, Beschäftigte in Lebensmittelfabriken, Pflegeheimen und Lagerhäusern. Ihr Beitrag zum wirtschaftlichen und gesellschaftlichen Wohlergehen wird oft am wenigsten anerkannt. Dies ist ein globales Phänomen, aber besonders ausgeprägt in den angelsächsischen Ländern, wo Armut mit Prekarität einhergeht. Nicht nur erhalten jene Bürger die schlechteste Bezahlung, sie sind auch am ehesten vom Arbeitsplatzverlust bedroht. Im Vereinigten Königreich beispielsweise arbeitet eine große Mehrheit (fast 60 %) der Pflegekräfte mit „Null-Stunden-Verträgen", was bedeutet, dass sie keine garantierten regelmäßigen Arbeitsstunden haben und folglich auch nicht die Gewissheit eines regelmäßigen Einkommens. Ebenso haben Beschäftigte in Lebensmittelfabriken oft befristete Arbeitsverträge, die ihnen weniger Rechte als normal zugestehen und keine Sicherheit bieten. Auslieferer, die meist als Selbstständige gelten, werden pro Zustellung bezahlt und erhalten kein Kranken- oder Urlaubsgeld – eine Realität, die in Ken Loachs jüngstem Film „Sorry We Missed You" eindringlich geschildert wird. In diesem Film wird die dramatische Situation jener Arbeiter veranschaulicht, die stets am Rande des körperlichen, emotionalen oder finanziellen Ruins schweben und Dominoeffekten ausgesetzt sind, die durch Stress und Angst noch verstärkt werden.

Wird das soziale Ungleichgewicht nach der Pandemie zunehmen oder abnehmen? Viele Anhaltspunkte deuten darauf hin, dass die Ungleichheiten, zumindest kurzfristig, wahrscheinlich zunehmen werden. Wie bereits erwähnt, sind Arbeitslose oder Geringverdiener unverhältnismäßig stark von der Pandemie betroffen: Sie sind anfälliger für chronische Erkrankungen und Immunschwäche und haben daher eine höhere Wahrscheinlichkeit, sich mit Covid-19 anzustecken und an schweren Infektionen zu erkranken. Dies wird auch in den Monaten nach dem Ausbruch der Pandemie so bleiben. Wie bei früheren Pandemien, etwa der Pest, profitieren nicht alle Menschen gleichermaßen von medizinischen Behandlungen und Impfstoffen. Vor allem in den USA, wie der Nobelpreisträger Angus Deaton, Verfasser von *Deaths of Despair and the Future of Capitalism* mit Koautorin Anne Case, feststellte: „Arzneimittelhersteller und Krankenhäuser werden mächtiger und wohlhabender denn je sein",[59] zum Nachteil der ärmsten Bevölkerungsschichten. Darüber hinaus wird eine weltweite stark akkomodierende Geldpolitik das Wohlstandsgefälle vergrößern, indem sie die Preise von Vermögenswerten, vor allem auf den Finanzmärkten und bei Immobilien, in die Höhe treibt.

Wenn wir jedoch über die unmittelbare Zukunft hinausblicken, könnte sich der Trend umkehren und das Gegenteil – weniger

Ungleichheit – bewirken. Wie könnte das geschehen? Es könnte sein, dass genug Menschen so empört sind über die eklatante Ungerechtigkeit einer bevorzugten Behandlung, die ausschließlich den Reichen zuteil wird, dass sie zu einem breiten gesellschaftlichen Gegenschlag ausholen. In den USA fordert möglicherweise eine Mehrheit oder eine sehr lautstarke Minderheit die nationale oder gemeinschaftliche Kontrolle über das Gesundheitswesen, während in Europa eine Unterfinanzierung des Gesundheitssystems politisch nicht mehr akzeptabel sein wird. Möglicherweise bringt uns die Pandemie zu einem Umdenkprozess bei Berufen, die wir wirklich schätzen, und zu einer Neugestaltung ihrer kollektiven Entlohnung. Wird die Gesellschaft in Zukunft akzeptieren, dass ein Hedgefonds-Spitzenmanager, der sich auf Leerverkäufe spezialisiert hat (und dessen Beitrag zum wirtschaftlichen und sozialen Wohlergehen bestenfalls zweifelhaft ist), ein Jahreseinkommen in Millionenhöhe erhält, während eine Krankenschwester (deren Beitrag zum sozialen Wohlergehen wohl unbestreitbar ist) einen winzigen Bruchteil dieses Betrags verdient? In solch einem optimistischen Szenario, in dem wir immer deutlicher wahrnehmen, dass viele schlecht bezahlte Arbeitskräfte mit unsicheren Jobs eine wesentliche Rolle für unser kollektives Wohlergehen spielen, würde die Politik nachziehen, um sowohl ihre Arbeitsbedingungen als auch ihre Entlohnung zu verbessern. Bessere Löhne wären die Folge, auch wenn sie mit geringeren Gewinnen für die Unternehmen oder höheren Preisen einhergehen; es würde einen starken sozialen und politischen Druck geben, befristete Verträge und ausbeuterische Schlupflöcher durch Festanstellungen und eine bessere Ausbildung zu ersetzen. Die Ungleichheiten könnten also geringer werden – die Geschichte hat uns jedoch gelehrt, dass dieses optimistische Szenario ohne vorausgehende massive soziale Unruhen unwahrscheinlich ist.

1.3.2. Soziale Unruhen

Eine der größten Gefahren nach der Pandemie sind soziale Unruhen. In einigen extremen Fällen könnte dies zum gesellschaftlichen Zerfall und politischen Zusammenbruch führen. Auf der Grundlage der Beobachtung, dass Menschen ohne Arbeit und Einkommen und ohne Aussichten auf ein besseres Leben häufig zu Gewalt neigen, haben zahllose Studien, Artikel und Warnungen auf diese Gefahr hingewiesen. Das folgende Zitat trifft den Kern des Problems. Es bezieht sich auf die USA, aber seine Schlussfolgerungen gelten für die meisten Länder der Welt:

> Menschen ohne Hoffnung, ohne Arbeit und ohne Besitz könnten sich leicht gegen die Wohlhabenderen wenden. Etwa 30 % der Amerikaner haben keinerlei Besitz oder sind verschuldet. Wenn die aktuelle Krise mehr Menschen ohne Geld, ohne Arbeit und ohne Zugang zu Gesundheitsversorgung hervorbringt und diese Menschen verzweifelt und wütend werden, dann könnten solche Szenen wie der kürzliche Ausbruch von Häftlingen in Italien oder die Plünderungen nach dem Hurrikan Katrina in New Orleans 2005 zum Alltag werden.

Wenn die Regierungen auf paramilitärische oder militärische Kräfte zurückgreifen müssen, um zum Beispiel Ausschreitungen oder Angriffe auf Eigentum niederzuschlagen, könnte dies den Zerfall von Gesellschaften einleiten.[60]

Lange bevor die Pandemie die Welt ergriff, gab es weltweit einen Anstieg sozialer Unruhen. Die Gefahr ist also nicht neu, sie wird jedoch durch Covid-19 verstärkt. Es gibt verschiedene Definitionen von sozialen Unruhen; in den letzten zwei Jahren fanden jedoch weltweit mehr als 100 größere Proteste von Regierungsgegnern statt,[61] in reichen Ländern ebenso wie in armen, von den Ausschreitungen der Gelbwesten in Frankreich bis zu den Demonstrationen gegen die Herrschenden in Ländern wie Bolivien, Iran und dem Sudan. Die meisten (der zweitgenannten) wurden durch brutale Maßnahmen unterdrückt und viele traten (wie die weltweite Wirtschaft) in eine Art Ruhemodus, als die Regierungen ihre Bevölkerungen in den Lockdown zwangen, um die Pandemie einzudämmen. Aber es ist schwer vorstellbar, dass die früheren Missstände und die vorübergehend unterdrückten sozialen Unruhen nach der Aufhebung des Versammlungs- und Demonstrationsverbots nicht erneut aufflammen werden, möglicherweise mit erneuerter Stärke. Nach der Pandemie wird sich die Zahl jener dramatisch erhöhen, die nun zu den Arbeitslosen, Besorgten, Unglücklichen, Empörten, Kranken und Hungrigen gehören. Persönliche Tragödien werden hinzukommen und den Ärger, die Empörung und die Verzweiflung in verschiedenen gesellschaftlichen Gruppen, einschließlich der

Arbeitslosen, Armen, Migranten, Häftlinge, Obdachlosen und aller Ausgeschlossenen ... verstärken. Wie sollte all dieser Druck nicht zu einem Ausbruch führen? Gesellschaftliche Phänomene weisen oft die gleichen Merkmale auf wie Pandemien und auch die Kipppunkte gelten - wie bereits beschrieben - für beide. Wenn Armut, ein Gefühl der Entrechtung und der Machtlosigkeit einen gewissen Kipppunkt erreichen, wird zerstörerisches gesellschaftliches Handeln oft zum letzten Ausweg.

In den ersten Tagen der Krise haben prominente Persönlichkeiten auf diese Sorgen hingewiesen und die Welt vor der steigenden Gefahr sozialer Unruhen gewarnt. Einer von ihnen ist der schwedische Industrielle Jacob Wallenberg. Im März 2020 schrieb er: „Wenn die Krise lang anhält, könnte die Arbeitslosigkeit 20-30 Prozent erreichen, während die Volkswirtschaften um 20-30 Prozent schrumpfen ... Es wird keinen Wiederaufschwung geben. Es wird soziale Unruhen geben. Es wird zu Gewalt kommen. Es wird sozioökonomische Folgen geben: dramatische Arbeitslosigkeit. Die Menschen werden dramatisch leiden: Einige werden sterben, anderen wird es sehr schlecht gehen."[62] Wir sind derzeit über dem Grenzwert, den Wallenberg „besorgniserregend" fand. In vielen Ländern der Welt liegt die Arbeitslosigkeit über 20 bis 30 Prozent und die meisten Volkswirtschaften sind im zweiten Vierteljahr 2020 um mehr als das geschrumpft, was man früher für beunruhigend fand. Wie wird sich das auswirken? Wo ist die Wahrscheinlichkeit für soziale Unruhen am höchsten und wie heftig werden diese ausfallen?

Während wir dieses Buch schreiben, hat Covid-19 bereits eine globale Welle sozialer Unruhen ausgelöst. Sie begann in den USA mit den Protesten unter dem Motto „Black Lives Matter" nach der Tötung von George Floyd Ende Mai 2020, dehnten sich jedoch rasch weltweit aus. Covid-19 war ein entscheidendes Element: Der Tod von George Floyd war der Funke, der das Feuer der sozialen Unruhen entfachte, aber der Brennstoff, der die Proteste verstärkte und am Laufen hielt, waren die durch die Pandemie geschaffenen Bedingungen, insbesondere die zu Tage tretenden Ungleichheiten aufgrund von Rassenzugehörigkeit und die steigende Arbeitslosigkeit. Wie? In den vergangenen sechs Jahren starben fast 100 Afroamerikaner in Polizeigewahrsam, aber der Tod von George Floyd löste einen Volksaufstand aus. Es ist daher kein Zufall, dass dieser Wutausbruch während der Pandemie stattfand, von der die Afroamerikaner in den USA überproportional betroffen waren (wie bereits früher hervorgehoben wurde). Ende Juni 2020 war die Mortalität schwarzer Amerikaner durch Covid-19 2,4 Mal so hoch wie jene weißer Amerikaner. Gleichzeitig wurden die Arbeitsplätze schwarzer Amerikaner durch die Corona-Krise dezimiert. Dies sollte niemanden verwundern: Die wirtschaftliche und soziale Kluft zwischen Afroamerikanern und weißen Amerikanern ist so tief, dass die schwarze Arbeiterschaft gemäß fast allen Kennzahlen benachteiligt sind.[63] Im Mai 2020 betrug die Arbeitslosigkeit unter Afroamerikanern 16,8 % (gegenüber einem landesweiten Durchschnitt von 13,3 %), ein sehr hoher Wert, der zu einem Phänomen führt, das von Soziologen „biographische Verfügbarkeit" genannt wird:[64] Durch die fehlende Vollzeitbeschäftigung erhalten soziale Bewegungen mehr Zulauf. Wir wissen nicht, wie sich die Black Lives Matter Bewegung entwickeln und welche Form sie annehmen wird, sofern sie andauert. Es gibt jedoch Anzeichen dafür, dass sie sich breiter aufstellt und sich nicht auf rassenspezifische Probleme beschränken wird. Die Proteste gegen systemischen Rassismus haben zu allgemeineren Forderungen nach wirtschaftlicher Gerechtigkeit und Integration geführt. Dies ist eine logische Folge der Probleme aufgrund der Ungleichheit, die im vorherigen Unterkapitel behandelt wurden, und verdeutlicht die wechselseitige Beeinflussung von Gefahren und wie sie einander verstärken.

Es muss betont werden, dass keine Situation in Stein gemeißelt ist und es keine „mechanischen" Auslöser für soziale Unruhen gibt – diese bleiben Ausdruck einer kollektiven menschlichen Dynamik und Gemütsverfassung, die von zahlreichen Faktoren abhängig sind. Gemäß den Vorstellungen der Vernetzung und Komplexität sind Ausbrüche sozialer Unruhen vollkommen nichtlineare Ereignisse, die durch eine breite Vielfalt an politischen, wirtschaftlichen, gesellschaftlichen, technologischen und ökologischen Faktoren ausgelöst werden können. Dazu gehören so unterschiedliche Dinge wie Wirtschaftsschocks, durch extreme Wetterereignisse verursachte Notlagen, Rassenspannungen, Lebensmittelknappheit und auch Gefühle der Ungerechtigkeit. Fast immer beeinflussen sich diese Faktoren gegenseitig und erzeugen Lawineneffekte. Daher können spezifische Unruhen nicht vorhergesagt werden, sie können jedoch erwartet werden. Welche Länder sind am anfälligsten? Auf den ersten Blick sind ärmere Länder ohne Sicherheitsnetze und reiche Länder mit einer schwachen sozialen Absicherung am stärksten gefährdet, weil sie über keine oder weniger politische Maßnahmen verfügen, um den Schock von Einkommensverlusten zum Beispiel durch Arbeitslosenunterstützung abzufedern. Aus diesem Grund könnten stark individualistische Gesellschaften wie die USA stärker gefährdet sein, als europäische oder asiatische Länder, die entweder über einen stärkeren Solidaritätssinn (wie in Südeuropa) oder über ein besseres Sozialsystem zur Unterstützung der Unterprivilegierten (wie in Nordeuropa) verfügen. Manchmal sind beide gleichzeitig vorhanden. Länder wie Italien zum Beispiel verfügen sowohl über ein starkes soziales Sicherheitsnetz als auch über einen starken Solidaritätssinn (insbesondere über die Generationen hinweg). Auf ähnliche Weise stellt der in zahlreichen asiatischen Ländern vorherrschende Konfuzianismus das Pflichtbewusstsein und die Solidarität zwischen den Generationen über die persönlichen Rechte. Darüber hinaus legt man großen Wert auf Maßnahmen und Regeln, die der Gemeinschaft als Ganzes nutzen. All dies bedeutet natürlich nicht, dass europäische oder asiatische Länder gegenüber sozialen Unruhen immun sind. Weit gefehlt! Wie die Bewegung der Gelbwesten im Fall Frankreichs zeigt, können gewalttätige und anhaltende Formen sozialer Unruhen auch in Ländern ausbrechen, die über ein robustes soziales Sicherheitsnetz verfügen, wenn die sozialen Erwartungen nicht erfüllt werden.

Soziale Unruhen beeinträchtigen das wirtschaftliche und gesellschaftliche Gemeinwohl. Es ist jedoch hervorzuheben, dass wir gegenüber potenziellen sozialen Unruhen nicht machtlos sind, weil Regierungen und in geringerem Ausmaß Unternehmen und sonstige Organisationen die Gefahr durch geeignete politische Maßnahmen reduzieren können. Die größte Grundursache von sozialen Unruhen ist Ungleichheit. Es gibt politische Instrumente zur Bekämpfung inakzeptabler Ungleichheit und sie liegen häufig in den Händen der Regierungen.

1.3.3. Die Rückkehr der „großen" Regierungen

Um es mit den Worten von John Micklethwait und Adrian Wooldridge auszudrücken: „Die Covid-19-Pandemie hat dazu geführt, dass die Regierung wieder wichtig ist. Nicht nur mächtig (im Gegensatz zu den einst mächtigen Unternehmen, die um Hilfe betteln), sondern auch wieder unentbehrlich: Es macht einen enormen Unterschied, ob unser Land über ein gutes Gesundheitswesen, kompetente Bürokraten und solide Finanzen verfügt. Eine gute Regierung kann über Leben und Tod entscheiden."[65]

Eine der großen Lehren der letzten fünf Jahrhunderte in Europa und Amerika ist, dass akute Krisen zur Stärkung der Staatsmacht beitragen. Dies war immer der Fall und es gibt keinen Grund, warum es bei der Covid-19-Pandemie anders sein sollte. Historiker verweisen darauf, dass die steigenden Finanzressourcen der kapitalistischen Länder seit dem 18. Jahrhundert immer eng mit der notwendigen Austragung von Kriegen verbunden waren, insbesondere mit Kriegen in fernen Ländern, die starke Seestreitmächte erforderten. Dies war der Fall im Siebenjährigen

Krieg 1756-1763, der als erster echter Weltkrieg bezeichnet wird und an dem alle europäischen Großmächte gleichzeitig beteiligt waren. Seither haben die Reaktionen auf große Krisen immer die Macht des Staates gestärkt, beginnend mit dem Steuerwesen: „ein inhärentes und wesentliches Merkmal der Souveränität, auf das jede unabhängige Regierung ein *Anrecht* hat."[66] Einige Beispiele zur Verdeutlichung dieses Punktes lassen durchaus vermuten, dass die Besteuerung dieses Mal wie in der Vergangenheit zunehmen wird. Wie in der Vergangenheit wird die gesellschaftliche Begründung und die politische Rechtfertigung dafür auf dem Narrativ der „im Krieg befindlichen Länder" beruhen (nur dieses Mal gegen einen unsichtbaren Feind).

In Frankreich betrug der Spitzensteuersatz der Einkommenssteuer 1914 null Prozent; ein Jahr nach dem Ende des Ersten Weltkriegs dagegen 50 %. Kanada führte die Einkommenssteuer 1917 als „vorübergehende" Maßnahme zur Finanzierung des Krieges ein und erhöhte diese später während des Zweiten Weltkriegs dramatisch mit einem pauschalen Steuerzuschlag von 20 % auf alle Einkommensteuern natürlicher Personen und die Einführung hoher Spitzensteuersätze (69 %). Die Steuersätze wurden nach dem Krieg gesenkt, sie blieben jedoch auf einem deutlich höheren Niveau als davor. Auf ähnliche Weise wurde die Einkommenssteuer in Amerika während des Zweiten Weltkriegs von einer „Klassensteuer" zu einer „Massensteuer", indem sich die Zahl der Steuerzahler von 7 Millionen im Jahr 1940 auf 42 Millionen im Jahr 1945 erhöhte. Die progressivsten Steuerjahre in der US-Geschichte waren 1944 und 1945, mit einem Steuersatz von 94 % für Einkommen über 200.000 USD (dem Gegenwert von 2,4 Mio. USD im Jahr 2009). Diese Spitzensätze, die von den entsprechenden Steuerzahlern häufig als Beschlagnahmung angeprangert wurden, fielen auch in den nachfolgenden 20 Jahren nicht unter 80 %. Am Endes des Zweiten Weltkriegs ergriffen viele andere Länder ähnliche, häufig extreme Steuermaßnahmen. In Großbritannien stieg der Spitzensteuersatz während des Krieges auf unglaubliche 99,25 %![67]

Gleichzeitig brachte die souveräne Macht des Staates auf Besteuerung in verschiedenen Bereichen fühlbare Vorteile für die Gesellschaft wie die Schaffung eines Sozialsystems. Diese massiven Veränderungen zu etwas völlig „Neuem" waren jedoch immer definiert als Reaktion auf einen gewaltsamen externen Schock oder die Androhung eines solchen. So führte zum Beispiel der Zweite Weltkrieg in fast ganz Europa zur Einführung eines von der Wiege bis zur Bahre reichenden staatlichen Sozialsystems. Ebenso der Kalte Krieg: Die Regierungen in den kapitalistischen Ländern waren so besorgt über einen internen kommunistischen Aufstand, dass sie ein staatlich geführtes Modell einführten, um diesen zu verhindern. Dieses System, in dem staatliche Bürokraten große Teile der Wirtschaft – vom Transport bis zur Energieversorgung – verwalteten, blieb bis weit in die 1970er in Kraft.

Heute ist die Situation grundverschieden; in den dazwischenliegenden Jahrzehnten ist die Rolle des Staates (in der westlichen Welt) erheblich geschrumpft. Diese Situation ist im Begriff, sich zu ändern, denn es ist nur schwer vorstellbar, wie der durch den Covid-19 herbeigeführte starke externe Schock mit rein marktbezogenen Lösungen bewältigt werden könnte. Fast über Nacht hat das Coronavirus bereits die Wahrnehmung über das komplexe und empfindliche Gleichgewicht zwischen privater und öffentlicher Sphäre zugunsten letzterer geändert. Das System sozialer Absicherung hat sich als wirkungsvoll erwiesen und man hat gesehen, dass die Übertragung von immer mehr Zuständigkeitsbereichen (wie Gesundheit und Bildung) auf Einzelpersonen und Marktteilnehmer nicht immer im besten Interesse der Gesellschaft zu sein scheint. In einer überraschenden und plötzlichen Kehrtwende könnte nun die Vorstellung zur Regel werden, dass Regierungen das öffentliche Wohl fördern und außer Kontrolle geratene Wirtschaftsmächte ohne Aufsicht den Sozialstaat zerstören können - eine Idee, die noch vor wenigen Jahren tabu gewesen wäre. Auf der Wahlscheibe zwischen Regierung und Märkten hat sich die Nadel entschieden nach links bewegt.

Zum ersten Mal, seitdem Margaret Thatcher mit der Aussage „So etwas wie eine Gesellschaft gibt es nicht" den Zeitgeist einer Ära traf, haben die Regierungen wieder die Oberhand. Alles, was im Zeitalter nach der Pandemie geschieht, wird uns dazu veranlassen, die Rolle der Regierungen zu überdenken. Statt nur auftretendes Marktversagen zu beheben, sollten diese, nach den Worten der Wirtschaftswissenschaftlerin Mariana Mazzucato: „zur aktiven Formung und Schaffung von Märkten übergehen, die für Nachhaltigkeit und integratives Wachstum sorgen. Ebenso sollten sie sicherstellen, dass bei Partnerschaften mit Unternehmen unter Beteiligung öffentlicher Mittel nicht die Gewinnorientierung, sondern die öffentlichen Interessen im Vordergrund stehen.[68]

Wie wird sich diese erweiterte Rolle der Regierungen äußern? Ein wesentliches Element einer neuen, „größeren" Regierung ist durch die verstärkte und beinahe sofortige Regierungskontrolle über die Wirtschaft bereits vorhanden. Wie in Kapitel 1 ausgeführt, ging der staatliche Eingriff in die Wirtschaft sehr rasch und in beispiellosem Ausmaß vor sich. Im April 2020, als die Pandemie gerade begann, die Welt zu verschlingen, kündigten Regierungen auf der ganzen Welt Konjunkturprogramme in der Höhe von mehreren Billionen Dollar an, als würde man acht oder neun Marshallpläne gleichzeitig einsetzen, um die Grundbedürfnisse der ärmsten Menschen zu decken, Arbeitsplätze so weit wie möglich zu retten und Unternehmen vor dem Untergang zu bewahren. Die Zentralbanken entschieden, die Zinsen zu senken, und verpflichteten sich, die erforderliche Liquidität bereitzustellen. Gleichzeitig begannen die Regierungen u. a., die Sozialleistungen auszuweiten, direkte Barüberweisungen zu leisten, Lohnkosten zu decken sowie Darlehens- und Hypothekarzahlungen auszusetzen. Nur die Regierungen hatten die Macht, die Fähigkeit und die Reichweite, solche Entscheidungen zu treffen, ohne die eine wirtschaftliche Katastrophe und der vollständige gesellschaftliche Zusammenbruch eingetreten wären.

Im Hinblick auf die Zukunft werden die Regierungen höchstwahrscheinlich, wenngleich in unterschiedlichem Ausmaß, entscheiden, dass es im besten Interesse der Gesellschaft ist, einige Spielregeln neu festzulegen und ihren Einflussbereich auf Dauer ausweiten. Wie in den 1930er Jahren, als die Massenarbeitslosigkeit und die wirtschaftliche Unsicherheit in den USA allmählich durch eine umfangreichere Rolle der Regierung bewältigt wurden, wird die vorhersehbare Zukunft heute vermutlich von einem ähnlichen Vorgehen gekennzeichnet sein. Wir werden in anderen Unterkapiteln behandeln, welche Form dies vermutlich annehmen wird (wie im nächsten über den Gesellschaftsvertrag). Zuvor möchten wir jedoch kurz einige der zentralen Punkte hervorheben.

Die Kranken- und Arbeitslosenversicherung muss entweder ganz neu geschaffen oder, dort wo sie bereits besteht, gestärkt werden. Auch die sozialen Sicherungsnetze müssen gestärkt werden – in den angelsächsischen Ländern, die am stärksten „marktorientiert" sind; erweiterte Arbeitslosen-, Krankenstandsleistungen und viele andere Sozialmaßnahmen müssen beschlossen werden, um die Auswirkungen der Krise abzufedern, und werden danach zur Regel werden. In vielen Ländern wird ein gestärktes Gewerkschaftsengagement diesen Prozess fördern. Der Unternehmenswert wird eine zweitrangige Rolle einnehmen, wodurch der Stakeholder-Kapitalismus in den Vordergrund rücken wird. Die „Finanzialisierung" der Welt, die in den vergangenen Jahren so viel an Fahrt aufgenommen hat, wird vermutlich den Rückwärtsgang einlegen. Vor allem in den am stärksten betroffenen Ländern, den USA und Großbritannien, werden die Regierungen gezwungen sein, viele Aspekte dieser

Fixierung auf die Finanzen zu überdenken. Sie könnten sich für eine breite Palette an Maßnahmen entscheiden, wie zum Beispiel die Illegalisierung von Aktienrückkäufen oder ein Anreizverbot für Verbraucherkredite. Der kritische Blick auf Privatunternehmen wird zunehmen, insbesondere (aber nicht nur) auf alle Unternehmen, die öffentliche Gelder in Anspruch nehmen. Einige Länder werden Verstaatlichungen durchführen, andere werden sich an Unternehmen beteiligen oder Darlehen bereitstellen. Allgemein wird es mehr Regelungen für viele verschiedene Bereiche, wie die Arbeitssicherheit oder die inländische Beschaffung bestimmter Warengeben. Die Unternehmen werden auch für soziale und Umweltprobleme zur Rechenschaft gezogen und es wird erwartet werden, dass sie Teil der Lösung sind. Zusätzlich dazu werden die Regierungen öffentlich-private Partnerschaften stark fördern, sodass die Privatunternehmen stärker in die Abschwächung globaler Risiken einbezogen werden. Unabhängig von den Details wird sich die Rolle des Staates ausweiten und dies wird erhebliche Auswirkungen auf die Art und Weise der Unternehmensführung haben. In allen Branchen und allen Ländern werden sich Unternehmensleiter in verschiedenem Ausmaß an ein stärkeres staatliches Eingreifen gewöhnen müssen. Es wird aktive Bestrebungen geben, im Bereich der öffentlichen Güter wie Gesundheitsversorgung und Klimawandel-Lösungen Forschung und Entwicklung zu fördern. Die Besteuerung wird insbesondere für die privilegiertesten Schichten steigen, weil die Regierungen ihre Resilienz verbessern müssen und stärker in diese investieren möchten. Wie Joseph Stiglitz empfiehlt:

Die oberste Priorität besteht darin, (...) dem öffentlichen Sektor mehr Mittel zur Verfügung zu stellen, insbesondere für jene Bereiche, die Schutz vor den zahlreichen Risiken einer komplexen Gesellschaft bieten. Weiterhin müssen Fortschritte in der Wissenschaft und eine Qualitätssteigerung in der Ausbildung finanziert werden, denn davon hängt unser zukünftiger Wohlstand ab. Dies sind Bereiche, in denen rasch produktive Arbeitsplätze – für Forscher, Lehrer und Mitarbeiter unterstützender Institutionen – geschaffen werden können. Selbst wenn wir diese Krise überwinden, sollte uns bewusst sein, dass vermutlich bereits irgendeine andere Krise hinter der nächsten Ecke wartet. Wir können nicht vorhersehen, wie die nächste Krise aussehen wird, nur dass sie anders sein wird, als die letzte.[69]

Nirgendwo wird sich dieses staatliche Eingreifen, das je nach Land und Kultur mit guten oder schlechten Absichten einhergeht, stärker abbilden als in der Neugestaltung des Gesellschaftsvertrags.

1.3.4. Der Gesellschaftsvertrag

Es ist beinahe unvermeidlich, dass die Pandemie viele Gesellschaften weltweit dazu veranlassen wird, die Bedingungen ihres Gesellschaftsvertrags zu überdenken und neu auszugestalten. Wir haben bereits darauf hingewiesen, dass Covid-19 als Verstärker bestehender Zustände gewirkt und langjährige Probleme, die aus tiefen, nie angemessen behandelten strukturellen Schwächen entstanden sind, in den Vordergrund gerückt hat. Diese Unstimmigkeit und die auftauchende Infragestellung des Status quo findet Ausdruck in dem lauten Ruf nach einer Überprüfung der Gesellschaftsverträge, durch die wir alle mehr oder weniger gebunden sind.

Allgemein definiert bezieht sich der Ausdruck „Gesellschaftsvertrag" auf eine Reihe von (häufig impliziten) Vereinbarungen und Erwartungen, die die Beziehungen zwischen Einzelpersonen und Institutionen regeln. Einfach ausgedrückt ist es der „Klebstoff", der die Gesellschaften zusammenhält, ohne diesen würde das gesellschaftliche Gefüge auseinanderbrechen. Jahrzehntelang bewegte er sich langsam und fast unmerklich in eine Richtung und zwang den Einzelnen, mehr Verantwortung für sein Leben und die wirtschaftlichen Leistungen zu übernehmen. Weite Teile der Gesellschaft (vor allem in den unteren Einkommensschichten) kamen zu dem Schluss, dass der Gesellschaftsvertrag bestenfalls ausgehöhlt, wenn nicht in einigen Fällen gar ganz ausgehebelt wurde. Die offensichtliche Illusion einer niedrigen oder keiner Inflation ist ein praktisches und illustratives Beispiel, wie diese Erosion im Alltag stattfindet. Viele Jahre lang ist die Inflationsrate weltweit für zahlreiche Güter und Dienstleistungen gesunken, mit Ausnahme der drei Dinge, die der überwiegenden Mehrheit von uns am wichtigsten sind: Wohnen, Gesundheitsversorgung und Bildung. Für diese drei sind die Preise stark gestiegen und haben einen noch größeren Anteil der verfügbaren Einkommen in Anspruch genommen, sodass sich einige Familien in manchen

Ländern sogar verschulden mussten, um sich ärztlich behandeln zu lassen. Auf ähnliche Weise sind die Beschäftigungszahlen vor der Pandemie in vielen Ländern gestiegen, aber dieser Anstieg ging häufig einher mit stagnierenden Einkommen und einer Polarisierung der Arbeitsbedingungen. Diese Situation führte zu einer Aushöhlung des wirtschaftlichen und sozialen Wohlstands einer breiten Mehrheit von Personen, deren Einkommen keine ausreichende Garantie für einen bescheidenen, aber angemessenen Lebensstil mehr war (einschließlich der Mittelklasse in den reichen Ländern). Die wesentlichen Gründe für den Glaubensverlust in unsere Gesellschaftsverträge sind Fragen sozialer Ungleichheit, die Unwirksamkeit der meisten Umverteilungsmaßnahmen, die Wahrnehmung von Ausgeschlossenheit und Ausgrenzung und ein allgemeines Gefühl der Ungerechtigkeit. Aus diesem Grund haben viele Menschen begonnen, den Zusammenbruch des Gesellschaftsvertrags zu beklagen und immer heftiger ihrem allgemeinen Vertrauensverlust in Institutionen und Führungspersönlichkeiten Ausdruck zu verleihen.[70] In manchen Ländern hat dieser weit verbreitete Unmut die Form friedlicher oder gewalttätiger Demonstrationen angenommen. In anderen hat er zu Wahlsiegen populistischer und extremistischer Parteien geführt. Unabhängig von deren Form hat die Reaktion des politischen Establishments in fast allen Fällen einiges zu wünschen übriggelassen – schlecht vorbereitet für den Aufstand und ohne Ideen und politische Hebel zur Bewältigung des Problems. Wenngleich die politischen Lösungen komplex sind, gibt es diese und sie bestehen vor allem in der Anpassung des Wohlfahrtsstaates an die Welt von heute durch eine stärkere Einbeziehung der Menschen und die Erfüllung der Forderungen nach einem faireren Gesellschaftsvertrag. In den jüngsten Jahren haben sich mehrere internationale Organisationen und Thinktanks an diese neue Realität angepasst und Vorschläge unterbreitet, wie dies durchgeführt werden könnte.[71] Die Pandemie wird durch die Beschleunigung dieses Wandels einen Wendepunkt darstellen. Sie hat das Problem herauskristallisiert und eine Rückkehr zur Situation vor der Pandemie unmöglich gemacht.

Welche Form könnte der neue Gesellschaftsvertrag annehmen? Es gibt keine gebrauchsfertigen Standardmodelle, weil jede potenzielle Lösung von der Geschichte und Kultur des Landes abhängig ist, für das sie gelten soll. Verständlicherweise wird ein „guter" Gesellschaftsvertrag für China unvermeidlich anders sein als einer für die USA, der wiederum nicht jenem von Schweden oder Nigeria gleichen wird. Sie könnten jedoch einige gemeinsame Merkmale und Prinzipien aufweisen, deren absolute Notwendigkeit durch die gesellschaftlichen und wirtschaftlichen Folgen der Pandemie mehr als offensichtlich geworden ist. Zwei sind besonders hervorzuheben:

1. Ein breiterer, wenn nicht universeller Zugang zu Sozialhilfe, Sozialversicherung, Gesundheitsversorgung und hochwertiger Grundversorgung.

2. Bemühungen für einen besseren Schutz von Arbeitnehmern und den derzeit am meisten Betroffenen (wie zum Beispiel jene, die in der Gig Economy beschäftigt sind und diese be-

feuern, in der Vollzeitangestellte durch unabhängige Auftragnehmer und Selbständige ersetzt werden).

Es wird oft gesagt, dass die Reaktion einer Nation auf Katastrophen Bände spricht über ihre Stärken und Funktionsstörungen und vor allem über die „Qualität" und Belastbarkeit ihres Gesellschaftsvertrags. Während wir nach und nach die schlimmsten Krisenzeiten hinter uns lassen und sorgfältig untersuchen, was richtig gemacht wurde und was nicht, wird einiges an Selbstanalyse zu erwarten sein, die letztlich zu einer Neudefinition der Bedingungen des Gesellschaftsvertrags führen wird. In Ländern, die der Wahrnehmung nach unzureichend auf die Pandemie reagiert haben, werden viele Bürger kritische Fragen stellen, wie: Wie kommt es, dass in meinem Land mitten in der Pandemie oft Schutzmasken, Atemschutzgeräte und Beatmungsgeräte fehlten? Warum waren wir nicht ordnungsgemäß vorbereitet? Hat dies mit der Fixierung auf Kurzfristigkeit zu tun? Warum sind wir trotz unseres hohen BIP nicht fähig, allen Personen, die sie brauchen, eine gute Gesundheitsversorgung zu bieten? Wie kommt es, dass eine Person, die eine mehr als 10-jährige Ausbildung hat, um Arzt zu werden und deren „Jahresergebnisse" in Menschenleben gemessen werden, eine im Vergleich zu einem Händler oder Hedgefonds-Manager so karge Bezahlung erhält?

Die Covid-19-Krise hat den unzureichenden Zustand der meisten staatlichen Gesundheitssysteme in Bezug auf die Erhaltung der Menschenleben von Patienten, Krankenpflegepersonal und Ärzten aufgedeckt. In reichen Ländern, in denen steuerfinanzierte Gesundheitssysteme wegen politischer Sorgen über steigende Steuern seit langem unter Ressourcenmangel leiden (wobei der britische Gesundheitsdienst das extremste Beispiel darstellt), werden die Forderungen nach mehr Ausgaben (und damit höheren Steuern) lauter werden. Denn die Erkenntnis wird deutlicher, dass „effizientes Management" mangelnde Investitionen nicht ersetzen kann.

Covid-19 hat auch die gähnende Kluft in den meisten Sozialsystemen aufgedeckt. Auf den ersten Blick haben Staaten mit einem gut organisierten Sozialsystem am umfassendsten reagiert, insbesondere die skandinavischen Staaten. So hat Norwegen zum Beispiel bereits im März 2020 seinen Selbständigen 80 % ihres Durchschnittseinkommens zugesichert, (basierend auf der Steuererklärung der drei Vorjahre) in Dänemark waren es 75 %. Auf der anderen Seite hinkten die am stärksten marktorientierten Wirtschaften hinterher und zeigten Unentschlossenheit bezüglich des Umgangs mit den am meisten betroffenen Arbeitsmarktsegmenten. Dazu zählen insbesondere die Arbeiter der Gig Economy, die selbständigen Auftragnehmer und auf Abruf bzw. befristet Beschäftigte, deren Erwerbstätigkeit außerhalb der traditionellen Arbeitgeber-Arbeitnehmer-Beziehung stattfindet.

Ein wichtiger Punkt, der einen entscheidenden Einfluss auf den neuen Gesellschaftsvertrag haben könnte, ist der Krankenstand. Die Ökonomen tendieren zur Auffassung, dass eine Epidemie schwieriger einzudämmen ist, wenn kein Krankengeld gezahlt wird. Der einfache Grund dafür besteht darin, dass Arbeitnehmer in diesem Fall versucht oder gezwungen sind, trotz Infektion zur Arbeit zu gehen und dadurch die Krankheit verbreiten. Dies gilt insbesondere für den Niedriglohnsektor und den Dienstleistungsbereich (wobei sich beide Bereiche häufig überschneiden). Während der Schweinegrippe (H1N1) 2009-2010 schätzte die Fachgesellschaft American Public Health Association, dass ca. 7 Mio. Menschen infiziert wurden und zusätzlich 1500 Menschen starben, weil es sich ansteckende Arbeitnehmer nicht leisten konnten, der Arbeit fern zu bleiben. Als einzige der wohlhabenden Volkswirtschaften überlassen es nur die USA den Arbeitgebern, ein Krankengeld zu zahlen oder nicht. Im Jahr 2019 verfügte fast ein Viertel aller Arbeitnehmer in den USA (ca. 40 Millionen, hauptsächlich der unteren Einkommensschichten) über keinen derartigen Schutz. Im März 2020, als die Pandemie zu grassieren begann, unterzeichnete Präsident Trump ein neues Gesetz, das die Unternehmer vorübergehend dazu zwang, zwei Wochen Krankenstand plus Familienurlaub bei teilweiser Entlohnung zu gewähren, jedoch nur für Arbeitnehmer mit Problemen bei der Kinderbetreuung. Man wird sehen, wie sich dies auf die Neudefinition des Gesellschaftsvertrags in den USA auswirken wird. Im Gegensatz dazu sind die Arbeitgeber in fast allen europäischen Ländern verpflichtet, den Arbeitnehmern für einen bestimmten Zeitraum verschiedener Länge einen bezahlten Krankenstand zu gewähren, währenddessen sie auch vor Entlassung geschützt sind. Neue Gesetze, die zu Beginn der Pandemie verabschiedet wurden, besagten auch, dass der Staat für einen Teil oder das gesamte Einkommen jener Menschen aufkommen würde, die sich in häuslicher Quarantäne befinden, einschließlich der Beschäftigten der Gig Economy und der Freiberufler. In Japan haben alle Arbeitnehmer das Recht auf bis zu 20 Tage bezahlten Krankenstand und in China besteht das Recht auf Krankengeld in Höhe von 60 % bis 100 % des Tagesgehalts während jeder Krankheitsdauer, wobei die Länge des Krankenstands vertraglich vereinbart bzw. zwischen Arbeitgeber und Arbeitnehmer festgelegt ist. In der Zukunft ist zu erwarten, dass diese Themen mehr und mehr in die Neudefinition unseres Gesellschaftsvertrags einfließen werden.

Ein weiterer grundlegender Aspekt der Gesellschaftsverträge in den westlichen Demokratien betrifft die Freiheiten. Aktuell nimmt die Sorge zu, dass der Kampf gegen diese und zukünftige Pandemien bleibende Überwachungsgesellschaften hervorbringen wird. Dieses Thema wird im Kapitel über den technologischen Umbruch ausführlicher behandelt. An dieser Stelle soll nur darauf hingewiesen werden, dass ein Ausnahmezustand nur gerechtfertigt werden kann, wenn die Bedrohung öffentlich, allgemein und existenzbedrohend ist. Zusätzlich dazu betonen Politiktheoretiker häufig, dass für außerordentliche Befugnisse die Zustimmung der Bevölkerung erforderlich ist, und dass diese zeitlich begrenzt und verhältnismäßig sein müssen. Man kann dem ersten Teil der Aussage zustimmen (öffentlich, allgemein und existenzbedrohend), aber was ist mit dem zweiten Teil? Dies wird voraussichtlich ein bedeutender Diskussionspunkt bei der Gestaltung unseres Gesellschaftsvertrags sein.

116

Die kollektive Neudefinition der Bestimmungen unserer Gesellschaftsverträge ist eine epochale Aufgabe, die die wesentlichen Herausforderungen der Gegenwart mit den Hoffnungen
für die Zukunft verbindet. Wie Henry Kissinger bemerkte:
„Die historische Herausforderung für Führungspersönlichkeit-
en besteht darin, die Krise zu bewältigen und gleichzeitig die
Zukunft zu gestalten. Ein Scheitern könnte die Welt in Brand
setzen."[72] Während wir darüber nachdenken, welche Formen ein
zukünftiger Gesellschaftsvertrag annehmen könnte, übersehen
wir auf eigene Gefahr die Meinung der jüngeren Generation,
die damit leben soll. Deren Zustimmung ist von entscheidender
Bedeutung und für ein besseres Verständnis ihrer Wünsche
dürfen wir daher nicht vergessen, sie anzuhören. Dies ist umso
wichtiger, als die jüngere Generation bei der Umgestaltung unseres Gesellschaftsvertrags vermutlich radikaler ist als die ältere.
Die Pandemie hat ihr Leben auf den Kopf gestellt - eine ganze
Generation weltweit wird durch wirtschaftliche und häufig soziale Unsicherheit bestimmt sein, während Millionen Menschen
inmitten einer tiefen Rezession in das Erwerbsleben eintreten
sollen. Sie werden dauerhaft davon gezeichnet sein. Auch der
Berufsstart mit Schulden – viele Studierende haben Bildung-
skredite aufgenommen – hat wahrscheinlich langfristige Folgen.
Bereits die Millennials sind (zumindest in der westlichen Welt)
in Bezug auf Einkommen, Vermögen und Wohlstand schlechter gestellt als ihre Eltern. Die Wahrscheinlichkeit, dass sie ein
Eigenheim kaufen oder Kinder bekommen werden, ist geringer
als im Fall ihrer Eltern. Derzeit betritt eine andere Generation
(Gen. Z) ein System, das als fehlerhaft angesehen und von lang-

jährigen Problemen heimgesucht wird, die durch die Pandemie aufgedeckt und verschärft werden. Wie ein in *The New York Times* zitierter College-Student feststellte: „Junge Menschen haben einen tiefen Wunsch nach radikalen Änderungen, weil wir den unterbrochenen Weg vor uns sehen."[73]

Wie wird diese Generation reagieren? Durch den Vorschlag radikaler Lösungen (und häufig radikaler Handlungen) als Versuch, die nächste Katastrophe abzuwenden, egal ob Klimawandel oder soziale Ungleichheiten. Sie wird höchstwahrscheinlich eine radikale Alternative zum derzeitigen Gang der Dinge fordern, weil ihre Mitglieder frustriert und von dem quälenden Glauben verfolgt werden, dass das aktuelle System irreparabel beschädigt ist.

Aktivismus findet unter Jugendlichen weltweit immer mehr Anhänger[74] und wird durch die Social Media maßgeblich verändert, die die Mobilisierung in einem Ausmaß verstärken, das früher unmöglich schien.[75] Er nimmt verschiedenste Formen an, die von nicht institutionalisierter politischer Partizipation bis zu Demonstrationen und Protesten reichen, und betrifft so unterschiedliche Themen wie Klimawandel, Wirtschaftsreformen, Geschlechtergleichheit und LGBTQ-Rechte. Die junge Generation ist ein entschlossener Vorreiter des sozialen Wandels. Es bestehen nur wenige Zweifel, dass sie ein Katalysator des Wandels und eine entscheidende Quelle für den großen Umbruch sein wird.

1.4. Geopolitischer Umbruch

Die Verbindung zwischen Geopolitik und Pandemien besteht in beide Richtungen. Einerseits machen es das chaotische Ende des Multilateralismus, ein Vakuum in der globalen Ordnungspolitik und der Anstieg verschiedener Formen des Nationalismus[76] schwieriger, den Ausbruch der Pandemie zu bekämpfen. Das Coronavirus verbreitet sich weltweit und verschont niemanden, während gleichzeitig die geopolitischen Verwerfungen, die die Gesellschaften trennen, viele Führungspersönlichkeiten dazu beflügeln, sich auf einzelstaatliche Reaktionen zu konzentrieren – eine Situation, die die kollektive Wirkung einschränkt und die Fähigkeit zur Ausrottung der Pandemie reduziert. Andererseits verschärft und beschleunigt die Pandemie ganz klar geopolitische Tendenzen, die sich bereits vor dem Ausbruch der Krise abzeichneten. Welche Tendenzen waren das und wie ist der aktuelle geopolitische Sachlage?

Der verstorbene Ökonom Jean-Pierre Lehmann (der am IMD in Lausanne lehrte) fasste die heutige Situation mit großer Scharfsinnigkeit zusammen, als er sagte: „Es gibt keine neue Weltordnung, nur einen chaotischen Übergang zu Unsicherheit." Unlängst drückte Kevin Rudd, Vorsitzender des Asia Society Policy Institute und ehemaliger Premierminister Australiens, ähnliche Gefühle und insbesondere Sorgen über die „kommende Anarchie nach Covid-19" aus: „Verschiedene Formen eines ungezügelten Nationalismus treten anstelle von Ordnung und Zusammenarbeit. Die chaotische Natur einzelstaatlicher und globaler Reaktionen auf die Pandemie ist daher ein alarmierender Vorgeschmack dessen, was in einem noch größeren Maßstab kommen könnte."[77] Diese Situation war seit Jahren am Entstehen, mit zahlreichen einander überschneidenden Ursachen. Das bestimmende Element der geopolitischen Instabilität ist jedoch die progressive Schwerpunktverlagerung vom Westen in den Osten – ein Wandel, der Belastungen und in der Folge weltweite Unordnung erzeugt. Dies wird durch die sogenannte Falle des Thukydides beschrieben – die strukturelle Belastung, die unweigerlich auftritt, wenn eine aufstrebende Macht wie China zu einer regierenden Macht wie den USA in Konkurrenz tritt. Diese Konfrontation wird für viele Jahre eine Quelle globaler Unordnung, Störung und Unsicherheit sein. Unabhängig davon, ob man die USA „mag" oder nicht, ihr progressiver Rückzug aus der internationalen Szene (eine Art „geopolitischer Entzug", wie es der Historiker Niall Ferguson bezeichnet) ist mit einem Anstieg der internationalen Unbeständigkeit verbunden. Mehr und mehr Länder, die sich tendenziell auf die vom „Hegemon" USA bereitgestellten globalen öffentlichen Güter (die Sicherheit der Schifffahrtswege, den Kampf gegen internationalen Terrorismus etc.) verließen, sind nun selbst gefragt. Das 21. Jahrhundert wird höchstwahrscheinlich ein Zeitalter ohne absoluten Hegemon sein, in dem keine Macht eine absolute Dominanz erreicht. Als Ergebnis davon werden Macht und Einfluss chaotisch und in manchen Fällen zähneknirschend neu aufgeteilt werden.

In dieser chaotischen neuen Welt, die durch eine Verlagerung zur Multipolarität und intensive Konkurrenz um Einflussnahme geprägt sein wird, werden Konflikte oder Spannungen nicht mehr durch Ideologien (mit der teilweisen und beschränkten Ausnahme des radikalen Islams), sondern durch Nationalismus und den Wettbewerb um Ressourcen bestimmt werden. Wenn keine Macht Ordnung erzwingen kann, wird unsere Welt an einem „globalen Ordnungsdefizit" leiden. Wenn einzelne Nationen und internationale Organisationen keine erfolgreichen Lösungen für eine bessere Zusammenarbeit auf globaler Ebene finden, riskieren wir, in ein „Zeitalter der Entropie" einzutreten, in dem Sparmaßnahmen, Fragmentierung, Zorn und Kleingeistigkeit unsere globale Landschaft immer stärker prägen und diese weniger verständlich und ungeregelter machen werden. Die Krise der Pandemie hat diesen traurigen Zustand sowohl bloßgelegt als auch verschärft. Der zugefügte Schock ist so groß und so folgenreich, dass kein extremes Szenario völlig ausgeschlossen werden kann. Der Zerfall gescheiterter Staaten oder Petrostaaten, die mögliche Auflösung der EU, ein Störfall zwischen China und den USA, der einen Krieg auslöst: Alle diese und viele weitere Szenarien sind nun plausibel geworden (wenngleich hoffentlich unwahrscheinlich).

Auf den folgenden Seiten behandeln wir vier Hauptprobleme, die in der Zeit nach der Pandemie stärker hervortreten werden und miteinander verflochten sind: Die Erosion der Globalisierung, das Fehlen einer globalen Ordnungspolitik, die wachsende Rivalität zwischen den USA und China und das Schicksal schwacher und scheiternder Staaten.

1.4.1. Globalisierung und Nationalismus

Globalisierung – ein Allzweckwort – ist ein weit gefasster und vager Begriff, der sich auf den globalen, zwischenstaatlichen Austausch von Waren, Dienstleistungen, Personen, Kapital und jetzt sogar Daten bezieht. Er hat Hunderte Millionen Menschen erfolgreich von der Armut befreit, wird jedoch nunmehr seit einigen Jahren in Frage gestellt und ist sogar auf dem Rückzug. Wie bereits hervorgehoben, ist die heutige Welt stärker miteinander verzahnt als je zuvor, aber seit mehr als zehn Jahren befinden sich die wirtschaftlichen und politischen Antriebe, die für die Globalisierung eingetreten sind und die deren Anstieg unterstützten, am Erlahmen. Die weltweiten Handelsgespräche, die in den frühen 2000er Jahren aufgenommen wurden, konnten keine Einigung erzielen, während im gleichen Zeitraum der politische und gesellschaftliche Widerstand gegen die Globalisierung unablässig wuchs. Mit dem Anstieg der durch die asymmetrischen Wirkungen der Globalisierung verursachten sozialen Kosten (insbesondere die Arbeitslosigkeit im Produktionssektor in den Ländern mit hohem Einkommen), sind die Risiken der Globalisierung des Finanzsektors nach der großen Finanzkrise 2008 immer deutlicher geworden. Damit verbunden lösten sie auf der ganzen Welt (insbesondere im Westen) den Aufstieg populistischer und rechtsextremer Parteien aus, die, wenn sie an die Macht kommen, häufig in Nationalismus verfallen und isolationistische Ziele verfolgen – zwei Begriffe, die der Globalisierung widersprechen.

Die weltweite Wirtschaft ist so stark verflochten, dass ein Ende der Globalisierung unmöglich ist. Sie kann jedoch gebremst und zurückgedrängt werden. Wir gehen davon aus, dass die Pandemie dazu führen wird. Sie hat bereits zu einer vehementen Neuerrichtung von Grenzen geführt und Tendenzen, die bereits vor ihrem vollen Ausbruch im März 2020 (als sie eine wahrhaft globale Pandemie wurde, die kein Land verschont) vorhanden waren, bis ins Extrem verstärkt. Beispiele dafür sind härtere Grenzkontrollen (hauptsächlich aufgrund von Angst vor Einwanderung) und stärkeren Protektionismus (hauptsächlich aufgrund von Angst vor Globalisierung). Engere Grenzkontrollen sind durchaus sinnvoll, um die Ausbreitung der Pandemie einzudämmen, aber das Risiko, dass eine Wiederbelebung der Nationalstaaten allmählich zu einem wesentlich stärkeren Nationalismus führt, ist real, eine Wirklichkeit, die von Dani Rodriks „Trilemma der Globalisierung" beschrieben wird. In den frühen 2010er Jahren, als die Globalisierung ein sensibles politisches und gesellschaftliches Thema wurde, erläuterte der Harvard-Ökonom, warum diese einem aufstrebenden Nationalismus unweigerlich zum Opfer fallen würde. Das Trilemma legt nahe, dass die drei Begriffe der wirtschaftlichen Globalisierung, der politischen Demokratie und des Nationalstaates miteinander unvereinbar sind, basierend auf der Logik, dass nur jeweils zwei davon gleichzeitig effektiv koexistieren können.[78] Demokratie und nationale Souveränität sind nur vereinbar, wenn die Globalisierung zurückgedrängt wird. Wenn dagegen der Nationalstaat und die Globalisierung florieren, dann ist die Demokratie unhaltbar. Wenn wiederum Demokratie und Globalisierung zunehmen, so ist kein Platz für den Nationalstaat. Man kann immer nur zwei aus drei wählen – dies ist der Kern des Trilemmas. Die Europäische Union wurde oft als Beispiel zur Illustrierung der Sachdienlichkeit des durch das Trilemma angebotenen konzeptuellen Rahmens herangezogen. Die Kombination aus wirtschaftlicher Integration (ein Synonym für Globalisierung) und Demokratie impliziert, dass wichtige Entscheidungen auf einer überstaatlichen Ebene getroffen werden müssen, wodurch die Souveränität der Nationalstaaten in gewisser Weise geschwächt wird. Im gegenwärtigen Umfeld legt das „politische Trilemma" nahe, dass die Globalisierung notwendigerweise eingeschränkt werden muss, wenn wir nicht einen Teil der nationalen Souveränität oder der Demokratie aufgeben möchten. Der Aufstieg des Nationalismus macht daher den Rückzug der Globalisierung in den meisten Teilen der Welt unvermeidlich – ein insbesondere im Westen spürbarer Impuls. Die Entscheidung zugunsten des Brexit und die Wahl von Präsident Trump auf einer protektionistischen Plattform sind zwei bedeutsame Ausdrucksformen des Widerstands gegen die Globalisierung. Spätere Studien haben nicht nur Rodriks Trilemma bestätigt, sondern auch gezeigt, dass die Ablehnung der Globalisierung durch die Wähler eine rationale Reaktion ist, wenn die Wirtschaft stark und die Ungleichheit hoch ist.[79]

Die sichtbarste Form der progressiven Deglobalisierung wird im Herzen ihres „Kernreaktors" stattfinden, nämlich der weltweiten Lieferkette, die zum Sinnbild der Globalisierung geworden ist. Wie und warum wird sich dies auswirken? Die Kürzung bzw. Relokalisierung der Lieferketten wird durch Folgendes gefördert: 1) Unternehmen, die dies als Maßnahme zur Risikobegrenzung gegen die Unterbrechung von Lieferketten sehen (der Kompromiss zwischen Krisenbeständigkeit und Effizienz), und 2) politischen Druck von links und von rechts. Seit 2008 ist der Drang nach einer stärkeren Lokalisierung in vielen Ländern (insbesondere im Westen) fester Bestandteil der politischen Tagesordnung. In der Zeit nach der Pandemie wird sich dies jedoch beschleunigen. Im rechten politischen Spektrum wird das Zurückdrängen der Globalisierung von Protektionisten und sicherheitspolitischen Falken befürwortet, die bereits vor Beginn der Pandemie stärker wurden. Diese werden nun Allianzen schmieden und in manchen Fällen mit anderen politischen Kräften verschmelzen, die Vorteile in einer globalisierungskritischen Agenda sehen. Im linken politischen Spektrum werden Aktivisten und Umweltparteien, die bereits zuvor den Luftverkehr stigmatisierten und ein Zurückdrängen der Globalisierung forderten, durch die positiven Auswirkungen der Pandemie auf unsere Umwelt (wesentlich niedrigerer CO_2-Ausstoß, wesentlich geringere Luft- und Wasserverschmutzung) ermutigt werden. Auch ohne den Druck durch die extreme Rechte und Umweltaktivisten werden viele Regierungen feststellen, dass manche Situationen der Handelsabhängigkeit politisch nicht länger akzeptabel sind. Wie kann zum Beispiel die US-Regierung hinnehmen, dass 97 % der im Land verabreichten Antibiotika aus China kommen?[80]

Dieser Prozess der Umkehr der Globalisierung wird nicht über Nacht stattfinden. Die Verkürzung der Lieferketten wird eine

starke Herausforderung und sehr kostspielig werden. Eine sorg-
fältige und umfassende Abkopplung von China würde es zum
Beispiel notwendig machen, dass daran beteiligte Unternehmen Investitionen in neu angesiedelte Werke in der Höhe von
Hunderten Milliarden Dollar tätigen und von den Regierungen
entsprechende Beträge zur Finanzierung neuer Infrastrukturen,
wie Flughäfen, Verkehrsanbindungen und Gebäude zur Betreuung der relokalisierten Lieferketten. Auch wenn der politische
Wunsch nach einer Abkopplung in manchen Fällen stärker sein
mag als die tatsächliche Fähigkeit dazu - die Richtung des Trends
ist dennoch klar. Die japanische Regierung verdeutlichte dies,
als sie 243 Mrd. ihres Rettungspakets im Umfang von 108 Billionen japanischer Yen dafür reservierte, japanische Unternehmen beim Abzug ihrer Geschäftätigkeit aus China zu unterstützen. Bei zahlreichen Gelegenheiten hat die US-Regierung
ähnliche Maßnahmen angedeutet.

Das wahrscheinlichste Ergebnis im Kontinuum zwischen Globalisierung und Nicht-Globalisierung ist eine Lösung in der Mitte,
nämlich die Regionalisierung. Der Erfolg der Europäischen
Union als Freihandelszone oder die neue Regional Comprehen-
sive Economic Partnership in Asien (ein vorgeschlagenes Frei-
handelsabkommen zwischen den 10 ASEAN-Ländern) sind
wichtige Anschauungsbeispiele davon, wie Regionalisierung
sehr leicht eine abgeschwächte Version der Globalisierung
werden könnte. Auch die drei Staaten, die Nordamerika bilden,
handeln derzeit mehr miteinander als mit China oder Europa.
Wie Parag Khanna darlegt: „Der Regionalismus war klar im Be-

griff, dem Globalismus den Rang abzulaufen, bevor die Pandemie die Schwachstellen unserer Abhängigkeit vom Fernhandel aufdeckte."[81] Bereits davor fand die Globalisierung (gemessen am Warenaustausch), mit der teilweisen Ausnahme des Direkthandels zwischen den USA und China, jahrelang eher innerhalb der Regionen als zwischen den Regionen statt. In den frühen 1990er Jahren nahm Nordamerika 35 % der Exporte Ostasiens auf, während sich dieser Anteil heute nur auf 20 % beläuft. Dies liegt im Wesentlichen daran, dass der Exportanteil zwischen den ostasiatischen Ländern jedes Jahr steigt – eine natürliche Situation, weil die asiatischen Länder die Wertschöpfungskette emporklettern und mehr von ihrer eigenen Produktion konsumieren. Als die USA und China 2019 einen Handelskrieg auslösten, stieg das Handelsvolumen der USA mit Kanada und Mexiko, während es mit China abnahm. Gleichzeitig erreichten Chinas Handelszahlen mit den ASEAN-Staaten zum ersten Mal mehr als 300 Mrd. USD. Kurz ausgedrückt fand bereits eine Deglobalisierung in Form einer stärkeren Regionalisierung statt.

Covid-19 wird dieses globale Auseinandertriften beschleunigen, weil Nordamerika, Europa und Asien immer stärker auf regionale Selbständigkeit setzen, anstatt auf die entfernten und komplexen globalen Lieferketten, die früher das Wesen der Globalisierung verkörperten. Welche Form könnte dies annehmen? Es könnte Ähnlichkeiten mit der Abfolge an Ereignissen aufweisen, die eine frühere Phase der Globalisierung beendeten, jedoch mit einer regionalen Wendung. Von ca. 1914 bis 1918 nahm die Globalisierungskritik stark zu, in den 1920er Jahren wurde sie milder, flammte jedoch in den 1930er Jahren als Ergebnis der Weltwirtschaftskrise wieder auf und führte zu tarifären und nicht tarifären Handelshemmnissen, die zahlreiche Unternehmen zerstörten und den größten Volkswirtschaften jener Zeit viel Schaden zufügten. Das Gleiche könnte wieder eintreten, mit einem starken Impuls zur Rückverlagerung, der sich über das Gesundheitswesen und die Landwirtschaft hinaus ausbreitet und große Gruppen nicht-strategischer Produkte umfasst. Sowohl die extreme Rechte als auch die extreme Linke werden die Krise nutzen, um eine protektionistische Agenda mit höheren Barrieren für den freien Kapital-, Waren- und Personenverkehr zu verfolgen. Mehrere in den ersten Monaten 2020 durchgeführte Umfragen ergaben, dass internationale Unternehmen eine Rückkehr und eine Verschlimmerung des Protektionismus in den USA befürchten, und zwar nicht nur im Handel, sondern auch bei grenzüberschreitenden Zusammenschlüssen und Übernahmen sowie im öffentlichen Beschaffungswesen.[82] Das Vorgehen der USA wird unvermeidlich weitere Kreise ziehen, sodass andere fortgeschrittene Volkswirtschaften dem Handel und den Investitionen stärkere Schranken auferlegen werden, entgegen den Appellen der Experten und internationaler Organisationen, Abstand vom Protektionismus zu nehmen.

Dieses düstere Szenario ist nicht unvermeidlich. In den nächsten Jahren ist jedoch zu erwarten, dass sich die Spannungen zwischen Nationalismus und Öffnung entlang dreier kritischer Dimensionen offenbaren werden, nämlich: 1) globale Institutionen, 2) Handel und 3) Kapitalflüsse. In jüngster Zeit wurden globale Institutionen und internationale Organisationen entweder geschwächt, wie die Welthandelsorganisation oder die WHO, oder sie waren ihrer Aufgabe nicht gewachsen. Letzteres nicht so sehr wegen einer inhärenten Unzulänglichkeit, sondern weil sie „unterfinanziert und bevormundet"[83] wurden.

Wie wir im vorherigen Kapitel gesehen haben, wird der weltweite Handel beinahe sicher schrumpfen, wenn die Unternehmen ihre Lieferkette verkürzen und darauf achten, dass sie bei wichtigen Teilen und Komponenten nicht mehr von einem einzigen Land oder Unternehmen im Ausland abhängig sind. Im Fall besonders sensibler Branchen (wie Arzneimittel oder Medizinprodukte) und Branchen, die den nationalen Sicherheitsinteressen unterliegen (wie Telekommunikation oder Energieerzeugung), könnte es sogar zu einem anhaltenden Zerfallsprozess kommen. Dies ist bereits eine Forderung in den USA und es wäre eine Überraschung, wenn diese Haltung nicht auf andere Länder und Branchen übergreifen würde. Die Geopolitik richtet auch durch den Einsatz des Handels als Waffe wirtschaftlichen Schaden an, indem sie bei globalen Unternehmen Ängste schürt, dass sie im Fall von Handelskonflikten keine ordnungsgemäße und vorhersehbare Lösung durch die internationale Rechtsordnung mehr voraussetzen können.

Was die internationalen Kapitalströme anbelangt, scheint es bereits offensichtlich, dass sie durch einzelstaatliche Behörden und öffentlichen Widerstand eingeschränkt werden. Wie sich bereits in zahlreichen, sehr unterschiedlichen Ländern und Regionen wie Australien, Indien oder der EU gezeigt hat, werden protektionistische Überlegungen in der Zeit nach der Pandemie verstärkt auftreten. Die Maßnahmen reichen vom Anteilskauf an „strategischen" Unternehmen durch nationale Regierungen zur Vermeidung ausländischer Übernahmen oder der Auferlegung von verschiedenen Beschränkungen für derartige Übernahmen, bis zur Genehmigungspflicht für ausländische Direktinvestitionen durch die Regierung. Es ist bezeichnend, dass die US-Regierung im April 2020 beschloss, einen öffentlich verwalteten Pensionsfonds von der Investition in China abzuhalten.

Es erscheint unvermeidlich, dass in den kommenden Jahren eine gewisse Deglobalisierung stattfinden wird, beflügelt durch aufkommenden Nationalismus und eine stärkere internationale Fragmentierung. Es hat keinen Zweck, den Status quo ante wiederherstellen zu wollen (die „Hyperglobalisierung" hat ihr gesamtes politisches und gesellschaftliches Kapital verloren und sie zu verteidigen ist politisch nicht länger vertretbar). Es ist jedoch wichtig, die Kehrseite eines möglichen Absturzes, der einen großen wirtschaftlichen Schaden und gesellschaftliches Leid verursachen würde, zu begrenzen. Ein hastiger Rückzug aus der Globalisierung würde Handels- und Währungskriege nach sich ziehen, die Wirtschaft aller Staaten schädigen, gesellschaftliches Chaos hervorrufen und ethnischen oder Clan-Nationalismus auslösen. Die Schaffung einer stärker inklusiven, gerechteren und damit sozial und ökologisch nachhaltigen Form der Globalisierung ist der einzige gangbare Weg, den Rückzug zu bewältigen. Dies erfordert politische Lösungen, die im Abschlusskapitel behandelt werden, und eine Form der wirksamen globalen Ordnungspolitik. Ein Fortschritt ist tatsächlich in jenen globalen Bereichen möglich, die traditionell von der internationalen Zusammenarbeit profitiert haben, wie Umweltabkommen, öffentliche Gesundheit und Steueroasen.

Dies wird nur durch eine verbesserte globale Ordnungspolitik geschehen, das „natürlichste" und wirksamste Instrument gegen protektionistische Tendenzen. Wir wissen jedoch noch nicht, wie sich ihr Rahmen in der vorhersehbaren Zukunft entwickeln wird. Derzeit gibt es bedrohliche Anzeichen, dass es nicht in die richtige Richtung geht. Wir dürfen keine Zeit verlieren. Wenn wir die Funktionsweise und Legitimität unserer globalen Institutionen nicht verbessern, wird die Welt bald unkontrollierbar und sehr gefährlich werden. Ohne einen globalen, strategischen ordnungspolitischen Rahmen kann es keine anhaltende Erholung geben.

1.4.2. Globale Ordnungspolitik

Globale Ordnungspolitik wird im Allgemeinen definiert als Kooperationsprozess zwischen transnationalen Akteuren mit dem Ziel, Antworten auf globale Probleme (die mehr als einen Staat oder eine Region betreffen) zu finden. Sie umfasst die Gesamtheit der Institutionen, Politiken, Vorschriften, Verfahren und Initiativen, durch die Nationalstaaten versuchen, ihre Reaktionen auf transnationale Herausforderungen vorhersehbarer und stabiler zu gestalten. Diese Definition verdeutlicht, dass jede globale Bemühung zur Lösung globaler Probleme oder Bedenkenwirkungslos bleibt, wenn die Kooperation der einzelstaatlichen Regierungen sowie ihre Handlungs- und Gesetzgebungsfähigkeit fehlt, um diese Ziele zu unterstützen. Die Nationalstaaten machen globale Ordnungspolitik möglich (einer führt den anderen), weshalb die UNO sagt, dass eine „wirksame globale Ordnungspolitik nur durch eine wirksame internationale Zusammenarbeit erreicht werden kann."[84] Die beiden Begriffe der globalen Ordnungspolitik und der internationalen Zusammenarbeit sind so miteinander verflochten, dass globale Ordnungspolitik in einer gespaltenen Welt, die sich zurückzieht und aufsplittert, nahezu unmöglich ist. Je stärker die Weltpolitik von Nationalismus und Isolationismus durchdrungen wird, desto höher stehen die Chancen, dass globale Ordnungspolitik ihre Bedeutung verliert und unwirksam wird. Leider sind wir nun an diesem kritischen Punkt angekommen. Plakativ ausgedrückt leben wir in einer Welt, in der niemand wirklich die Verantwortung übernimmt.

Covid-19 hat uns daran erinnert, dass unsere größten Probleme die ganze Welt betreffen. Egal ob Pandemien, Klimawandel, Terrorismus oder internationaler Handel: All dies sind globale Probleme, die wir nur kollektiv bewältigen und deren Risiken wir nur kollektiv abschwächen können. Aber die Welt ist in den Worten von Ian Bremmer eine G0-Welt oder, noch schlimmer, laut dem indischen Ökonomen Arvind Subramanian, eine G-minus-2-Welt (USA und China) geworden[85] (um die fehlende Führungsrolle der beiden Giganten im Gegensatz zur G7, der Gruppe der sieben reichsten Nationen, oder zur

G20, der G7 plus 13 weiteren wichtigen Ländern und Organisationen, die eine Führungsrolle einnehmen sollten, zu beschreiben). Die großen Probleme, mit denen wir konfrontiert sind, spielen sich immer öfter außerhalb der Kontrolle selbst der mächtigsten Nationalstaaten ab. Die Risiken und Probleme, denen wir uns stellen müssen, sind zunehmend globalisiert, voneinander abhängig und miteinander verbunden, während die Kapazitäten der Weltordnungspolitik dazu in gefährlicher Weise versagen, was durch das Wiederaufleben des Nationalismus gefährdet ist. Diese Diskrepanz bedeutet nicht nur, dass die dringendsten globalen Probleme auf stark fragmentierte und damit unzureichende Weise behandelt werden. Sie werden durch dieses Versagen einer sachgerechten Behandlung in der Tat noch verschärft. Anstatt gleich zu bleiben (in Bezug auf das Risiko, das sie darstellen), werden sie aufgeblasen und verstärken am Ende die Zerbrechlichkeit des Systems. Dies ist auf Abbildung 1 dargestellt: Es gibt eine starke Wechselwirkung zwischen dem Versagen der globalen Ordnungspolitik, dem Versagen bei Klimaschutzmaßnahmen, dem Versagen der einzelstaatlichen Regierungen (durch das sie eine selbstverstärkende Wirkung erhält), gesellschaftlicher Instabilität und natürlich der Fähigkeit, Pandemien erfolgreich zu bewältigen. Kurz ausgedrückt liegt die globale Ordnungspolitik an der Schnittstelle zwischen all diesen anderen Problemen. Es besteht daher die Sorge, dass wir in unseren Versuchen, die globalen Herausforderungen anzugehen und zu bewältigen, ohne eine globale Ordnungspolitik gelähmt bleiben, insbesondere wenn es derart starke Unstimmigkeiten zwischen kurzfristigen, innerstaatlichen Erfordernissen und langfristigen, globalen Herausforderungen gibt. Dies ist eine große Sorge in Anbetracht dessen, dass es kein „Komitee zur Rettung der Welt" gibt (der Ausdruck wurde vor über 20 Jahren auf dem Höhepunkt der asiatischen Finanzkrise verwendet). Wenn man das Argument weiter verfolgt, könnte man sogar behaupten, dass der „allgemeine institutionelle Verfall", den Fukuyama in *Political Order and Political Decay* beschreibt,[86] das Problem einer Welt ohne globale Ordnungspolitik verstärkt. Er setzt einen Teufelskreislauf in Gang, in dem die Nationalstaaten die großen Herausforderungen, vor denen sie stehen, unzureichend bewältigen. Dies fördert das Misstrauen der Öffentlichkeit in den Staat, was wiederum dazu führt, dass die Autorität und Ressourcen der Staaten geschwächt werden, was eine noch schlechtere Leistung und Unfähigkeit bzw. den Unwillen zur Folge hat, Probleme der globalen Ordnungspolitik zu bewältigen.

Covid-19 erzählt gerade eine Geschichte des Versagens der globalen Ordnungspolitik. Von Beginn an wurden die internationalen Bemühungen, auf die Pandemie zu reagieren, durch ein Vakuum in der globalen Ordnungspolitik untergraben, verstärkt durch die gespannten Beziehungen zwischen den USA und China. Zu Beginn der Krise gab es keine oder eine nur unzureichende internationale Zusammenarbeit und selbst dann, als sie am meisten benötigt wurde (zum Höhepunkt der Krise: im zweiten Vierteljahr 2020), glänzte sie durch ihre Abwesenheit. Anstatt eine Reihe weltweit koordinierter Maßnahmen auszulösen, führte Covid-19 zum Gegenteil: einer Welle von Grenzschließungen, Beschränkungen im internationalen Handel und Reiseverkehr, die fast ohne jede Koordination eingeführt wurden, häufige Lieferunterbrechungen bei medizinischem Versorgungsmaterial und die anschließende Konkurrenz um Ressourcen, die besonders durch verschiedene Versuche mehrerer Nationalstaaten, dringend benötigte medizinische Ausrüstung mit allen Mitteln zu beschaffen, sichtbar wurde. Selbst in der EU entschieden sich die Länder anfangs für den Alleingang. Dies änderte sich später durch die praktische Unterstützung zwischen den Mitgliedstaaten, einen geänderten EU-Haushalt zur Unterstützung der Gesundheitssysteme und gebündelte Forschungsmittel zur Entwicklung von Behandlungen und Impfstoffen. (Und wir haben jetzt ehrgeizige Maßnahmen gesehen, die vor der Pandemie unvorstellbar gewesen wären und die die EU möglicherweise zu einer stärkeren Integration treiben, insbesondere der von der Europäischen Kommission vorgeschlagene 750 Mrd. Euro schwere Wiederaufbaufonds.) In einem funktionierenden globalen ordnungspolitischen Rahmen sollten die Nationen zueinander finden, um einen globalen, koordinierten „Kampf" gegen die Pandemie zu führen. Stattdessen setzte sich die Reaktion „Mein Land zuerst" durch und schwächte die Versuche, die Ausbreitung der ersten Welle der Pandemie zu verhindern. Sie führte auch zu Einschränkungen bei der Verfügbarkeit von Schutzausrüstungen und Behandlungen, was seinerseits die Belastbarkeit der nationalen Gesundheitssysteme untergrub. Dieser fragmentierte Ansatz gefährdete ferner die Versuche, politische Ausstiegsmaßnahmen zum „Umbruch" des globalen Wirtschaftsmotors zu koordinieren. Im Fall der Pandemie versagte im Gegensatz zu anderen globalen Krisen der jüngsten Vergangenheit, wie den Terroranschlägen vom 11. September 2001 oder der Finanzkrise 2008, die globale Ordnungspolitik und stellte sich als nicht existent oder dysfunktional heraus. Die USA fuhren damit fort, der WHO Mittel zu entziehen. Unabhängig von der Begründung für diese Entscheidung ist es eine Tatsache, dass dies die einzige Organisation ist, die eine globale Reaktion auf die Pandemie koordinieren kann. Dies bedeutet, dass eine bei weitem nicht perfekte WHO unendlich besser ist als eine nicht existierende, ein Argument, das Bill Gates in einem Tweet auf unschlagbare Weise zusammenfasste: „Ihre Tätigkeit verlangsamt die Ausbreitung von Covid-19 und wenn diese Tätigkeit gestoppt wird, kann sie von keiner anderen Organisation ersetzt werden. Die Welt braucht die @WHO jetzt mehr denn je."

Dieses Versagen ist nicht die Schuld der WHO. Die Sonderorganisation der Vereinten Nationen ist nur das Symptom, nicht die Ursache des Scheiterns der globalen Ordnungspolitik. Die schonende Haltung der WHO gegenüber Spenderländern verdeutlicht ihre vollständige Abhängigkeit von der Zustimmung der Staaten, mit ihr zu kooperieren. Die UN-Organisation hat keine Macht, um einen Informationsaustausch zu erzwingen oder eine Pandemie-Bereitschaftsplanung durchzusetzen. Wie andere, ähnliche Organisationen der Vereinten Nationen, zum Beispiel für Menschenrechte oder Klimawandel, ist die WHO mit begrenzten und schrumpfenden Ressourcen ausgestattet: 2018 betrug ihr Jahreshaushalt 4,2 Mrd. USD, ein winziger Betrag im Vergleich zu jedem Gesundheitsbudget weltweit. Zusätzlich dazu ist sie ständig den Mitgliedstaaten ausgeliefert und hat keine Instrumente zur Verfügung, um Ausbrüche direkt zu überwachen, die Pandemieplanung zu koordinieren oder eine wirksame Umsetzung von Bereitschaftsmaßnahmen auf einzelstaatlicher Ebene sicherzustellen, geschweige denn den bedürftigsten Ländern Ressourcen zuzuweisen. Diese Dysfunktionalität ist symptomatisch für ein zerbrochenes System der globalen Ordnungspolitik und es ist zu hinterfragen, ob die bestehenden Organisationen der globalen Ordnungspolitik, wie die UNO und die WHO, zur Bewältigung der heutigen globalen Risiken umfunktioniert werden können. Vorläufig läuft es auf Folgendes hinaus: Angesichts eines solchen Vakuums der globalen Ordnungspolitik verfügen nur Nationalstaaten über einen ausreichenden Zusammenhalt, um kollektive Entscheidungen treffen zu können. Dieses Modell funktioniert jedoch nicht im Fall globaler Risiken, die konzertierte globale Entscheidungen erfordern.

Die Welt wird ein sehr gefährlicher Ort werden, wenn wir die multilateralen Institutionen nicht gesunden lassen. Eine weltweite Koordination wird in der Folge der epidemiologischen Krise sogar noch notwendiger sein, weil es unvorstellbar ist, dass die Weltwirtschaft ohne eine nachhaltige internationale Zusammenarbeit „neu starten" kann. Ohne sie sind wir auf dem Weg in „eine ärmere, niederträchtigere und kleinere Welt".[87]

1.4.3. Die wachsende Rivalität zwischen China und den USA

Im Zeitalter nach der Pandemie könnte Covid-19 als Wendepunkt in Erinnerung bleiben, der eine „neue Art von Kaltem Krieg"[88] zwischen China und den USA eingeleitet hat (die beiden Worte „neue Art" sind wesentlich: im Gegensatz zu der Sowjetunion versucht China nicht, der Welt seine Ideologie aufzuzwingen). Bereits vor der Pandemie bauten sich in zahlreichen Bereichen (Handel, Eigentumsrechte, Militärbasen m Südchinesischen Meer sowie Technologie und Investitionen in strategischen Branchen) Spannungen zwischen den beiden dominanten Mächten auf. Aber nach 40 Jahren des strategischen Engagements scheinen die USA und China heute nicht in der Lage zu sein, die ideologische und politische Kluft zwischen ihnen zu überbrücken. Statt die beiden geopolitischen Giganten zu verbinden, hatte die Pandemie genau die gegenteilige Wirkung, indem sie ihre Rivalität und Konkurrenz verschärfte.

Die meisten Analysten würden der Meinung zustimmen, dass die politische und ideologische Kluft zwischen den beiden Giganten während der Covid-19-Krise gewachsen ist. Laut Wang Jisi, einem renommierten chinesischen Wissenschaftler und Dekan der Schule für internationale Studien an der Pekinger Universität, drückten die Auswirkungen der Pandemie die Beziehungen zwischen China und den USA auf das schlimmste Niveau seit 1979, als die formellen Beziehungen aufgenommen wurden. Seiner Meinung nach ist die bilaterale wirtschaftliche und technologische Abkopplung „bereits irreversibel"[89] und diese könnte so weit gehen, dass das „globale System in zwei Teile zerbricht" warnt Wang Huiyao, Präsident des Zentrums für China und Globalisierung in Peking.[90] Selbst Persönlichkeiten des öffentlichen Lebens haben ihre Besorgnis öffentlich zum Ausdruck gebracht. In einem im Juni 2020 veröffentlichten Artikel warnte

Lee Hsien Loong, Premierminister von Singapur, vor den Gefahren einer Konfrontation zwischen den USA und China, die nach seinen Worten „tiefe Fragen über Asiens Zukunft und die Form der entstehenden internationalen Ordnung aufwirft". Zusätzlich erklärte er: „Die südostasiatischen Länder wie Singapur sind besonders besorgt, weil sie an der Schnittstelle der Interessen verschiedener Großmächte liegen und es vermeiden müssen, sich zwischen zwei Stühle zu setzen oder zu seiner unfairen Wahl gezwungen zu werden."[91]

Die Meinungen darüber, welches Land „Recht" hat oder „an der Spitze" stehen wird, indem es von den wahrgenommenen Schwächen des anderen profitiert, gehen natürlich radikal auseinander. Diese müssen jedoch in den richtigen Kontext gesetzt werden. Es gibt keine „richtige" und „falsche" Ansicht, sondern verschiedene und oft divergierende Interpretationen, die häufig mit der Herkunft, Kultur und persönlichen Geschichte ihrer Anhänger korrelieren. Wenn wir die oben erwähnte Metapher der „Quantenwelt" weiterführen, könnten wir aus der Quantenphysik schließen, dass es keine objektive Realität gibt. Wir denken, dass eine „objektive" Meinung auf Beobachtung und Messung beruht, aber die Mikrowelt der Atome und Partikel unterliegt (wie die Makrowelt der Geopolitik) seltsamen Regeln der Quantenmechanik, nach der zwei verschiedene Beobachter eine andere Meinung haben können (man nennt dies „Superposition": „Teilchen können sich gleichzeitig an verschiedenen Orten oder in unterschiedlichen Zuständen befinden").[92] Wenn zwei verschiedene Beobachter in der Welt der Außenpolitik eine

unterschiedliche Meinung haben können, dann sind diese sub-
jektiv, aber nicht weniger real und nicht weniger gültig. Wenn
ein Beobachter die „Realität" nur durch verschiedene idiosynk-
ratische Brillen verstehen kann, dann zwingt uns dies dazu, unseren Begriff der Objektivität zu überdenken. Es ist offensichtlich, dass die Darstellung der Wirklichkeit von der Position des
Betrachters abhängt. In diesem Sinne können eine „chinesische"
Sichtweise und eine „US-amerikanische" Sichtweise koexistieren,
gemeinsam mit zahlreichen anderen Ansichten entlang eines Kon-
tinuums, wobei alle real sind! In beachtlichem Ausmaß und aus
verständlichen Gründen ist die chinesische Sicht auf die Welt und
den Platz Chinas darin von der Demütigung beeinflusst, die dem
Land im ersten Opiumkrieg 1840 und durch die spätere Invasion
1900 zugefügt wurde, als die Vereinigten acht Staaten Peking und
andere chinesische Städte plünderten und danach eine Entschädi-
gung forderten.[93] Umgekehrt ist die Sicht der USA auf die Welt
und ihren Platz darin weitgehend von den Werten und Prinzipien
beeinflusst, die das öffentliche Leben Amerikas seit der Gründung
des Landes geprägt haben.[94] Diese haben sowohl ihre herausra-
gende Weltposition als auch ihre einzigartige Anziehungskraft für
viele Einwanderer 250 Jahre lang bestimmt. Die Sichtweise der
USA wurzelt auch in der konkurrenzlosen Dominanz, die sie in
den letzten Jahrzehnten über den Rest der Welt ausgeübt haben,
sowie in den unvermeidlichen Zweifeln und Unsicherheiten, die
sich aus einem relativen Verlust der absoluten Vorherrschaft ergeben. Aus verständlichen Gründen blicken sowohl China als auch
die USA auf eine reiche Geschichte zurück (die Geschichte Chinas umspannt ganze 5 Jahrtausende). Auf diese Geschichte sind

sie stolz und dies verleitet sie laut Kishore Mahbubani mitunter dazu, ihre eigenen Stärken zu überschätzen und die Stärken der anderen zu unterschätzen.

Zur Rechtfertigung des obigen Punktes ist zu sagen, dass alle auf China, die USA bzw. beide Länder spezialisierten Analysten und Prognostiker Zugang zu mehr oder weniger den gleichen Daten und Informationen (heutzutage globales Gut) haben, mehr oder weniger die gleichen Dinge sehen, hören und lesen, aber dennoch zu diametral entgegengesetzten Schlussfolgerungen kommen. Manche sehen die USA als den schlussendlichen Gewinner, andere argumentieren, dass China bereits gewonnen hat, und eine dritte Gruppe behauptet, dass es keinen Gewinner geben wird. Nachstehend werden der Reihe nach die einzelnen Argumente beleuchtet.

China als Gewinner

Die Befürworter der These, dass die durch die Pandemie ausgelöste Krise China begünstigt und die Schwächen der USA bloßgelegt hat, stützen sich auf drei Argumente.

1. Sie hat die Stärke der USA als herausragendste Militärmacht der Welt angesichts eines unsichtbaren, mikroskopisch kleinen Feindes irrelevant gemacht.

2. Mit den Worten des amerikanischen Wissenschaftlers, der den Ausdruck geprägt hat, hat sie aufgrund der „inkompetenten Reaktion" die amerikanische Soft Power beschädigt.[95]

(Ein wichtiger Hinweis: Die Frage, ob eine öffentliche Reaktion auf Covid-19 „kompetent" oder „inkompetent" war, gab Anlass zu einer Myriade von Meinungsäußerungen und hat viele Kontroversen verursacht. Es bleibt dennoch schwierig, ein Urteil zu fällen. In den USA zum Beispiel lag die politische Reaktion weitgehend im Zuständigkeitsbereich der einzelnen Bundesstaaten oder sogar der Städte. Infolgedessen gab es keine nationale politische US-Politik als solche. Was hier diskutiert wird, sind subjektive Meinungen, die die Öffentlichkeit geprägt haben.)

3. Sie hat Aspekte der amerikanischen Gesellschaft aufgedeckt, die manche schockierend finden, wie die tiefen Ungleichheiten angesichts des Ausbruchs der Pandemie, das Fehlen einer allgemeinen medizinischen Versorgung und das Problem des systemischen Rassismus, das von der Bewegung Black Lives Matter aufgeworfen wurde.

All dies hat Kishore Mahbubani, einen einflussreichen Analysten der Rivalität zwischen den USA und China,[96] zu der These veranlasst, dass Covid-19 die Rolle der beiden Länder in Bezug auf die Bewältigung von Katastrophen und die Unterstützung anderer umgekehrt hat. Während in der Vergangenheit immer die USA als erste Hilfe leisteten, wo Unterstützung nötig war (wie am 26. Dezember 2004, als Indonesien von einem großen Tsunami getroffen wurde), hat – so sagt er – nun China diese Rolle übernommen. Im März 2020 sendete China Italien 31 Tonnen medizinischer Ausrüstung (Atemschutzgeräte, Schutzmasken und Schutzanzüge), die die EU nicht bereitstellen konnte. Seiner Meinung nach haben die 6 Milliarden Menschen, die den „Rest der Welt" bilden und in 191 Ländern leben, bereits begonnen, sich auf den geopolitischen Wettbewerb zwischen den USA und China vorzubereiten. Laut Mahbubani wird ihre Wahl entscheiden, wer den Wettbewerb gewinnt, und diese Wahl wird auf „der kalten Analyse der Kosten-Nutzen-Rechnung basieren, was die USA und China ihnen zu bieten haben".[97] Gefühle dürfen keine große Rolle mehr spielen, weil alle diese Länder ihre Wahl darauf basieren werden, wer (die USA oder China) die Lebensbedingungen ihrer Bürger letztendlich verbessern wird. Aber eine große Mehrheit möchte nicht in einem geopolitischen Nullsummenspiel gefangen sein, sondern sich lieber alle Optionen offen halten (d. h. nicht gezwungen zu sein, zwischen den USA und China zu wählen). Wie das Beispiel von Huawei gezeigt hat, werden jedoch sogar traditionelle Verbündete der USA, wie Frankreich, Deutschland und Großbritannien, von den USA zur Wahl gedrängt. Die Entscheidungen, die die Länder angesichts einer solch schwierigen Wahl treffen, werden letztendlich entscheiden, wer aus der wachsenden Rivalität zwischen den USA und China als Gewinner hervorgeht.

Die USA als Gewinner

Im Lager jener, die die USA als schlussendlichen Gewinner sehen, konzentrieren sich die Argumente auf die inhärente Stärke der USA sowie auf die wahrgenommenen strukturellen Schwächen Chinas.

Die Anhänger der These, dass die „USA als Gewinner" hervorgehen wird, denken, dass es zu früh ist, ein abruptes Ende der US-Vorherrschaft im Zeitalter nach der Pandemie zu verkünden, und bieten folgendes Argument an: Das Land befindet sich vielleicht in relativen Zahlen am Abstieg, es ist jedoch noch immer ein eindrucksvoller Hegemon in absoluten Zahlen und besitzt weiter eine beträchtliche Soft Power; seine Anziehungskraft als globales Zielland mag gewissermaßen schwinden, ist jedoch noch immer stark, wie der Erfolg der amerikanischen Universitäten im Ausland und die Anziehungskraft seiner Kulturindustrie zeigen. Zusätzlich dazu ist die Dominanz des Dollars als weltweite Handelswährung und seine Wahrnehmung als sicherer Hafen derzeit weitgehend unangefochten. Daraus ergibt sich eine beträchtliche geopolitische Macht, die es den US-Behörden ermöglicht, Unternehmen und sogar Länder (wie den Iran oder Venezuela) aus dem Dollar-System auszuschließen. Wie wir im vorherigen Kapitel gesehen haben, kann sich dies in der Zukunft ändern; in den nächsten Jahren gibt es jedoch keine Alternative zur weltweiten Dominanz des US-Dollars. Grundsätzlicher werden die Anhänger der amerikanischen „Unschlagbarkeit" mit Ruchir Sharma einwenden, dass „die wirtschaftliche Vorherrschaft der USA den Behauptungen von Vertretern des Niedergangs wiederholt getrotzt hat".[98] Ebenso werden sie mit Winston Churchill übereinstimmen, der einst bemerkte, dass die USA eine angeborene Fähigkeit besitze, aus ihren Fehlern zu lernen, als er sagte, dass die USA immer das Richtige getan habe, wenn alle Alternativen erschöpft waren.

Wenn wir das politisch hoch aufgeladene Argument (Demokratie versus Autokratie) beiseite lassen, so betonen die Befürworter der Meinung, dass die USA viele weitere Jahre lang der „Gewinner" bleiben werden, dass China auf seinem Weg zum Status der globalen Supermacht selbst mit Gegenwind zu kämpfen hat. Am häufigsten erwähnt werden folgende Probleme: 1) Es leidet mit seiner schnell alternden Bevölkerung und einer Erwerbsbevölkerung, die 2015 ihren höchsten Stand erreichte, an einem demografischen Nachteil; 2) sein Einfluss in Asien ist durch Gebietsstreitigkeiten mit Brunei, Indien, Indonesien, Japan, Malaysia, die Philippinen und Vietnam beschränkt und 3) es ist stark von Energieimporten abhängig.

Kein Gewinner

Was denken jene, die meinen, dass „die Pandemie sowohl für die amerikanische wie für die chinesische Macht, und für die Weltordnung, nichts Gutes verheißt"?[99] Sie argumentieren, dass sowohl China wie auch die USA, wie fast alle Länder weltweit, mit Sicherheit einen massiven wirtschaftlichen Schaden erleiden werden, was ihre Fähigkeit zur Ausdehnung ihrer Reichweite und ihres Einflusses einschränken wird. China, dessen Handelssektor mehr als ein Drittel seines BIPs ausmacht, wird es schwer haben, einen nachhaltigen wirtschaftlichen Wiederaufschwung zu schaffen, wenn seine großen Handelspartner (wie die USA) sich drastisch zurückziehen. Was die USA betrifft, so wird ihre Überschuldung früher oder später die Ausgaben nach der Bewältigung der Krise einschränken, mit dem ständig vorhandenen

Risiko, dass die aktuelle Wirtschaftskrise in eine systemische Finanzkrise umschlägt.

Unter Bezugnahme auf den wirtschaftlichen Schaden und die innenpolitischen Schwierigkeiten behaupten die Zweifler, dass beide Länder vermutlich deutlich geschwächt aus der Krise hervorgehen werden. „Aus den Ruinen wird weder eine Pax Sinica noch eine erneuerte Pax Americana erstehen. Viel eher werden beide Mächte innen- und außenpolitisch geschwächt sein."

Eine Grundursache für das Argument „kein Gewinner" ist eine von mehreren Wissenschaftlern vertretene Idee, wobei Niall Ferguson der Wortführer ist. Diese besagt im Wesentlichen, dass die Coronakrise das Versagen von Supermächten wie den USA und China aufgedeckt hat, indem sie den Erfolg kleiner Staaten hervorgehoben hat. Mit den Worten von Ferguson: „Die tatsächliche Lektion hier ist nicht, dass die USA am Ende sind und China die dominierende Macht des 21. Jahrhunderts sein wird. Ich denke, dass sich in Wirklichkeit alle Supermächte – die USA, die Volksrepublik China und die Europäische Union – als stark dysfunktional herausgestellt haben."[100] Die Größe führt nach Meinung der Vertreter dieser Idee zu negativen Skaleneffekten: Länder bzw. Imperien seien so stark gewachsen, dass sie eine Schwelle erreicht haben, über die hinaus sie sich nicht mehr wirksam selbst steuern können. Dies sei im Gegenzug der Grund, warum kleine Volkswirtschaften wie Singapur, Island, Südkorea und Israel bei der Eindämmung und Bewältigung der Pandemie offensichtlich bessere Arbeit geleistet hätten als die USA.

Wahrsagen ist ein Ratespiel für Toren. Die einfache Wahrheit ist, dass niemand mit annehmbarer Sicherheit oder Zuversicht sagen kann, wie sich die Rivalität zwischen den USA und China entwickeln wird, abgesehen davon, dass sie zwangsläufig zunehmen wird. Die Pandemie hat die Rivalität zwischen der bestehenden und der aufstrebenden Macht verschärft. Die USA ist in der von der Pandemie ausgelösten Krise gestrauchelt und ihr Einfluss ist geschwunden. Währenddessen kann China versuchen, von der Krise zu profitieren, indem es seinen Einflussbereich im Ausland ausdehnt. Wir wissen sehr wenig darüber, was die Zukunft in Bezug auf den strategischen Wettbewerb zwischen China und den USA bereithält. Dies wird zwischen zwei Extremen liegen: einer gezügelten und kontrollierbaren, durch Geschäftsinteressen gemäßigten Verschlechterung einerseits und einer ständigen, uneingeschränkten Feindseligkeit andererseits.

1.4.4. Schwache und scheiternde Staaten

Die Übergänge zwischen einem schwachen, einem scheiternden und einem gescheiterten Staat sind fließend und unscharf. In der komplexen und adaptiven Welt von heute bedeutet das Prinzip der Nicht-Linearität, dass ein schwacher Staat plötzlich zu einem gescheiterten Staat werden kann und sich umgekehrt in einem gescheiterten Staat die Situation dank der Vermittlung internationaler Organisationen oder gar durch ausländische Kapitalspritzen genauso schnell wieder verbessern kann. Aufgrund der pandemiebedingten zunehmenden weltweiten Not ist es in den kommenden Jahren sehr wahrscheinlich, dass die Dynamik für die ärmsten und schwächsten Länder der Welt nur in eine Richtung gehen wird: vom Regen in die Traufe. Kurz gesagt, viele Staaten, die Anzeichen von Fragilität aufweisen, laufen Gefahr zu scheitern.

Fragile Staatlichkeit bleibt eine der größten globalen Herausforderungen, insbesondere in Afrika. Die Ursachen dafür sind vielfältig und eng miteinander verflochten. Sie reichen von wirtschaftlicher Ungleichheit, sozialen Problemen, politischer Korruption und Ineffizienz bis hin zu externen oder internen Konflikten und Naturkatastrophen. Schätzungen zufolge leben heute etwa 1,8 - 2 Milliarden Menschen in fragilen Staaten, eine Zahl, die in der Post-Pandemie-Ära sicherlich noch steigen wird, da fragile Länder besonders anfällig für einen Ausbruch von Covid-19 sind.[101] Denn gerade durch das Wesen ihrer Fragilität – schwache Staatskapazitäten und die damit verbundene Unfähigkeit, die wichtigsten Funktionen der grundlegenden öffentlichen Dienstleistungen und der Sicherheit zu gewährleisten – haben sie dem Virus letztlich weniger entgegenzusetzen. Noch schlimmer ist die Lage in scheiternden und gescheiterten Staaten, die fast immer Opfer extremer Armut und unbändiger Gewalt sind und daher grundlegende öffentliche Aufgaben wie Bildung, Sicherheit oder Ordnungspolitik nicht mehr erfüllen können. Innerhalb ihres Machtvakuums fallen hilflose Menschen konkurrierenden Gruppierungen und Verbrechen zum Opfer und zwingen oft die Vereinten Nationen oder einen Nachbarstaat (der nicht immer gute Absichten hat) zum Eingreifen, um eine humanitäre Katastrophe zu verhindern. Für viele dieser Staaten wird die Pandemie der exogene Schock sein, der sie zum Scheitern zwingt und noch weiter abstürzen lässt.

Aus all diesen Gründen ist es fast eine Tautologie zu behaupten, dass der Schaden, den die Pandemie schwachen und scheiternden Staaten zufügt, viel gravierender und länger anhalten wird als in den reicheren und am meisten entwickelten Volkswirtschaften. Sie wird einige der schutzbedürftigsten Gemeinschaften der Welt vernichten. In vielen Fällen wird die wirtschaftliche Katastrophe irgendeine Form von politischer Instabilität und Gewaltausbrüchen auslösen, weil die ärmsten Länder der Welt mit zwei Problemen konfrontiert werden: Zum einen wird der durch die Pandemie verursachte Zusammenbruch des Handels und der Lieferketten unmittelbare negative Auswirkungen wie ausbleibende Geldüberweisungen aus dem Ausland oder zunehmenden Hunger haben. Und zum anderen wird dies in der Folge zu einem anhaltenden und einschneidenden Verlust von Arbeitsplätzen und Einkünften führen. Das ist auch der Grund, warum der weltweite Ausbruch der Pandemie solch verheerende Schäden in den ärmsten Ländern der Welt anrichten kann. Dort wird sich der wirtschaftliche Niedergang noch unmittelbarer auf die Gesellschaften auswirken. Insbesondere in weiten Teilen des subsaharischen Afrikas aber auch in Teilen von Asien und Lateinamerika hängen Millionen von Menschen von einem mageren Tageseinkommen ab, um ihre Familien zu ernähren. Jede Art von Lockdown oder Gesundheitskrise infolge des Coronavirus könnte in weiten Teilen der Bevölkerung rasch Verzweiflung und Aufruhr auslösen und möglicherweise massive

Unruhen mit globalen Folgewirkungen nach sich ziehen. Und die Folgen werden für all jene Länder, die sich in einem Konflikt befinden, besonders desaströs sein. Für sie wird die Pandemie unweigerlich zu einer Unterbrechung der humanitären Hilfe und Hilfslieferungen führen. Außerdem werden Friedensoperationen eingeschränkt und die diplomatischen Bemühungen um eine Beendigung des Konflikts aufgeschoben.

Geopolitische Schocks neigen dazu, Beobachter mit Wellen- und Dominoeffekten zu überraschen, die Folgen zweiter, dritter und weiterer Ordnung nach sich ziehen, aber wo sind derzeit die Risiken am offensichtlichsten?

Alle rohstoffexportierenden Länder sind gefährdet (Norwegen und einige andere ausgenommen). Im Moment (Juni 2020) sind sie besonders stark vom Einbruch der Energie- und Rohstoffpreise betroffen, die die Probleme der Pandemie und aller anderen damit zusammenhängenden Probleme (Arbeitslosigkeit, Inflation, unzulängliche Gesundheitssysteme und natürlich Armut) noch verschärfen. Für reiche und relativ weit entwickelte energieabhängige Volkswirtschaften wie die Russische Föderation und Saudi-Arabien stellt der Einbruch der Ölpreise „nur" einen schweren wirtschaftlichen Schlag dar, der die angespannten Haushaltslagen und Devisenreserven belastet und akute mittel- und langfristige Risiken mit sich bringt. Aber für einkommensschwächere Länder wie den Südsudan, in dem Öl praktisch die Gesamtheit der Exporte (99 %) ausmacht, könnte der Schlag einfach verheerend sein. Das gleiche gilt für viele andere fragile rohstoffexportierende Länder. So ist ein völliger Zusammenbruch kein unvorstellbares Szenario für Erdölstaaten wie Ecuador oder Venezuela, wo das Virus die wenigen funktionierenden Krankenhäuser des Landes sehr schnell überlasten könnte. Währenddessen verschärfen die US-Sanktionen im Iran die aufgrund der hohen Covid-19-Infektionsrate bereits bestehenden Probleme.

Besonders gefährdet sind im Moment viele Länder im Nahen Osten und in der Maghreb-Region, in denen die wirtschaftliche Schieflage und das damit verbundene Leid bereits vor der Pandemie insbesondere auch angesichts einer unruhigen, jugendlichen Bevölkerung und grassierender Arbeitslosigkeit immer offensichtlicher wurde. Der dreifache Schlag, den Covid-19 diesen Ländern versetzt hat, der Einbruch der Ölpreise (für einige) und das Einfrieren des Tourismus (eine lebenswichtige Quelle für Beschäftigung und Deviseneinnahmen) könnten eine Welle massiver regierungskritischer Demonstrationen auslösen, wie wir sie noch vom arabischen Frühling 2011 in Erinnerung haben. So kam es im Libanon Ende April 2020 mitten im Lockdown zu bedrohlichen Ausschreitungen wegen der Angst vor Arbeitslosigkeit und steigender Armut.

Die Pandemie hat die Frage der Ernährungssicherheit mit aller Macht wieder in den Vordergrund gerückt, und in vielen Ländern könnte sie eine humanitäre und Nahrungsmittelkrise nach sich ziehen. Offizielle Vertreter der Ernährungs- und Landwirtschaftsorganisation der Vereinten Nationen (FAO) sagen voraus, dass sich die Zahl der Menschen, die unter akuter Ernährungsunsicherheit leiden, im Laufe des Jahres 2020 auf 265 Millionen verdoppeln könnte. Die durch die Pandemie verursachte Kombination aus Einschränkung der Bewegungsfreiheit und Handelsbeschränkungen mit einem damit einhergehenden Anstieg der Arbeitslosigkeit und einem begrenzten oder gar keinem Zugang zu Nahrungsmitteln könnte umfassende soziale Unruhen auslösen, gefolgt von massiven Migrations- und Flüchtlingsbewegungen. In schwachen und scheiternden Staaten verschärft die Pandemie die bestehende Nahrungsmittelknappheit durch Handelsschranken und die Unterbrechung der globalen Nahrungsmittelversorgungsketten. Sie tut dies in einem so beträchtlichen Ausmaß, dass David Beasley, Exekutivdirektor des Welternährungsprogramms der UNO, am 21. April 2020 den UNO-Sicherheitsrat warnte, dass in etwa drei Dutzend Ländern „Hungersnöte biblischen Ausmaßes" drohen, vor allem im Jemen, Kongo, Südsudan und Sudan sowie in Afghanistan, Venezuela, Äthiopien, Syrien, Nigeria und Haiti.

Die Lockdowns und die wirtschaftliche Rezession in den Ländern mit hohem Einkommen wird in den ärmsten Ländern der Welt zu großen Einkommensverlusten für die arbeitenden Armen und alle, die von ihnen abhängig sind, führen. Der Rückgang der Geldsendungen aus Übersee, die in einigen Ländern wie Nepal, Tonga oder Somalia einen sehr großen Anteil am BIP (mehr als 30 %) ausmachen, ist ein Paradebeispiel dafür. Das wird ihren Volkswirtschaften einen verheerenden Schlag mit dramatischen sozialen Auswirkungen versetzen. Nach Angaben der Weltbank werden die Auswirkungen der Lockdowns und des daraus resultierenden wirtschaftlichen „Winterschlafs", der in so vielen Ländern weltweit stattfand, zu einem 20%igen Rückgang der Geldsendungen in Länder mit niedrigem und mittlerem Einkommen führen, von 554 Milliarden Dollar im letzten Jahr auf 445 Milliarden Dollar im Jahr 2020.[102] In größeren Ländern wie Ägypten, Indien, Pakistan, Nigeria und den Philippinen, für die Geldsendungen aus dem Ausland eine entscheidende Finanzierungsquelle von außen sind, wird dies große Härten mit sich bringen und ihre wirtschaftliche, soziale und politische Situation noch prekärer machen. Die Möglichkeit einer Destabilisierung ist damit sehr real. Und dann ist da noch der Tourismus, einer der am stärksten von der Pandemie betroffenen Wirtschaftszweige, der für viele arme Länder eine wirtschaftliche Lebensader darstellt. In Ländern wie Äthiopien, wo die Einnahmen aus dem Tourismus fast die Hälfte (47 %) des Gesamtexportvolumens ausmachen, wird der damit einhergehende Verlust an Einkommen und Beschäftigung spürbare wirtschaftliche und soziale Not verursachen. Dasselbe gilt für die Malediven, Kambodscha und viele andere.

Dann gibt es noch all die Konfliktzonen, in denen viele bewaffnete Gruppen darüber nachdenken, wie sie unter dem Vorwand der Pandemie ihre Interessen schneller durchsetzen können. Ein Beispiel ist Afghanistan, wo die Taliban die Freilassung ihrer Gefangenen fordern, oder in Somalia, wo die al-Shabaab-Gruppe Covid-19 als einen Versuch darstellt, sie zu destabilisieren. Das Plädoyer für einen globalen Waffenstillstand des UN-Generalsekretärs vom 23. März 2020 ist auf taube Ohren gestoßen. Von 43 Ländern mit mindestens 50 gemeldeten Ereignissen organisierter Gewalt im Jahr 2020 kamen nur 10 positive Rückmeldungen (meist mit einfachen Unterstützungsbekundungen, aber ohne verpflichtende Zusagen). In den anderen 31 Ländern mit anhaltenden bewaffneten Konflikten haben die Akteure nicht nur keinerlei Schritte unternommen, um dem Aufruf nachzukommen, sondern viele steigerten sogar noch das Ausmaß an organisierter Gewalt.[103] Die anfänglichen Hoffnungen, dass die Besorgnis über die Pandemie und den sich daraus ergebenden Gesundheitsnotstand seit langem bestehende Konflikte eindämmen und Friedensverhandlungen einläuten könnte, haben sich in Luft aufgelöst. Dies ist ein weiteres Beispiel dafür, dass die Pandemie einen beunruhigenden oder gefährlichen Trend nicht nur nicht aufhalten, sondern sogar beschleunigen kann.

Wohlhabendere Länder ignorieren die Tragödie, die sich in schwachen und scheiternden Ländern abspielt, und die dadurch für sie selbst drohende Gefahr. Auf die eine oder andere Weise werden die Risiken durch größere Instabilität oder sogar Chaos auch Rückwirkungen auf sie haben. Einer der offensichtlichsten Dominoeffekte von wirtschaftlichem Elend, Unzufriedenheit und Hunger in den fragilsten und ärmsten Staaten mit Auswirkungen auf die reicheren Teile der Welt, wird eine neue Welle der Massenmigration in ihre Richtung sein, wie sie 2016 in Europa stattgefunden hat.

1.5. Ökologischer Umbruch

Auf den ersten Blick scheinen Pandemie und Umwelt nur entfernt etwas miteinander zu tun zu haben, aber sie sind viel stärker und enger miteinander verflochten, als wir denken. Beide interagieren auf unvorhersehbare und charakteristische Art und Weise (und werden dies auch weiterhin tun), angefangen bei der Rolle, die die reduzierte Biodiversität im Verhalten von Infektionskrankheiten spielt, bis hin zu den Auswirkungen, die Covid-19 auf den Klimawandel haben könnte. Sie veranschaulichen so das gefährlich subtile Gleichgewicht und die komplexen Wechselwirkungen zwischen Mensch und Natur.

Darüber hinaus ist die Pandemie hinsichtlich des globalen Risikos am ehesten mit dem Klimawandel und dem Zusammenbruch von Ökosystemen (den beiden wichtigsten Umweltrisiken) gleichzusetzen. Die drei stellen von Natur aus und in unterschiedlichem Ausmaß existenzielle Bedrohungen für die Menschheit dar. Und wir könnten argumentieren, dass Covid-19 uns bereits einen kleinen Einblick oder Vorgeschmack darauf gegeben hat, was eine ausgewachsene Klimakrise und ein Zusammenbruch des Ökosystems wirtschaftlich gesehen für Folgen haben könnte: kombinierte Nachfrage- und Angebotsschocks sowie Unterbrechungen von Handels- und Lieferketten mit Wellen- und Dominoeffekten, die die Risiken (und in einigen Fällen auch Chancen) in den anderen Makrokategorien Geopolitik, gesellschaftliche Fragen und Technologie verstärken. Wenn Klimawandel, Zusammenbruch des Ökosystems und Pandemien als globale Risiken eine so große Ähnlichkeit haben, wie lassen sie sich dann wirklich vergleichen? Sie haben viel gemeinsam, weisen aber gleichzeitig starke Unterschiede auf.

Die fünf wichtigsten gemeinsamen Eigenschaften sind: 1) Sie sind bekannte systemische Risiken (d. h. sog. „weiße Schwäne"), die sich in unserer vernetzten Welt sehr schnell ausbreiten und dabei andere Risiken verschiedener anderer Kategorien verstärken. 2) Sie sind nicht-linear, d. h. jenseits einer bestimmten Schwelle oder eines Kipppunkts können sie katastrophale Auswirkungen haben (wie die „Superausbreitung" an einem bestimmten Ort, die dann im Falle einer Pandemie die Kapazitäten des Gesundheitssystems überfordern kann. 3) Die Wahrscheinlichkeit und Verbreitung ihrer Auswirkungen sind nur sehr schwer (wenn nicht gar unmöglich) messbar. Sie verändern sich ständig und müssen unter revidierten Annahmen neu überdacht werden, was wiederum ihr Management aus politischer Sicht extrem schwierig macht. 4) Sie sind globaler Natur und können daher nur auf global koordinierte Weise richtig angegangen werden. Und 5) beeinträchtigen sie unverhältnismäßig stark die bereits am stärksten gefährdeten Länder und Bevölkerungsgruppen.

Und was sind ihre Unterschiede? Es gibt mehrere, von denen die meisten begrifflicher und methodologischer Natur sind (z. B. stellt die Pandemie ein Ansteckungsrisiko dar, während der Klimawandel und der Zusammenbruch von Ökosystemen Kumulationsrisiken sind). Die beiden wichtigsten Unterschiede sind jedoch folgende: 1) der Unterschied im Zeithorizont (hat einen entscheidenden Einfluss auf politische Entscheidungen und Eindämmungsmaßnahmen) und 2) das Kausalitätsproblem (erschwert die öffentliche Akzeptanz der Eindämmungsstrategien):

1. Pandemien sind sozusagen ein sofortiges Risiko, dessen unmittelbares Bevorstehen und deren Gefahr für alle sichtbar sind. Ein Ausbruch bedroht unser Überleben – als Individuen oder als Spezies – und deshalb reagieren wir sofort und entschlossen, wenn wir mit dem Risiko konfrontiert werden. Im Gegensatz dazu sind Klimawandel und Naturverlust graduell und kumulativ, mit Auswirkungen, die vor allem mittel- und langfristig erkennbar werden (und trotz immer mehr klimabedingten und „außergewöhnlichen" Ereignissen von Naturverlusten gibt es immer noch eine beträchtliche Zahl von Menschen, die von der Unmittelbarkeit der Klimakrise nicht überzeugt sind). Dieser entscheidende Unterschied zwischen dem Zeithorizont einer Pandemie und dem des Klimawandels und des Naturverlusts bedeutet, dass eine Pandemiegefahr sofortiges Handeln erfordert, dem ein rasches Ergebnis folgt, während Klimawandel und Naturverlust ebenfalls nach sofortigem Handeln verlangen, das Ergebnis (oder die „zukünftige Belohnung" im Jargon der Ökonomen) aber erst mit einer gewissen Zeitverzögerung zu sehen sein wird. Mark Carney, ehemaliger Gouverneur der Bank of England, der inzwischen UN-Sonderbeauftragter für Klimaschutz und Finanzen ist, hat dazu angemerkt, dass dieses Problem der zeitlichen Asynchronität eine „Tragödie des Zeithorizonts" erzeugt: Im Gegensatz zu den unmittel-

baren und beobachtbaren Gefahren können die Risiken des Klimawandels (zeitlich und geographisch) weit entfernt erscheinen. In diesem Fall wird auf sie nicht mit der Ernsthaftigkeit reagiert, die eigentlich angebracht und erforderlich wäre. Beispielsweise wird das materielle Risiko, das die globale Erwärmung und der Anstieg des Wasserspiegels für einen physischen Vermögenswert (z. B. einen Urlaubsort am Strand) oder ein Unternehmen (z. B. eine Hotelgruppe) darstellen, von den Anlegern nicht unbedingt als materiell angesehen und daher von den Märkten nicht „eingepreist".

2. Das Kausalitätsproblem ist leicht zu verstehen, ebenso wie die Gründe, die die Umsetzung der jeweiligen Politik so viel schwieriger machen. Im Fall der Pandemie ist der ursächliche Zusammenhang zwischen dem Virus und der Krankheit offensichtlich: SARS-CoV-2 verursacht Covid-19. Außer einer Handvoll Verschwörungstheoretiker wird das niemand bestreiten. Im Falle von Umweltrisiken ist es viel schwieriger, einen direkten ursächlichen Zusammenhang zu einem bestimmten Ereignis herzustellen. Oft können die Wissenschaftler keinen direkten Zusammenhang zwischen dem Klimawandel und einem bestimmten Wetterereignis (wie einer Dürre oder der Schwere eines Hurrikans) aufzeigen. Auch sind sie sich nicht immer darüber einig, wie sich eine bestimmte menschliche Aktivität auf bestimmte vom Aussterben bedrohte Arten auswirkt. Das macht es sehr viel schwieriger, eine Abschwächung der Risiken für den Klimawandel und Naturverlust herbeizuführen. Während die Mehrheit der Bürgerin-

nen und Bürger bei einer Pandemie der Notwendigkeit von Zwangsmaßnahmen eher zustimmen wird, werden sie sich im Falle von Umweltrisiken, deren Nachweise angezweifelt werden können, gegen einschränkende Maßnahmen wehren. Es gibt aber auch noch eine einfachere Erklärung: Die Bekämpfung einer Pandemie verlangt von uns keine wesentliche Änderung des zugrundeliegenden sozioökonomischen Modells und unserer Konsumgewohnheiten. Der Kampf gegen Umweltgefahren schon.

1.5.1. Coronavirus und Umwelt

1.5.1.1. Natur und Zoonosen

Unter Zoonosen versteht man Krankheiten, die vom Tier auf den Menschen übertragen werden. Die meisten Experten und Naturschützer sind sich einig, dass Zoonosen in den letzten Jahren drastisch zugenommen haben, insbesondere wegen der Entwaldung (ein Phänomen, das auch mit einem Anstieg der Kohlendioxidemissionen zusammenhängt), die das Risiko einer engen Interaktion zwischen Mensch und Tier und einer Übertragung erhöht. Lange Zeit glaubten die Forscher, dass natürliche Umgebungen wie die Tropenwälder und ihre reiche Tierwelt eine Bedrohung für den Menschen darstellen, weil hier die Krankheitserreger und Viren zu finden sind, die beim Menschen neue Krankheiten wie Denguefieber, Ebola und HIV auslösen. Heute wissen wir, dass das falsch ist, denn die Verursachungskette geht in die andere Richtung. Oder wie es David

Quammen, der Verfasser von „*Spillover: Animal Infections and the Next Human Pandemic*" *(Spillover-Effekt: Tierinfektionen und die nächste Pandemie beim Menschen)* erklärt: „Wir dringen in tropische Wälder und andere wilde Landschaften vor, in denen so viele Tier- und Pflanzenarten vorkommen – und in diesen Kreaturen so viele unbekannte Viren. Wir fällen die Bäume. Wir töten die Tiere oder sperren sie in Käfige und schicken sie auf Märkte. Wir bringen die Ökosysteme durcheinander und die Viren dazu, sich von ihren natürlichen Wirten zu lösen. Wenn das passiert, brauchen sie einen neuen Wirt. Und oft sind das dann wir."[104] Inzwischen haben immer mehr Wissenschaftler nachgewiesen, dass es tatsächlich die vom Menschen verursachte Zerstörung der Biodiversität ist, die als Quelle neuer Viren wie Covid-19 angesehen werden kann. Diese Forscher haben sich in der neuen wissenschaftlichen Disziplin der „Planetarischen Gesundheit" (planetary health) zusammengeschlossen, die die subtilen und komplexen Zusammenhänge untersucht, die zwischen dem Wohlbefinden von Menschen, anderen Lebewesen und ganzen Ökosystemen bestehen. Ihre Ergebnisse haben deutlich gemacht, dass die Zerstörung der Biodiversität die Zahl der Pandemien erhöhen wird.

In einem kürzlich an den US-Kongress gerichteten Schreiben führen 100 Natur- und Umweltschutzgruppen an, dass sich die Zoonosen in den letzten 50 Jahren schätzungsweise vervierfacht haben.[105] Seit 1970 haben Landnutzungsänderungen relativ gesehen die größten negativen Auswirkungen auf die Natur gehabt (und dabei ein Viertel der vom Menschen verursachten

Emissionen verursacht). Allein die Landwirtschaft bedeckt mehr als ein Drittel der Landfläche der Welt. Sie ist die Wirtschaftsaktivität, die die Natur am meisten stört. Eine kürzlich veröffentlichte akademische Studie kommt zu dem Schluss, dass treibende landwirtschaftliche Faktoren mit mehr als 50 % aller Zoonosen in Verbindung gebracht werden können.[106] Da die Aktivitäten der Menschen, wie z. B. die Landwirtschaft (mit vielen anderen wie Bergbau, Abholzung oder Tourismus) in die natürlichen Ökosysteme eingreifen, durchbrechen sie die Barrieren zwischen der menschlichen Bevölkerung und den Tieren und schaffen so die Voraussetzungen für die Entstehung von Infektionskrankheiten, die von den Tieren auf die Menschen übertragen werden. Der Verlust des natürlichen Lebensraums von Tieren und der Handel mit Wildtieren sind in diesem Zusammenhang von besonderer Bedeutung, denn wenn Tiere, die bekanntermaßen mit bestimmten Krankheiten in Verbindung stehen (wie Fledermäuse und Schuppentiere mit dem Coronavirus), aus der freien Wildbahn in die Städte verbracht werden, wird ein Reservoir von Tierseuchen einfach in ein dicht besiedeltes Gebiet transportiert. Dies könnte auf dem Markt in Wuhan geschehen sein, wo das neuartige Coronavirus vermutlich seinen Ursprung hatte (die chinesischen Behörden haben den Handel mit und den Konsum von Wildtieren inzwischen dauerhaft verboten). Heutzutage würden wohl die meisten Wissenschaftler zustimmen, dass das Risiko neuer Epidemien umso höher ist, je größer das Bevölkerungswachstum ist, je mehr wir die Umwelt belasten, je intensiver die Landwirtschaft ohne angemessene Biosicherheit wird. Das wichtigste Gegenmittel, das uns derzeit zur Verfügung steht, um das Fortschreiten von Zoonosen einzudämmen, ist die Achtung und Erhaltung der natürlichen Umwelt und der aktive Schutz der biologischen Vielfalt. Um dies wirkungsvoll zu tun, müssen wir alle unser Verhältnis zur Natur überdenken und uns fragen, warum wir uns von ihr so entfremdet haben. Im Schlusskapitel geben wir konkrete Empfehlungen, wie ein „umwelt- und naturverträglicher" Wiederaufbau aussehen könnte.

1.5.1.2. Luftverschmutzung und Pandemie-Risiko

Es ist seit Jahren bekannt, dass die Luftverschmutzung, die größtenteils durch erderwärmende Emissionen verursacht wird, ein lautloser Killer ist, der mit verschiedenen Krankheiten wie Diabetes und Krebs bis hin zu Herz-Kreislauf- und Atemwegserkrankungen assoziiert ist. Der Weltgesundheitsorganisation (WHO) zufolge atmen 90 % der Weltbevölkerung Luft ein, die ihren Sicherheitsrichtlinien nicht entspricht, was jedes Jahr zum vorzeitigen Tod von 7 Millionen Menschen führt und die Organisation veranlasst hat, die Luftverschmutzung als „Gesundheitsnotstand" zu definieren.

Wir wissen jetzt, dass die Luftverschmutzung die Auswirkungen jedes beliebigen Coronavirus (nicht nur des aktuellen SARS-CoV-2) auf unsere Gesundheit verschlimmert. Bereits 2003 wies eine mitten in der SARS-Epidemie veröffentlichte Studie darauf hin, dass die Luftverschmutzung möglicherweise die Unterschiede in der Letalitätsrate[107] erklären könnte, und machte damit erstmals deutlich, dass je höher die Luftverschmutzung ist, die Wahrscheinlichkeit ansteigt, an der durch ein Coronavirus verursachten Krankheit zu sterben. Seitdem konnte in immer mehr Forschungsarbeiten gezeigt werden, dass Menschen, die ein Leben lang schmutzige Luft einatmen, anfälliger für das Coronavirus sind. In den USA kam eine kürzlich erschienene medizinische Studie zu dem Schluss, dass in Regionen mit stärker verschmutzter Luft ein höheres Risiko besteht, an Covid-19 zu sterben, und zeigte, dass US-Counties mit höheren Luftverschmutzungswerten möglicherweise mehr Krankenhausaufenthalte und Todesfälle zu verzeichnen haben werden.[108] Die medizinische und öffentliche Gemeinschaft wurde der Konsensus erreicht, dass es einen Synergieeffekt zwischen der Belastung durch Luftverschmutzung und dem möglichen Auftreten von Covid-19 gibt und die Erkrankung, wenn das Virus zuschlägt, einen schlimmeren Verlauf nimmt. Die Forschung, die zwar noch in den Kinderschuhen steckt, aber rasche Fortschritte macht, hat noch nicht bewiesen, dass ein Kausalzusammenhang besteht, aber sie legt eindeutig eine starke Korrelation zwischen der Luftverschmutzung und der Ausbreitung des Coronavirus und seinem Schweregrad nahe. Es scheint, dass die Luftverschmutzung im Allgemeinen und die Feinstaubkonzentration im Besonderen die Atemwege – die erste Verteidigungslinie der Lunge – beeinträchtigen, was bedeutet, dass bei Menschen (unabhängig von ihrem Alter), die in stark verschmutzten Städten leben, das Risiko größer ist, sich mit Covid-19 anzustecken und daran zu sterben. Das könnte auch erklären, warum die Menschen in der Lombardei (eine der Regionen Europas mit der höchsten Luftverschmutzung), die sich mit dem Virus infiziert hatten, nachweislich eine doppelt so hohe Wahrscheinlichkeit aufwiesen, infolge von Covid-19 zu sterben als Menschen im fast gesamten restlichen Italien.

1.5.1.3. Lockdown und Kohlendioxid-Emissionen

Es ist noch zu früh, um eine Aussage über die Abnahme der globalen Kohlendioxid-Emissionen im Jahr 2020 machen zu können, aber die Internationale Energieagentur (IEA) schätzt in ihrem Global Energy Review 2020, dass sie um 8 % sinken werden.[109] Auch wenn diese Zahl der größten jährlichen Minderung seit Beginn der Aufzeichnung entsprechen würde, ist sie angesichts der Dimension des Problems immer noch verschwindend gering. Sie bleibt hinter der jährlichen Emissionsreduktion von 7,6 % in den nächsten zehn Jahren zurück, die die UNO für notwendig hält, um den globalen Temperaturanstieg unter 1,5 °C zu halten.[110]

Angesichts der teilweise sehr strengen Lockdowns scheint die Zahl von 8 % eher enttäuschend. Sie scheint darauf hinzudeuten, dass kleine Einzelaktionen (wie weniger konsumieren, keine Autos benutzen und nicht fliegen) eher von geringer Bedeutung sind im Vergleich zu dem Emissionsvolumen, das durch Stromproduktion, Landwirtschaft und Industrie, den „großen Emittenten", erzeugt wird, die während der Lockdowns (mit der teilweisen Ausnahme einiger Industriezweige) weiter liefen. Darüber hinaus wird daraus ersichtlich, dass die größten „Übeltäter" in Bezug auf die CO_2-Emissionen nicht immer diejenigen sind, die oft als die offensichtlichen Schuldigen angesehen werden. Ein kürzlich veröffentlichter Nachhaltigkeitsbericht zeigt, dass die Gesamtkohlenstoffemissionen aus der Produktion von Strom, der für den Betrieb unserer elektronischen Geräte und die Übertragung ihrer Daten erforderlich ist, in etwa denen der weltweiten Luftfahrtindustrie entsprechen.[111] Fazit? Selbst beispiellose und drakonische Lockdowns, bei denen ein Drittel der Weltbevölkerung mehr als einen Monat lang in ihren Häusern eingeschlossen war, erwiesen sich in keinster Weise als brauchbare Dekarbonisierungsstrategie, da die Weltwirtschaft dennoch weiterhin große Mengen an Kohlendioxid emittierte. Wie könnte eine solche Strategie also aussehen? Die enorme Größe und Tragweite der Herausforderung kann nur durch eine Kombination aus zwei Faktoren bewältigt werden: 1) eine radikale und tiefgreifende Systemveränderung der Art und Weise, wie wir die Energie erzeugen, die wir zum Leben benötigen; und 2) strukturelle Veränderungen in unserem Konsumverhalten. Wenn wir in der Zeit nach der Pandemie beschließen, unser Leben wieder genauso weiterzuführen wie zuvor (indem wir die gleichen Autos fahren, die gleichen Ziele anfliegen, die gleichen Dinge essen, unser Haus auf die gleiche Weise heizen usw.), dann ist die Covid-19-Krise klimapolitisch gesehen umsonst gewesen. Wenn wir hingegen einige der Gewohnheiten, die wir während der Pandemie gezwungenermaßen annehmen mussten, als strukturelle Verhaltensänderungen in die Zeit nach Corona hinüberretten können, könnte das Ergebnis für das Klima ganz anders aussehen. Weniger pendeln, etwas mehr im Homeoffice oder mobil arbeiten, Rad fahren und zu Fuß gehen statt mit dem Auto fahren, um die Luft in unseren Städten so sauber zu halten, wie sie während der Lockdowns war, Urlaub in der Nähe des Wohnorts: All dies könnte im richtigen Maß zusammengenommen zu einer nachhaltigen Verringerung der Kohlenstoffemissionen führen. Das bringt uns zu der alles entscheidenden Frage, ob sich die Pandemie letztendlich positiv oder negativ auf die Klimaschutzpolitik auswirken wird.

1.5.2. Auswirkungen der Pandemie auf den Klimawandel und andere umweltpolitischen Belange

Die Pandemie wird die politische Landschaft mit aller Wahrscheinlichkeit über Jahre hinweg beherrschen, mit der ernsten Gefahr, dass sie Umweltbelange überschatten könnte. Ein bezeichnendes Beispiel könnte das Kongresszentrum in Glasgow sein, in dem im November 2020 die UN-Klimakonferenz COP-26 hätte stattfinden sollen, das aber im April in ein Krankenhaus für Covid-19-Patienten umgewandelt wurde. Bereits jetzt wurden die Klimaverhandlungen verzögert und politische Initiativen verschoben, was manche vermuten lässt, dass sich die Regierungschefs lange Zeit nur auf die vielfältigen, unmittelbaren Probleme konzentrieren werden, die durch die Pandemiekrise entstanden sind. Auf der anderen Seite wird die von einigen Staats- und Regierungschefs, hochrangigen Führungskräften aus der Wirtschaft und prominenten Meinungsmachern entwickelte These laut, die besagt, dass die einmalige Chance, die uns die Covid-19-Krise bietet, nicht vertan werden darf und genau jetzt der richtige Zeitpunkt ist, um nachhaltige Umweltstrategien umzusetzen.

In Wirklichkeit könnte der Kampf gegen den Klimawandel in der Post-Pandemie-Ära in zwei entgegengesetzte Richtungen fortgeführt werden. Die eine entspricht der ersten Vermutung: Die wirtschaftlichen Folgen der Pandemie sind so schmerzhaft, schwer zu bewältigen und komplex in der Umsetzung, dass die meisten Regierungen auf der ganzen Welt beschließen könnten, die Besorgnis über die globale Erwärmung „vorübergehend" zurückzustellen, um sich auf den wirtschaftlichen Aufschwung zu konzentrieren. In diesem Fall werden die politische Entscheidungen die mit fossilen Brennstoffen betriebene Schwerindustrie und CO_2-emittierenden Industriezweige durch Subventionen unterstützen und fördern. Außerdem werden möglicherweise strenge Umweltstandards zurückgenommen, die als Stolperstein auf dem Weg zu einer raschen wirtschaftlichen Erholung angesehen werden, und Unternehmen und Verbraucher dazu ermutigt, so viel „Zeug" wie möglich zu produzieren und zu konsumieren. Die andere Richtung würde der These folgen, dass Unternehmen und Regierungen durch ein neues soziales Gewissen großer Teile der Bevölkerung ermutigt werden, dass das Leben auch anders aussehen könnte. Diese Richtung wird auch von Aktivisten unterstützt: Der Moment muss genutzt werden, um diese einzigartige Gelegenheit zur Neugestaltung einer nachhaltigeren Wirtschaft zum Wohle unserer Gesellschaften zu nutzen.

Schauen wir uns die beiden möglichen Verlaufsformen einmal näher an. Es versteht sich von selbst, dass sie in den verschiedenen Ländern und Regionen (der EU) ganz unterschiedlich aussehen können. Auch wenn die einzelnen Länder eine unterschiedliche Politik verfolgen oder mit unterschiedlicher Geschwindigkeit voranschreiten - letztlich sollten sich alle in Richtung eines weniger kohlenstoffintensiven Trends bewegen.

1. Drei wichtige Gründe könnten erklären, warum dies nicht selbstverständlich ist und warum der Fokus auf die Umwelt verblassen könnte, sobald die Pandemie nachlässt:

2. Regierungen könnten beschließen, dass es im besten kollektiven Interesse liegt, Wachstum um „jeden Preis" anzukurbeln, um die Auswirkungen auf die Arbeitslosigkeit abzufedern.

3. Unternehmen werden unter einem solchen Druck stehen, ihre Einnahmen zu steigern, dass Nachhaltigkeit im Allgemeinen und Klimabelange im Besonderen in den Hintergrund treten werden.

4. Niedrige Ölpreise (falls sie anhalten, was wahrscheinlich ist) könnten sowohl Verbraucher als auch Unternehmen ermutigen, noch stärker auf kohlenstoffintensive Energie zu setzen.

Diese drei Gründe sind stichhaltig genug, um sie überzeugend zu machen, aber es gibt andere Aspekte, die den Trend in die andere Richtung treiben könnten. Aufgrund von vier herausragenden Elementen könnte es gelingen, die Welt sauberer und nachhaltiger zu machen:

1. **Aufgeklärte Führung.** Einige Staats- und Regierungschefs und Entscheidungsträger, die bereits an vorderster Front im Kampf gegen den Klimawandel standen, möchten den Schock, den die Pandemie verursacht hat, möglicherweise nutzen, um langfristige und umfassendere Umweltveränderungen durchzuführen. Sie werden die Pandemie in der Tat „gut nutzen", indem sie sich die Chance, die die Krise bietet, nicht entgehen lassen. In diese Richtung geht auch die Ermahnung verschiedener Führungspersönlichkeiten, von Prinz Charles bis zu Andrew Cuomo (dem Gouverneur des Bundesstaats New York), „die Weltwirtschaft auf bessere Art und Weise wieder aufzubauen". Oder auch eine Doppelerklärung von der IEA und Dan Jørgensen, dem dänischen Minister für Klima, Energie und Versorgung, in der vorgeschlagen wird, dass der Übergang zu sauberer Energie dazu beitragen könnte, die Wirtschaft wieder anzukurbeln: „Rund um die Welt bereiten sich die Staats- und Regierungschefs jetzt vor und schnüren massive Konjunkturpakete. Einige dieser Pläne werden kurzfristige Impulse geben, andere werden die Infrastruktur für die kommenden Jahrzehnte prägen. Wir glauben, dass Regierungen, indem sie saubere Energie zu einem integralen Bestandteil ihrer Pläne machen, Arbeitsplätze und Wirtschaftswachstum schaffen und gleichzeitig sicherstellen können, dass ihre Energiesysteme modernisiert, widerstandsfähiger und weniger umweltverschmutzend werden".[112] Regierungen mit aufgeklärten Führern an ihrer Spitze werden ihre Konjunkturpakete von grünen Verp-

flichtungen abhängig machen. Sie werden beispielsweise großzügigere finanzielle Bedingungen für Unternehmen mit kohlenstoffarmen Geschäftsmodellen schaffen.

2. **Risikobewusstsein.** Die Pandemie hat die Rolle eines großen „Weckrufs" gespielt, indem sie uns die Risiken, denen wir kollektiv ausgesetzt sind, viel bewusster gemacht und uns daran erinnert hat, dass unsere Welt eng miteinander verflochten ist. Covid-19 hat deutlich gemacht, dass wir wissenschaftliche Erkenntnisse und Fachwissen häufig auf unsere eigene Gefahr hin ignorieren, und unser kollektives Handeln immense Auswirkungen haben kann. Es bleibt zu hoffen, dass einige dieser Lehren, die uns ein besseres Verständnis dafür vermitteln, was ein existentielles Risiko wirklich bedeutet und zur Folge hat, nun auf die Klimarisiken übertragen werden. Nicholas Stern, Leiter des Grantham Forschungsinstituts für Klimawandel und Umwelt, drückt es folgendermaßen aus: „Was wir aus all dem gelernt haben, ist, dass wir in der Lage sind, Dinge zu ändern (...). Wir müssen erkennen, dass es weitere Pandemien geben wird, und wir müssen dann besser vorbereitet sein. [Aber] wir müssen auch erkennen, dass der Klimawandel eine viel tiefgreifendere und größere Bedrohung darstellt, die nicht verschwindet und genauso dringend ist."[113] Nachdem wir uns monatelang über die Pandemie und ihre Auswirkungen auf unsere Lungen Sorgen gemacht haben, werden wir von sauberer Luft besessen sein; während der Lockdowns haben viele von uns die Vorteile einer verringerten Luftverschmutzung selbst gesehen und gerochen, was

möglicherweise zu der kollektiven Erkenntnis geführt hat, dass wir nur noch wenige Jahre haben, um die schlimmsten Folgen der globalen Erwärmung und des Klimawandels anzugehen. Wenn dem tatsächlich so ist, werden gesellschaftliche (kollektive und individuelle) Veränderungen folgen.

3. **Verhaltensänderung**. Als Folge des obigen Punktes könnten sich die Einstellung und Forderungen der Gesellschaft in einem höheren Maß als gemeinhin angenommen in Richtung einer größeren Nachhaltigkeit entwickeln. Unser Konsumverhalten hat sich während der Lockdowns dramatisch verändert, da wir gezwungen waren, uns auf das Wesentliche zu konzentrieren, und uns keine andere Wahl blieb, als ein „grüneres Leben" zu wählen. Vielleicht hält das ja an und spornt uns an, alles, was wir nicht wirklich brauchen, wegzulassen, und einen positiven Kreislauf zugunsten der Umwelt in Gang zu setzen. Ebenso entscheiden wir möglicherweise, dass das Arbeiten von zu Hause aus (wenn möglich) sowohl für die Umwelt als auch für unser individuelles Wohlbefinden gut ist (Pendeln ist ein „Zerstörer" des Wohlbefindens – je länger es dauert, desto schädlicher wird es für unsere körperliche und geistige Gesundheit). Es wird wahrscheinlich noch eine Weile dauern, bis diese strukturellen Veränderungen der Art und Weise, wie wir arbeiten, konsumieren und investieren, in der Gesellschaft weit genug verbreitet werden, um wirklich etwas zu bewirken, aber wie wir bereits unterstrichen haben, kommt es auf die Richtung und die Stärke des Trends an. Der Dichter und

Philosoph Laotse hatte ganz Recht, als er sagte: „Auch eine Reise von tausend Meilen beginnt mit einem Schritt." Wir stehen erst am Anfang einer langen und schmerzhaften Erholung, und vielen von uns mag es wie ein Luxus erscheinen, über Nachhaltigkeit nachzudenken, aber wenn die Dinge langsam wieder besser werden, werden wir uns alle zusammen daran erinnern, dass zwischen Luftverschmutzung und Covid-19 ein Kausalitätszusammenhang besteht. Dann wird Nachhaltigkeit nicht mehr zweitrangig sein, und der Klimawandel (der so eng mit der Luftverschmutzung zusammenhängt) wird uns wieder prioritär beschäftigen. Was Sozialwissenschaftler als „Verhaltensansteckung" bezeichnen (die Art und Weise, wie sich Einstellungen, Ideen und Verhalten in der ganzen Bevölkerung verbreiten), könnte dann seine Wirkung entfalten!

4. **Aktivismus**. Manche Analysten spekulierten, die Pandemie könnte die Obsoleszenz des Aktivismus provozieren, aber das genaue Gegenteil könnte der Fall sein. Nach Ansicht einer Gruppe amerikanischer und europäischer Wissenschaftler hat das Coronavirus die Veränderungsbereitschaft gesteigert und neue Instrumente und Strategien für zivilgesellschaftliches Engagement und sozialen Aktivismus geschaffen. Innerhalb von nur wenigen Wochen sammelte diese Forschergruppe Daten über verschiedene Formen des sozialen Aktivismus und identifizierte fast 100 verschiedene Methoden gewaltfreier Aktionen (physische, virtuelle und hybride). Ihre Schlussfolgerung: „Notsituationen erweisen sich oft als

„Ideenschmiede", in der neue Ideen und Möglichkeiten aus-
gearbeitet werden. Es ist zwar unmöglich vorherzusagen, wie
die langfristigen Auswirkungen eines solchen wachsenden
Knowhows und Bewusstseins aussehen könnten, aber es ist
klar, dass die „Macht des Volkes" nicht zurückgegangen ist.
Stattdessen passen sich Bewegungen auf der ganzen Welt an
die neue Situation des Remote-Organisierens an, bauen ihre
Standorte auf, verfeinern ihren Nachrichtenaustausch und
planen Strategien für das, was als Nächstes kommt".[114] Wenn
ihre Einschätzung richtig ist, kann der soziale Aktivismus,
der während der Lockdowns und aufgrund der Abstandsregeln und Social Distancing-Maßnahmen notgedrungen unterbunden wurde, mit neuem Elan wieder aufleben, wenn
die Zeit der Beschränkungen vorbei sind. Bestärkt durch das,
was sie während der Lockdowns gesehen haben (keine Luftverschmutzung), werden die Klimaaktivisten ihre Anstren-
gungen verdoppeln und noch stärkeren Druck auf Unternehmen und Investoren ausüben. Wie wir in Kapitel 2 sehen
werden, wird auch der Aktivismus der Investoren eine Kraft
sein, mit der wir rechnen müssen. Sie wird die Forderungen
der sozialen Aktivisten stärken, indem sie ihr eine zusätzliche und mächtige Dimension verleiht. Stellen wir uns zur
Veranschaulichung nur einmal folgende Situation vor: Eine
Gruppe grüner Aktivisten könnte vor einem Kohlekraftwerk
demonstrieren, um eine striktere Durchsetzung der Umwelt-
schutzbestimmungen zu fordern, während eine Gruppe von
Investoren im Sitzungssaal dasselbe tut, indem sie dem Werk
den Zugang zu Kapital entzieht.

Angesichts dieser vier Elemente schüren verschiedene faktische Hinweise unsere Hoffnung, dass sich der grüne Trend letztendlich durchsetzen könnte. Die Anzeichen kommen aus verschiedenen Bereichen, lassen aber alle die Schlussfolgerung zu, dass die Zukunft „grüner" sein könnte, als wir gemeinhin annehmen. Um diese Überzeugung zu untermauern, wollen wir vier Beobachtungen aufführen, die sich mit den vier genannten Elementen decken:

1. Im Juni 2020 hat BP, einer der größten Öl- und Gaskonzerne der Welt, den Wert seiner Vermögenswerte um 17,5 Milliarden Dollar reduziert, nachdem er zu dem Schluss gekommen war, dass die Pandemie eine globale Verlagerung hin zu saubereren Energieformen beschleunigen wird. Andere Energieunternehmen sind dabei, ähnliche Schritte zu unternehmen.[115] Im gleichen Sinne haben sich große globale Unternehmen wie Microsoft verpflichtet, bis 2030 kohlenstoffnegativ zu werden.

2. Der von der Europäischen Kommission lancierte „Europäische Grüne Deal" ist ein massives Unterfangen und der bisher greifbarste Beweis dafür, dass die Behörden sich entschieden haben, die Covid-19-Krise nicht im Sande verlaufen zu lassen.[116] Der Plan sieht 1 Billion Euro für die Senkung der Emissionen und Investitionen in die Kreislaufwirtschaft vor, mit dem Ziel, die EU bis 2050 (in Bezug auf die Nettoemissionen) zum ersten kohlenstoffneutralen Kontinent zu machen und das Wirtschaftswachstum vom Ressourcenverbrauch abzukoppeln.

3. Verschiedene internationale Umfragen zeigen, dass eine große Mehrheit der Bürger auf der ganzen Welt den Wunsch hat, dem Klimawandel bei der wirtschaftlichen Erholung von der Coronakrise Vorrang einzuräumen.[117] In den G20-Staaten befürwortet eine deutliche Mehrheit von 65 % der Bürger einen grünen Aufschwung („Green Recovery").[118]

4. Einige Städte wie Seoul verstärken ihr Engagement in der Klima- und Umweltpolitik, indem sie ihren eigenen „Green New Deal" umsetzen, der als eine Möglichkeit zur Eindämmung der Folgen der Pandemie dargestellt wird.[119]

Die Richtung des Trends ist klar, aber letztlich wird der systemische Wandel von politischen Entscheidungsträgern und Unternehmenslenkern ausgehen, die bereit sind, die Covid-Konjunkturpakete zu nutzen, um eine naturfreundliche Wirtschaft in Gang zu setzen. Dabei geht es aber nicht nur um öffentliche Investitionen. Der Schlüssel, um privates Kapital in neue Quellen mit naturverträglichem, ökonomischem Wert zu schleusen, wird darin liegen, wichtige politische Hebel und öffentliche Fördermittel im Rahmen eines umfassenderen wirtschaftlichen Umbruchs auf andere Bereiche zu verlagern. Es gibt gute Gründe für ein konsequenteres Handeln bei: Raumplanungs- und Landnutzungsvorschriften, der Reform der öffentlichen Finanzen und der Subventionsregelungen, der Innovationspolitik, die zusätzlich zu Forschung und Entwicklung den Kapazitätsausbau und -einsatz vorantreibt, der Mischfinanzierung und der besseren ökonomischen Bewertung von Naturkapital als wichtiges

Wirtschaftsgut. Viele Regierungen unternehmen erste Schritte, aber es braucht noch viel mehr, um das System auf eine naturfreundliche neue Norm umzustellen und einer Mehrheit der Weltbewohner klar zu machen, dass dies nicht nur eine zwingende Notwendigkeit, sondern auch eine enorme Chance ist. Ein von Systemiq in Zusammenarbeit mit dem Weltwirtschaftsforum[120] erstelltes Strategiepapier schätzt, dass der Aufbau einer naturfreundlichen Wirtschaft bis 2030 mehr als 10 Billionen Dollar pro Jahr bringen könnte – sowohl im Hinblick auf neue wirtschaftliche Chancen als auch auf eingesparte wirtschaftliche Kosten. Kurzfristig könnten durch den Einsatz von rund 250 Milliarden US-Dollar an Fördermitteln auf äußerst kosteneffiziente Weise bis zu 37 Millionen naturfreundliche Arbeitsplätze geschaffen werden. Die Umweltsanierung sollte nicht als Kostenfaktor betrachtet werden, sondern als eine Investition, die Wirtschaftsaktivität und Beschäftigungsmöglichkeiten schafft.

Hoffentlich wird die Bedrohung durch Covid-19 nicht von Dauer sein. Eines Tages wird es vorüber sein. Hingegen wird uns die Bedrohung durch den Klimawandel und die damit verbundenen extremen Wetterereignisse in absehbarer Zukunft und darüber hinaus begleiten. Denn das Klimarisiko entwickelt sich langsamer als die Pandemie, aber es wird weitaus schwerwiegendere Folgen haben. Das Ausmaß wird zu einem großen Teil von der politischen Reaktion auf die Pandemie abhängen. Jede Maßnahme zur Wirtschaftsbelebung wird unmittelbare Auswirkungen auf unsere Lebensweise haben, aber auch auf die CO_2-Emissionen, die sich ihrerseits wiederum weltweit und über Generationen hinweg auf die Umwelt auswirken werden. Wie wir schon mehrfach in diesem Buch deutlich gemacht haben: Noch haben wir die Wahl.

1.6. Technologischer Umbruch

Als das Buch *Die Vierte Industrielle Revolution* im Jahre 2016 veröffentlicht wurde, ging es von der Prämisse aus, dass „die neuen Technologien und die Digitalisierung sämtliche Lebensbereiche revolutionieren werden, sodass das überbeanspruchte und oftmals falsch verwendete Diktum ‚Dieses Mal ist alles anders‘ auf dieses Zeitalter tatsächlich zutrifft. Grundlegende technologische Innovationen stehen kurz davor, in globalem Maßstab weitreichende Veränderungen herbeizuführen."[121] In den vier kurzen Jahren, die seither vergangen sind, ist der technologische Fortschritt beeindruckend schnell vorangekommen. Wir sind jetzt umgeben von Künstlicher Intelligenz (KI), von Drohnen und Spracherkennung bis hin zu virtuellen Assistenten und Übersetzungssoftware. Unsere Mobilgeräte sind zu einem festen und integralen Bestandteil unseres privaten und beruflichen Lebens geworden. Sie helfen uns an vielen verschiedenen Fronten, sie nehmen unsere Bedürfnisse vorweg, hören uns zu und orten uns, auch wenn wir sie nicht darum gebeten haben... Automatisierung und Roboter verändern die Art und Weise, wie Unternehmen arbeiten, mit einer Geschwindigkeit und Rentabilität, die noch vor wenigen Jahren unvorstellbar waren. Auch Innovationen in der Genetik, mit der zukunftsträchtigen synthetischen Biologie, sind aufregend und ebnen den Weg für bahnbrechende Entwicklungen im Gesundheitswesen. Die Biotechnologie ist zwar immer noch nicht in der Lage, den Ausbruch einer Krankheit zu stoppen, geschweige denn zu verhindern, aber jüngste Innovationen haben es ermöglicht, das Genom des Coronavirus viel schneller als bisher zu identifizieren und zu sequenzieren sowie effizientere Diagnoseverfahren zu entwickeln. Darüber hinaus ermöglichen jüngst entwickelte biotechnologische Techniken mit RNA- und DNA-Plattformen eine schnellere Entwicklung von Impfstoffen als je zuvor. Sie könnten auch bei der Entwicklung neuer biotechnologischer Behandlungsmethoden von Nutzen sein.

Tempo und Umfang der Vierten Industriellen Revolution waren als bisher durchaus bemerkenswert und werden dies auch bleiben. Zusammenfassend kann also gesagt werden, dass das Tempo und die Bandbreite der Vierten Industriellen Revolution bisher bemerkenswert waren und weiterhin sind. In diesem Kapitel wollen wir näher darauf eingehen, wie die Pandemie die Innovationen noch mehr beschleunigen wird, indem sie als Katalysator für bereits eingeleitete technologische Veränderungen wirkt (vergleichbar mit der zuspitzenden Wirkung, die sie auf andere globale und nationale Grundprobleme hatte) und jeden digitalen Geschäftsbereich oder die digitale Dimension jedes Unternehmens mit Turbogeschwindigkeit vorantreiben wird. Außerdem wird sie eine der größten gesellschaftlichen und individuellen Herausforderungen, die die Technik mit sich bringt, in den Mittelpunkt rücken: den Datenschutz. Wir werden sehen, dass das „Contact Tracing" (die Ermittlung von Kontaktpersonen) außerordentlich effizient arbeitet und sozusagen eine zentrale Rolle im zur Bekämpfung von Covid-19 erforderlichen Instrumentarium spielt, während es gleichzeitig vorbestimmt zu sein scheint, ein Wegbereiter für Massenüberwachung zu werden.

1.6.1. Beschleunigung der digitalen Transformation

Mit der Pandemie hat die „digitale Transformation", von der so viele Analysten seit Jahren sprechen, ohne genau zu wissen, was darunter zu verstehen ist, ihren Impulsgeber gefunden. Ein Haupteffekt der Beschränkungen während der Lockdowns wird die entschiedene und häufig dauerhafte Ausweitung und Fortentwicklung der digitalen Welt sein. Das wird nicht nur an den banalsten und am häufigsten genannten Aspekten erkennbar (mehr Online-Gespräche, mehr Streaming zur Unterhaltung, mehr digitale Inhalte im Allgemeinen), sondern auch an der Forcierung tiefgreifenderer Veränderungen in der Arbeitsweise von Unternehmen, die wir im nächsten Kapitel noch eingehender untersuchen wollen. Im April 2020 beobachteten mehrere führende Unternehmen im Technologiesektor, wie schnell und radikal die durch die Gesundheitskrise geschaffenen Erfordernisse die Einführung einer breiten Palette von Technologien beschleunigt hatten. Innerhalb nur eines Monats schien es, dass viele Unternehmen bei der Einführung von Technologien praktisch im Zeitraffer mehrere Jahre auf einmal zurücklegten. Für die digital Versierten bedeutete dies Gutes, für die anderen waren es schlechte (manchmal sogar katastrophale) Neuigkeiten. Satya Nadella, CEO von Microsoft, stellte fest, dass die

Sicherheitsvorschriften des sozialen und physischen Abstandhaltens eine Welt des „Remote Everything" geschaffen hätten,
die die Einführung einer breiten Palette von Technologien um
zwei Jahre vorangetrieben habe. Hingegen bewunderte Sundar
Pichai, CEO von Google, den beeindruckenden Sprung der Online-Aktivitäten und prognostizierte einen „signifikanten und
dauerhaften" Effekt auf so unterschiedliche Bereiche wie Online-Arbeit, Online-Bildung, Online-Shopping, Online-Medizin und Online-Unterhaltung.[122]

1.6.1.1. Der Verbraucher

Während der Lockdowns sahen sich viele Verbraucher, die bisher im täglichen Umgang mit digitalen Apps und Diensten eher
zögerlich waren, praktisch über Nacht gezwungen, ihre Gewohnheiten zu ändern: Filme online anschauen, statt ins Kino
zu gehen, sich Mahlzeiten liefern lassen, statt auswärts zu essen,
mit Freunden online sprechen, statt sie persönlich zu treffen,
mit Kollegen über einen Bildschirm kommunizieren, statt an
der Kaffeemaschine zu plaudern, Online-Training statt ins Fitnessstudio zu gehen, und so weiter. Und so wurden die meisten Dinge fast von einem Moment auf den andern zu internetbasierten „E-Dingen": E-Learning, E-Commerce, E-Gaming,
E-Books, E-Attendance. Zu einigen unserer alten Gewohnheiten werden wir sicherlich zurückkehren (die Freude und das
Vergnügen an persönlichen Kontakten sind nicht zu ersetzen –
wir sind schließlich soziale Wesen!), aber viele der technischen
Verhaltensweisen, die wir während der Lockdowns annehmen

mussten, werden sich einfach durch die Gewöhnung weniger fremd anfühlen. Da das „Social und Physical Distancing" weiterbesteht, wird sich die Abhängigkeit von digitalen Plattformen für Kommunikation, Arbeit, Beratung oder Bestellungen nach und nach gegenüber früheren Gewohnheiten durchsetzen. Darüber hinaus werden die Vor- und Nachteile von Online und Offline aus einer Vielzahl von Blickwinkeln auch weiterhin ständig unter die Lupe genommen. Wenn gesundheitliche Erwägungen höchste Priorität haben, können wir z. B. entscheiden, dass ein Fahrradkurs vor einem Bildschirm zu Hause zwar in keinster Weise mit der Geselligkeit und dem Spaß eines Anwesenheitskurses in der Gruppe vergleichbar ist, aber er ist eben sicherer (und billiger!). Dieselben Überlegungen lassen sich auf viele verschiedene Bereiche übertragen, wie das Fliegen zu einem Meeting (Zoom ist sicherer, billiger, umweltfreundlicher und viel bequemer), die Fahrt zu einem entfernten Familientreffen am Wochenende (die WhatsApp-Familiengruppe ist nicht so unterhaltsam, aber eben sicherer, billiger und umweltfreundlicher) oder sogar die Teilnahme an einem Hochschulkurs (nicht so mitreißend, aber billiger und bequemer).

1.6.1.2. Die Regulierungsinstanz

Dieser Übergang zu mehr Digitalität im Allgemeinen in unserem beruflichen und privaten Leben wird auch von den Regulierungsbehörden unterstützt und beschleunigt werden. Bisher haben die Regierungen das Einführungstempo für neue Technologien oft durch langwieriges Abwägen des besten Ordnungsrahmens verlangsamt, aber wie am Beispiel der Telemedizin und der Drohnen-Lieferungen jetzt zu sehen ist, ist eine drastische, durch die Notwendigkeit erzwungene Beschleunigung möglich. Während der Lockdowns kam es plötzlich zu einer quasi-globalen Lockerung von Vorschriften, die zuvor den Fortschritt in Bereichen behindert hatten, in denen die Technologie bereits seit Jahren verfügbar war. Grund: Es gab keine bessere oder andere Wahl. Was gerade noch undenkbar war, wurde plötzlich möglich, und wir können sicher sein, dass weder die Patienten, die gemerkt haben, wie einfach und bequem Telemedizin ist, noch die Regulierungsbehörden, die sie möglich gemacht haben, möchten, dass dies wieder rückgängig gemacht wird. Die neuen Rechtsvorschriften werden in Kraft bleiben. Ähnliches geschieht derzeit in den USA mit der Federal Aviation Authority (Luftfahrtaufsichtsbehörde), aber auch in anderen Ländern, wenn es um die Schaffung eines Rechtsrahmens im Schnellverfahren für den Lieferservice durch Drohnen geht. Der gegenwärtige Druck, die „kontaktlose Wirtschaft", egal wie, voranzutreiben, und die sich daraus ergebende Bereitschaft der Regulierungsbehörden, sie zu beschleunigen, bedeutet, dass es keine Tabus mehr gibt. Was für die bis vor kurzem noch sensiblen Bereiche wie Telemedizin und Drohnen-Lieferungen gilt, gilt auch für alltäglichere und gut abgedeckte Regulierungsbereiche wie mobile Zahlungssysteme. Um nur ein banales Beispiel zu nennen: Inmitten des Lockdowns (im April 2020) beschlossen die europäischen Bankenaufsichtsbehörden, den Betrag zu erhöhen, den Käufer mit ihren Mobilgeräten bezahlen können, und gleichzeitig die Authentifizierungsanforderungen zu reduzieren, die es bisher schwierig machten, Zahlungen über Plattformen wie PayPal oder Venmo zu tätigen. Solche Schritte werden den digitalen „Vormarsch" in unserem täglichen Leben nur beschleunigen, wenn auch nicht ohne eventuelle Probleme mit der Cybersicherheit.

1.6.1.3. Das Unternehmen

In der einen oder anderen Form werden die Social Distancing-Maßnahmen zum Abstandhalten wahrscheinlich auch nach Abklingen der Pandemie selbst fortbestehen. Das rechtfertigt die Entscheidung vieler Unternehmen aus unterschiedlichen Branchen, die Automatisierung zu beschleunigen. Nach einer Weile werden die andauernden Bedenken wegen einer „technologischen Arbeitslosigkeit" (Ersatz von Menschen durch Maschinen) zurückgehen, da die Gesellschaften die Notwendigkeit zur Umstrukturierung des Arbeitsplatzes zur Minimierung von zu engem menschlichen Kontakt unterstreichen werden. Tatsächlich eignen sich Automatisierungstechnologien besonders gut für eine Welt, in der sich Menschen nicht zu nahe kommen dürfen oder bereit sind, ihre Interaktionen zu reduzieren. Unsere unterschwellige und möglicherweise anhaltende Furcht davor, mit einem Virus (Covid-19 oder einem anderen) infiziert zu werden, wird somit den unerbittlichen Vormarsch der Automatisierung beschleunigen, insbesondere in den Bereichen, die am leichtesten automatisierbar sind. Im Jahr 2016 kamen zwei Wissenschaftler der Universität Oxford zu dem Schluss, dass bis zum Jahr 2035 bis zu 86 % der Arbeitsplätze in Restaurants, 75 % im Einzelhandel und 59 % in der Unterhaltungsbranche automatisiert werden könnten.[123] Diese drei Bereiche gehören zu den am stärksten von der Pandemie betroffenen Industriezweige, in denen die Automatisierung aus Gründen der Hygiene und Sauberkeit eine Notwendigkeit sein wird, die wiederum den Übergang zu mehr Technik und Digitalisierung weiter beschleunigen wird. Es gibt ein weiteres Phänomen, das die Ausweitung der Automatisierung vorantreiben könnte: wenn auf das „Social Distancing" das „Economic Distancing" folgt. Je mehr sich die Länder nach innen orientieren und globale Unternehmen ihre supereffizienten, aber höchst fragilen Lieferketten verkürzen, werden Automatisierung und Roboter, die eine lokale Produktion ermöglichen und gleichzeitig die Kosten niedrig halten, sehr gefragt sein.

Auch wenn der Automatisierungsprozess bereits vor vielen Jahren in Gang gesetzt wurde, geht es nun wieder einmal um das immer schnellere Tempo der Veränderungen und des Übergangs: Die Pandemie wird zu einer beschleunigten Einführung der Automatisierung am Arbeitsplatz und einer Zunahme von Robotern in unserem privaten und beruflichen Leben führen. Seit Beginn der Lockdowns hat sich gezeigt, dass Roboter und KI eine „natürliche" Alternative sind, wenn menschliche Arbeitskraft nicht zur Verfügung steht. Darüber hinaus wurden sie, wann immer möglich, eingesetzt, um die Gesundheitsrisiken für menschliche Mitarbeiter zu verringern. Als dann das Abstandhalten Pflicht wurde, wurden Roboter an so unterschiedlichen Orten wie Lagerhäusern, Supermärkten und Krankenhäusern in einem breiten Aufgabengebiet eingesetzt: vom Scannen von

Regalen (ein Bereich, in dem die künstliche Intelligenz enorme Fortschritte gemacht hat) bis hin zur Reinigung und natürlich zur robotergestützten Lieferung – ein zukünftig wichtiger Bestandteil der Lieferketten im Gesundheitswesen, auf den wiederum die „kontaktlose" Lieferung von Lebensmitteln und anderen wichtigen Gütern folgen dürfte. Und bei vielen anderen Technologien (wie der Telemedizin), deren Einführung in weiter Ferne lag, überschlagen sich jetzt die Unternehmen, Verbraucher und Behörden, um die Einführung zügig voranzubringen. So gibt es in so unterschiedlichen Städten wie Hangzhou, Washington DC und Tel Aviv Bemühungen, von Pilotprogrammen zu groß angelegten Aktionen überzugehen, die in der Lage sind, eine Armee von Lieferrobotern auf die Straße und in die Luft zu bringen. Chinesische E-Commerce-Giganten wie Alibaba und jd.com sind zuversichtlich, dass autonome Lieferungen in China in den kommenden 12–18 Monaten weit verbreitet sein könnten – viel früher als vor der Pandemie erwartet.

Der Hauptfokus liegt häufig auf den Industrierobotern, da sie das sichtbarste Gesicht der Automatisierung sind, aber auch die Arbeitsplatzautomatisierung durch Software und maschinelles Lernen wird rasant beschleunigt. Die so genannte robotergestützte Prozessautomatisierung (Robotic Process Automation, RPA) macht Unternehmen effizienter, indem sie Computersoftware installiert, die mit den Tätigkeiten eines menschlichen Arbeiters konkurriert und diese ersetzt. Das kann verschiedene Formen annehmen, von der Microsoft-Finanzgruppe, die unterschiedliche Berichte, Tools und Inhalte in einem automatisierten, rollenbasierten, personalisierten Portal konsolidiert und vereinfacht, bis hin zu einer Ölgesellschaft, die eine Software installiert, die Bilder einer Pipeline an eine KI-Maschine sendet, um diese mit einer vorhandenen Datenbank abzugleichen und die zuständigen Mitarbeiter auf potenzielle Probleme aufmerksam zu machen. In allen Fällen trägt RPA dazu bei, den Zeitaufwand für die Zusammenstellung und Validierung von Daten zu verringern und somit Kosten zu sparen (zulasten eines voraussichtlichen Anstiegs der Arbeitslosigkeit, wie im Abschnitt „Wirtschaftlicher Umbruch" erwähnt). Auf dem Höhepunkt der Pandemie konnte die RPA Erfolge verbuchen, da sie ihre Effizienz bei der Bewältigung von Volumensteigerungen unter Beweis gestellt hat. So abgesegnet wird das Verfahren in der Zeit nach der Pandemie mit Sicherheit auf breiter Front eingeführt und beschleunigt werden. Zwei Beispiele belegen dies: RPA-Lösungen halfen in einigen Krankenhäusern bei der Weiterleitung von Covid-19-Testergebnissen und ersparten den Krankenschwestern so bis zu drei Stunden Arbeit pro Tag. In ähnlicher Weise wurde ein digitales KI-Gerät, das normalerweise verwendet wird, um online auf Kundenanfragen zu antworten, so angepasst, dass digitale Medizin-Plattformen Patienten online auf Covid-19-Symptome untersuchen konnten. Aus all diesen Gründen schätzt Bain & Company (eine Beratungsfirma), dass sich die Zahl der Unternehmen, die diese Form der Automatisierung von Geschäftsprozessen in die Praxis umsetzen, in den nächsten zwei Jahren verdoppeln wird – eine Zeitspanne, die sich durch die Pandemie noch weiter verkürzen könnte.[124]

1.6.2. Contact Tracing, Contact Tracking und Überwachung

Von den Ländern, die im Umgang mit der Pandemie am effizientesten waren (insbesondere asiatische Länder) können wir eine wichtige Lektion lernen: Technologie im Allgemeinen und Digitaltechnik im Besonderen können ausgezeichnete Hilfsmittel dabei sein. Die erfolgreiche Ermittlung von Kontaktpersonen hat sich als eine Schlüsselkomponente einer erfolgreichen Strategie gegen Covid-19 erwiesen. Lockdowns sind zwar wirksam, um die Reproduktionsrate des Coronavirus zu reduzieren, aber sie beseitigen nicht die von der Pandemie ausgehende Bedrohung. Darüber hinaus gehen sie mit sehr hohen wirtschaftlichen und gesellschaftlichen Kosten einher. Es wird sehr schwierig sein, Covid-19 ohne eine wirksame Behandlung oder einen Impfstoff zu bekämpfen. Bis dahin ist der effizienteste Weg, die Übertragung des Virus einzudämmen oder zu stoppen, die Durchführung umfassender Tests, gefolgt von Isolierung erkrankter Patienten, Rückverfolgung der Kontakte und Quarantäne der Kontaktpersonen, die den Infizieren ausgesetzt waren. Wie wir im Folgenden noch sehen werden, kann die Technologie eine beeindruckende Abkürzung dieses Verfahrens bewirken, die es den Beamten des öffentlichen Gesundheitswesens ermöglicht, infizierte Personen sehr schnell zu identifizieren und so einen Ausbruch vor seiner weiteren Ausbreitung einzudämmen.

Contact Tracing und Contact Tracking, d. h. die Ermittlung und Nachverfolgung von Kontaktpersonen, sind daher wichtige Schutzmaßnahmen des öffentlichen Gesundheitswesens bei der Bewältigung von Covid-19. Beide Begriffe werden häufig synonym verwendet, aber sie haben eigentlich leicht verschiedene Bedeutungen. Mit einer Tracking-App können in Echtzeit Informationen ermittelt werden, z. B. den aktuellen Standort einer Person anhand von Geodaten über GPS-Koordinaten oder die Position von Funkzellen. Hingegen kann man mit einer Tracing-App rückblickend Informationen erhalten, z. B. die Identifizierung von physischen Kontakten zwischen Personen über Bluetooth. Keine der beiden bietet eine Wunderlösung, die die Ausbreitung der Pandemie in ihrer Gesamtheit stoppen kann. Aber beide ermöglichen es, fast sofort Alarm zu schlagen, so dass ein frühzeitiges Eingreifen erfolgen und der Ausbruch so begrenzt oder eingedämmt werden kann, insbesondere, wenn er in einem Umfeld stattfindet, in dem eine hohe Übertragungswahrscheinlichkeit vorliegt (wie einer Gemeinde oder einem Familientreffen). Der Einfachheit halber werden wir die beiden Begriffe zur besseren Lesbarkeit hier synonym und austauschbar verwenden (wie es Artikel in der Presse häufig tun).

Die effektivste Form des Tracking oder Tracing ist natürlich die technologiegestützte: Sie ermöglicht nicht nur die Rückverfolgung aller Kontaktpersonen, mit denen der Benutzer eines Mobiltelefons in Kontakt war, sondern auch die Verfolgung der Bewegungen des Benutzers in Echtzeit, was wiederum die Möglichkeit bietet, einen Lockdown besser durchzusetzen und andere mobile Benutzer in der Nähe des Virusträgers zu warnen, dass sie einer infizierten Person ausgesetzt waren.

Es ist nicht überraschend, dass das digitale Tracing zu einem der heikelsten Themen im Bereich der öffentlichen Gesundheit geworden ist und weltweit akute Bedenken hinsichtlich des Datenschutzes aufwirft. In der Anfangsphase der Pandemie beschlossen viele Länder (vor allem in Ostasien, aber auch andere wie Israel), das digitale Tracing in verschiedenen Formen einzuführen. Sie verlagerten sich vom rückwirkenden Tracing früherer Ansteckungsketten auf das Echtzeit-Tracking von Bewegungen, um den Bewegungsradius einer mit Covid-19 infizierten Person einschränken und nachfolgende Quarantänen oder teilweise Lockdowns durchzusetzen zu können. In China, der SVR Hongkong und Südkorea wurden von Anfang an Zwangsmaßnahmen und in die Privatsphäre eingreifende Maßnahmen in Form von digitalem Tracing durchgeführt. Sie beschlossen, Personen ohne ihre Zustimmung über ihre Mobil- und Kreditkartendaten zu verfolgen, und setzten sogar Videoüberwachung ein (in Südkorea). Darüber hinaus verlangten einige Länder das obligatorische Tragen von elektronischen Armbändern für ankommende Reisende und Personen in Quarantäne (in der SVR Hongkong), um Personen von Risikogruppen vor einer möglichen Ansteckung zu warnen. Andere entschieden sich für „Mittelweg"-Lösungen, bei denen unter Quarantäne stehende Personen mit einem Mobiltelefon ausgestattet werden, um ihren Aufenthaltsort zu bestimmen und sie öffentlich identifizieren zu können, falls sie gegen die Regeln verstoßen.

Die am meisten gelobte und beachtete digitale Tracing-Lösung war die TraceTogether-App des Gesundheitsministeriums von

Singapur. Sie scheint das „ideale" Gleichgewicht zwischen Effizienz und Datenschutzbedenken zu bieten, indem die Benutzerdaten auf dem Telefon statt auf einem Server gespeichert und die Anmeldung anonymisiert wird. Die Kontakterkennung funktioniert dabei nur mit den neuesten Bluetooth-Versionen (eine offensichtliche Einschränkung in vielen weniger digital fortgeschrittenen Ländern, in denen ein großer Prozentsatz der Mobiltelefone keine ausreichende Bluetooth-Leistung für eine effektive Erkennung aufweist). Bluetooth identifiziert die physischen Kontakte des Benutzers mit einem anderen Benutzer der App bis auf etwa zwei Meter genau. Wenn ein Risiko der Covid-19-Übertragung besteht, warnt die App die Kontaktperson, woraufhin die Übertragung der gespeicherten Daten an das Gesundheitsamt obligatorisch wird (die Anonymität der Kontaktperson bleibt jedoch gewahrt). TraceTogether greift daher nicht in die Privatsphäre ein und sein Quellcode, der als Open Source verfügbar ist, macht es für jedes Land überall auf der Welt nutzbar, doch die Datenschutzverfechter wenden ein, dass es immer noch Risiken gibt. Wenn die gesamte Bevölkerung eines Landes die Anwendung heruntergeladen hätte und es einen starken Anstieg der Covid-19-Infektionen gäbe, dann könnte die App am Ende die meisten Bürger identifizieren. Zusätzliche Datenschutzbedenken werfen die Gefahr von Cyberangriffen, Fragen des Vertrauens in den Systembetreiber und der Zeitpunkt der Datenspeicherung auf.

Es gibt auch noch andere Optionen. Dabei geht es vor allem um die Verfügbarkeit offener und überprüfbarer Quellcodes sowie um Garantien bezüglich der Datenüberwachung und der Dauer der

Datenspeicherung. Gemeinsame Standards und Normen könnten insbesondere in der EU angewandt werden, wo viele Bürger befürchten, dass die Pandemie uns zwingen wird, zwischen Datenschutz und Gesundheit abzuwägen. Doch Margrethe Vestager, die EU-Kommissarin für Wettbewerb, merkte zu diesem Thema an:

> Ich glaube, das ist ein falsches Dilemma, denn man kann mit der Technologie so viele Dinge machen, die nicht in die Privatsphäre eingreifen. Ich denke, wenn Leute behaupten, etwas sei nur auf eine Weise machbar, dann liegt das sehr oft daran, dass sie die Daten für ihre eigenen Zwecke nutzen wollen. Wir haben eine Reihe von Richtlinien erstellt, und gemeinsam mit den Mitgliedstaaten haben wir diese in ein Instrumentarium verwandelt, sodass eine freiwillige App mit dezentraler Speicherung unter Verwendung der Bluetooth-Technologie möglich geworden ist. Wir können die Technologie zum Aufspüren des Virus einsetzen, aber den Menschen immer noch die freie Wahl lassen. Nur so werden sie darauf vertrauen, dass es ausschließlich um das Virus-Tracking geht und keine anderen Zwecke verfolgt werden. Ich glaube, es ist wichtig zu zeigen, dass wir es wirklich ernst meinen, wenn wir sagen, dass man der Technologie vertrauen können sollte und dies nicht der Beginn eines neuen Überwachungszeitalters ist. Hier geht es um Virus-Tracking und eine solche App kann uns helfen, unsere Gesellschaften zu öffnen.[125]

An dieser Stelle möchten wir noch einmal darauf hinweisen, dass wir uns in einer Situation befinden, die sich schnell entwickelt und sich jederzeit ändern kann. Die Ankündigung von Apple und Google im April, dass sie gemeinsam an der Entwicklung einer App arbeiten, mit der Gesundheitsbeamte die Bewegungen und Kontakte einer mit dem Virus infizierten Person zurückverfolgen könnten, weist auf einen möglichen Ausweg für die Gesellschaften hin, die sich am meisten um den Datenschutz sorgen und die digitale Überwachung mehr alles andere fürchten. Die Person, die das Mobiltelefon mit sich führt, müsste die App freiwillig herunterladen und der gemeinsamen Nutzung der Daten zustimmen. Außerdem stellten die beiden Unternehmen klar, dass ihre Technologie nicht an öffentliche Gesundheitsbehörden weitergegeben wird, die sich nicht an ihre Datenschutzrichtlinien halten. Aber es gibt ein Problem mit den freiwilligen Apps zur Kontaktverfolgung: Sie wahren zwar die Privatsphäre ihrer Nutzer, sind aber nur dann effektiv, wenn die Beteiligung ausreichend hoch ist – ein Problem des kollektiven Handelns, das einmal mehr die enge Vernetzung des modernen Lebens unter der individualistischen Fassade von Rechten und vertraglichen Verpflichtungen hervorhebt. Keine freiwillige Contact-Tracing-App wird funktionieren, wenn die Menschen nicht bereit sind, ihre persönlichen Daten der Regierungsbehörde, die das System überwacht, zur Verfügung zu stellen. Wenn eine Person sich weigert, die App herunterzuladen (und damit Informationen über eine mögliche Infektion, Bewegungen und Kontakte zurückhält), wird sich dies nachteilig auf uns alle auswirken. Letztlich werden die Bürger die App nur dann nutzen, wenn sie sie als vertrauenswürdig erachten, was wiederum vom Vertrauen in die Regierung und die Behörden abhängt. Ende Juni 2020 waren die Erfahrungen mit den Tracing-Apps noch wenig fortgeschritten und gemischt. Weniger als 30 Länder hatten sie eingeführt.[126] In Europa haben einige Länder wie Deutschland und Italien Apps eingeführt, die auf dem von Apple und Google entwickelten System basieren, während andere Länder wie Frankreich beschlossen, eine eigene App zu entwickeln, was Fragen der technischen Interoperabilität aufwarf. Generell schienen technische Probleme und Bedenken hinsichtlich des Datenschutzes die Nutzung der App und die Akzeptanzrate zu beeinträchtigen. Um nur einige Beispiele zu nennen: Großbritannien hat nach technischen Pannen und Kritik von Datenschutzaktivisten eine Kehrtwende vollzogen und beschlossen, seine im eigenen Land entwickelte App zur Kontaktverfolgung durch das von Apple und Google angebotene Modell zu ersetzen. Norwegen setzte die Nutzung seiner App aufgrund von Datenschutzbedenken aus, während in Frankreich die StopCovid-App nur drei Wochen nach ihrem Start schlicht und einfach noch nicht angelaufen war, mit einer sehr niedrigen Akzeptanzrate (nur 1,9 Millionen Menschen), häufig gefolgt von der Entscheidung, sie wieder zu deinstallieren.

Heute gibt es weltweit etwa 5,2 Milliarden Smartphones, von denen jedes das Potenzial hat, bei der Identifizierung zu helfen, wer infiziert ist, wo er sich aufhält und häufig auch, von wem er angesteckt wurde. Diese einzigartige Gelegenheit mag erklären, warum verschiedene Umfragen, die in den USA und Europa während der Lockdowns durchgeführt wurden, darauf hindeuteten, dass immer mehr Bürger das Contact-Tracking über Smartphones durch Behörden (innerhalb ganz bestimmter Grenzen) zu befürworten schienen. Doch wie immer steckt der Teufel im Detail der Regeln und ihrer Umsetzung. Fragen wie die, ob das digitale Tracking obligatorisch oder freiwillig sein soll, ob die Daten auf anonymisierter oder persönlicher Basis gesammelt, privat gesammelt oder öffentlich bekannt gegeben werden sollen, werfen viele Meinungsverschiedenheiten auf, die es äußerst schwierig machen, sich kollektiv auf ein einheitliches Modell des digitalen Tracking zu einigen. All diese Fragen und das Unbehagen, das sie hervorrufen können, wurden in der ersten Phase nach der Aufhebung der Lockdowns in den verschiedenen Ländern verschärft durch die Tendenz von immer mehr Unternehmen, den Gesundheitszustand ihrer Mitarbeiter nachzuverfolgen. Mit dem Andauern der Corona-Pandemie und dem Aufkommen von Ängsten vor anderen möglichen Pandemien wird diese Tendenz immer mehr an Bedeutung gewinnen.

Sobald die Coronakrise abklingt und die Menschen wieder anfangen, an ihren Arbeitsplatz zurückzukehren, werden die Unternehmen zu einer stärkeren Überwachung übergehen. Wohl oder übel werden die Unternehmen beobachten und manchmal auch aufzeichnen, was ihre Belegschaft tut. Der Trend könnte viele verschiedene Formen annehmen, von der Messung der Körpertemperatur durch Wärmebildkameras bis hin zur Überwachung per App, ob die Mitarbeiter das Social Distancing einhalten. Dies wird zwangsläufig tiefgreifende regulatorische und datenschutzrechtliche Fragen aufwerfen, die viele Unternehmen mit dem Argument ablehnen werden, dass sie, wenn sie die digitale Überwachung nicht verstärken, nicht in der Lage sein werden, wieder aufzumachen und in Betrieb zu gehen, ohne neue Infektionen zu riskieren (und in einigen Fällen dafür haftbar zu sein). Sie werden Gesundheit und Sicherheit als Rechtfertigung für eine verstärkte Überwachung anführen.

Immer wieder wird von Gesetzgebern, Wissenschaftlern und Gewerkschaftlern die Sorge geäußert, dass die Überwachungsinstrumente nach der Krise und selbst dann, wenn endlich ein Impfstoff gefunden wird, wahrscheinlich bestehen bleiben werden, einfach, weil die Arbeitgeber keinen Anreiz haben, ein einmal installiertes Überwachungssystem zu entfernen, insbesondere, wenn einer der indirekten Vorteile der Überwachung darin besteht, die Produktivität der Arbeitnehmer zu überprüfen.

Das ist zumindest das, was nach den Terroranschlägen vom 11. September 2001 geschah. Überall auf der Welt wurden neue Sicherheitsmaßnahmen wie der großflächige Einsatz von Kameras, die Verwendung elektronischer Ausweise und das elektronische An- und Abmelden von Mitarbeitern oder Besuchern zur Norm. Damals galten diese Maßnahmen als extrem, aber heute werden sie überall eingesetzt und als „normal" erachtet. Eine wachsende Zahl von Analysten, politischen Entscheidungsträgern und Sicherheitsspezialisten befürchtet, dass dasselbe nun mit den technischen Lösungen zur Eindämmung der Pandemie geschehen wird. Sie sehen eine dystopische Welt für uns voraus.

1.6.3. Die Gefahr einer Dystopie

Jetzt, da die Informations- und Kommunikationstechnologien fast jeden Aspekt unseres Lebens und unserer Formen der gesellschaftlichen Beteiligung durchdringen, kann jede digitale Erfahrung, die wir machen, in ein „Produkt" verwandelt werden, das dazu dient, unser Verhalten zu überwachen und zu antizipieren. Diese Beobachtung lässt die Sorge über eine drohende Dystopie aufkommen. In den letzten Jahren hat diese Thema unzählige Kunstwerke angeregt, von Romanen wie *Der Report der Magd* (von Margaret Atwood) bis zur britischen Science-Fiction-Fernsehserie *„Black Mirror"*. Im akademischen Bereich findet sie ihren Ausdruck in der Forschung von Wissenschaftlern wie Shoshana Zuboff. In ihrem Buch *„Das Zeitalter des Überwachungskapitalismus"* warnt sie davor, dass die Menschen als Datenquelle neu erfunden werden, wobei der *„Überwachungskapitalismus"* unsere Wirtschaft, Politik, Gesellschaft und unser eigenes Leben verändert, indem er zutiefst antidemokratische Asymmetrien des Wissens und der Macht, die dem Wissen innewohnt, erzeugt.

In den kommenden Monaten und Jahren wird der Zielkonflikt zwischen dem Nutzen für die öffentliche Gesundheit und dem Verlust der Privatsphäre sorgfältig abgewogen und zum Thema vieler lebhafter Gespräche und hitziger Debatten werden. Die meisten Menschen, die sich vor Covid-19 fürchten, werden sich fragen: Ist es nicht töricht, die Macht der Technologie für unsere Rettung nicht zu nutzen, wenn wir Opfer eines Pandemie-Ausbruchs sind und einer Situation auf Leben oder Tod gegenüberstehen? Sie sind dann bereit, auf viel Privatsphäre zu verzichten und stimmen zu, dass unter solchen Umständen die öffentliche Macht die Rechte des Einzelnen zu Recht außer Kraft setzen kann. Wenn dann die Krise vorbei ist, stellen einige vielleicht fest, dass sich ihr Land plötzlich in einen Ort verwandelt hat, an dem sie nicht mehr leben wollen. Dieser Gedankengang ist nicht neu. In den letzten Jahren haben sowohl Regierungen als auch Unternehmen immer ausgefeiltere Technologien eingesetzt, um Bürger und Angestellte zu überwachen und manchmal auch zu manipulieren. Datenschutzverfechter warnen, dass die Pandemie, wenn wir nicht wachsam sind, zu einem wichtigen Wendepunkt in der Geschichte der Überwachung werden könnte.[127] Das Argument der Menschen, die vor allem Angst vor der technologischen Kontrolle ihrer persönlichen Freiheit haben, ist schlicht und einfach: Im Namen der öffentlichen Gesundheit werden einige Elemente der persönlichen Privatsphäre zugunsten der Eindämmung einer Epidemie geopfert werden, genauso wie die Terroranschläge vom 11. September 2001 eine stärkere und dauerhafte Sicherheitskontrolle im Namen des Schutzes der öffentlichen Sicherheit ausgelöst haben. Dann werden wir, ohne es zu merken, Opfer neuer Überwachungsmächte, die niemals mehr verschwinden werden und als politisches Mittel für unheilvollere Zwecke zweckentfremdet werden könnten.

Wie die letzten Seiten zweifelsfrei gezeigt haben, könnte die Pandemie eine Ära der aktiven Gesundheitsüberwachung einleiten. Dies würde ermöglicht durch Smartphones mit Ortungsfunktion, Gesichtserkennungskameras und andere Technologien, die Infektionsquellen identifizieren und die Ausbreitung einer Krankheit quasi in Echtzeit verfolgen.

Trotz aller Vorkehrungen, die einige Länder treffen, um die Macht der Technologie zu kontrollieren und die Überwachung einzuschränken (andere sind nicht so besorgt), machen sich einige Vordenker Gedanken darüber, wie manche der schnellen Entscheidungen, die wir heute treffen, unsere Gesellschaften in den kommenden Jahren beeinflussen könnten. Der israelische Historiker Yuval Noah Harari ist einer von ihnen. In einem kürzlich erschienenen Artikel erklärt er, dass wir eine grundlegende Entscheidung zwischen totalitärer Überwachung und aktiver Bürgerbeteiligung zu treffen haben. Es lohnt sich, uns seine Argumentation im Detail anzuschauen.

> Die Überwachungstechnologie entwickelt sich in halsbrecherischem Tempo, und was vor 10 Jahren noch wie Science-Fiction aussah, ist heute schon Schnee von gestern. Stellen wir uns als Gedankenspiel einmal eine hypothetische Regierung vor, die von jedem Bürger verlangt, ein biometrisches Armband zu tragen, das Körpertemperatur und Herzfrequenz rund um die Uhr überwacht. Die sich daraus ergebenden Daten werden gesammelt und mithilfe von Regierungsalgorithmen analysiert. Dank der Algorithmen wird die Regierung noch vor Ihnen selbst wissen, dass Sie krank sind, und auch wissen, wo Sie gewesen sind und wen Sie get-

roffen haben. Damit könnten die Infektionsketten drastisch verkürzt und sogar gänzlich unterbrochen werden. Keine Frage: Ein solches System könnte die Epidemie wohl innerhalb weniger Tage zum Erliegen bringen. Hört sich doch wunderbar an, oder nicht? Die Kehrseite der Medaille ist natürlich, dass dies ein erschreckendes neues Überwachungssystem legitimieren würde. Wenn man beispielsweise weiß, dass ich nicht auf einen CNN-Link, sondern auf einen Fox News Link geklickt habe, kann das etwas über meine politischen Ansichten und vielleicht sogar über meine Persönlichkeit aussagen. Aber wenn man verfolgen kann, was mit meiner Körpertemperatur, meinem Blutdruck und meiner Herzfrequenz passiert, während ich mir den Videoclip ansehe, kann man herausfinden, was mich zum Lachen bringt, was mich zum Weinen bringt und was mich extrem wütend macht. Wir müssen uns darüber im Klaren sein, dass Wut, Freude, Langeweile und Liebe biologische Phänomene sind, genau wie Fieber und Husten. Denn dieselbe Technologie, die Husten identifiziert, könnte auch Lachen identifizieren. Wenn Unternehmen und Regierungen damit beginnen, unsere biometrischen Daten massenhaft zu sammeln, können sie uns viel besser kennenlernen, als wir uns selbst kennen, und sie können dann nicht nur unsere Gefühle vorhersagen, sondern auch unsere Gefühle manipulieren und uns alles verkaufen, was sie wollen – sei es ein Produkt oder einen Politiker. Eine biometrische Überwachung würde die Datenhacking-Strategien von Cambridge Analytica wie ein Überbleibsel aus der Steinzeit aussehen lassen. Stellen wir uns einmal Nordkorea im Jahr 2030 vor, wenn jeder Bürger rund um die Uhr ein biometrisches Armband tragen muss. Wenn man sich dann eine Rede des „Obersten Führers" anhört und das Armband die verräterischen Zeichen von Wut auffängt, ist man erledigt.[128]

Wir wurden gewarnt! Einige Publizisten wie Evgeny Morozov, die sich mit gesellschaftlichen Themen auseinandersetzen, gehen sogar noch weiter, und sind überzeugt, dass die Pandemie eine düstere Zukunft der techno-totalitären staatlichen Überwachung für uns einläutet. Sein Argument, das auf dem Konzept des technologischen „Solutionismus" basiert, das er in seinem 2012 veröffentlichten Buch „Smarte neue Welt: Digitale Technik und die Freiheit des Menschen" vorgestellt hat, geht davon aus, dass die technischen Lösungen („solutions"), die zur Eindämmung der Pandemie angeboten werden, zwangsläufig für einen Ausbau des Überwachungsstaates sorgen. Seiner Ansicht nach wird dies an zwei verschiedenen Ausprägungen des „Solutionismus" ersichtlich, wenn man sich die staatliche Reaktion auf die Pandemie anschaut. Auf der einen Seite gibt es „progressive Solutionisten", die glauben, dass eine angemessene Vermittlung der richtigen Informationen über Infektionen per App die Menschen dazu bringen könnte, sich im Sinne des Gemeinwohls zu verhalten. Auf der anderen Seite gibt es „strafende Solutionisten", die entschlossen sind, die riesige digitale Überwachungsinfrastruktur zu nutzen, um unsere täglichen Aktivitäten einzuschränken und alle Übertretungen zu bestrafen. Die größte und ultimative Gefahr für unsere politischen Systeme und Freiheiten sieht Morozov darin, dass das erfolgreiche Modell der technikbasierten Überwachung und Eindämmung der Pandemie in der Folge als „Solutionistisches Instrumentarium" zementiert werden könnte, d. h. als Patentrezept und Standardoption, für die Lösung aller anderen existentiellen Probleme – von der Ungleichheit bis zum Klimawandel. Denn seiner Ansicht nach ist es schließlich viel einfacher, lösungsorientierte IT-Technik einzusetzen, um individuelles Verhalten zu beeinflussen, als schwierige politische Fragen über die Ursachen dieser Krisen zu stellen.[129]

****

Der im 17. Jahrhundert lebende große Philosoph Spinoza, der sich zeitlebens gegen unterdrückerische Autorität wehrte, prägte den berühmten Spruch: „Es gibt keine Hoffnung ohne Angst aber auch keine Angst ohne Hoffnung." Dies ist ein guter Leitsatz für den Abschluss dieses Kapitels, zusammen mit dem Gedanken, dass nichts unvermeidlich ist und wir uns sowohl der guten als auch der schlechten Auswirkungen gleichermaßen bewusst sein müssen. Dystopische Szenarien sind kein unvermeidliches Schicksal. In jedem Fall wird in der Zeit nach der Pandemie die persönliche Gesundheit und das Wohlbefinden der Menschen eine viel höhere Priorität in der Gesellschaft haben, weshalb der einmal freigelassene Flaschengeist der technischen Überwachung auch nicht wieder zurück in die Flasche gesteckt werden wird. Es liegt jedoch in der Verantwortung der Regierenden und von jedes Einzelnen von uns, die Vorteile der Technologie zu kontrollieren und zu nutzen, ohne unsere individuellen und kollektiven Werte und Freiheiten zu opfern.

2. MIKRO-UMBRUCH (INDUSTRIE UND UNTERNEHMEN)

Auf der Mikroebene, d. h. auf der industriellen und Unternehmensebene, wird der große Umbruch eine lange und komplexe Reihe von Veränderungen und Anpassungen nach sich ziehen. Manche Branchenführer und leitenden Angestellten könnten an diesem Punkt versucht sein, den Neustart als Rückkehr zur alten Normalität zu interpretieren und versuchen, das wiederherzustellen, was in der Vergangenheit funktioniert hat: Traditionen, erprobte Verfahren und vertraute Vorgehensweisen – kurz gesagt, eine Rückkehr zum „Business as usual". Das wird nicht passieren, weil es nicht passieren kann. In den meisten Fällen ist das „Business as usual" Covid-19 erlegen (oder wurde zumindest mit Covid-19 infiziert). Manche Industriezweige wurden durch den durch die Lockdowns und die Social Distancing-Maßnahmen ausgelösten wirtschaftlichen Winterschlaf schwer erschüttert. Andere werden es schwer haben, entgangene Einnahmen wieder hereinzuholen, bevor sie einen immer schmaleren Rentabilitätskurs einschlagen, der durch die weltweite Rezession verursacht wird. Entscheidend wird für die meisten Unternehmen beim Schritt in die Zukunft nach Corona sein, die richtige Balance zu finden zwischen dem, was vorher funktioniert hat und was

jetzt nötig ist, um in der neuen Normalität erfolgreich zu bestehen. Für diese Unternehmen stellt die Pandemie eine einzigartige Chance dar, ihre Organisation zu überdenken und positive,
nachhaltige und dauerhafte Veränderungen herbeizuführen.

Was wird die neue Normalität einer Post-Corona-Businessland-
schaft ausmachen? Wie können Unternehmen das bestmögliche
Gleichgewicht zwischen dem Erfolg in der Vergangenheit und
den grundlegenden Voraussetzungen für einen zukünftigen Erfolg
in der Post-Pandemie-Ära finden? Die Antwort hängt natürlich
davon ab, um welche Branche es sich handelt und wie schwer
sie von der Pandemie getroffen wurde. In der Zeit nach Corona wird der Weg mit großen Herausforderungen verbunden und
manchmal tückisch sein. Das gilt natürlich nicht für die wenigen
Sektoren, in denen die Unternehmen eher vom Aufwind profitieren werden (vor allem in den Bereichen Technologie, Gesundheit
und Wellness). Für manche Branchen, wie Unterhaltung, Tourismus oder das Hotel- und Gaststättengewerbe, ist eine Rückkehr
in eine Situation, wie sie vor der Pandemie bestand, in absehbarer
Zeit unvorstellbar (und in manchen Fällen vielleicht nie mehr...).
Für andere, insbesondere die Fertigungs- oder die Nahrungsmit-
telindustrie, geht es eher darum, Wege zu finden, auf den Schock
zu reagieren und einige neue Trends (wie die digitalen) zu nutzen, um in der Zeit nach der Pandemie erfolgreich bestehen zu
können. Auch die Größe des Unternehmens spielt eine entscheidende Rolle. Für kleine Unternehmen, die im Durchschnitt mit
kleineren Bargeldreserven und schmaleren Gewinnspannen arbeiten, sind die Schwierigkeiten tendenziell größer als für große

Unternehmen. In Zukunft werden die meisten von ihnen mit Kosten-Erlös-Verhältnissen rechnen müssen, die sie im Vergleich zu größeren Konkurrenten benachteiligen. Aber klein zu sein, kann in der heutigen Welt, in der Flexibilität und Schnelligkeit bei der Anpassung an die neuen Verhältnisse so wichtig sind, auch einige Vorteile bieten. Schnell und flexibel zu sein, ist für ein kleines Unternehmen leichter als für einen Industriegiganten.

Unabhängig von der Branche und der jeweiligen besonderen Situation werden trotzdem fast alle Entscheidungsträger in den Unternehmen weltweit vor ähnlichen Problemen stehen und auf einige gemeinsame Fragen und Herausforderungen reagieren müssen. Die offensichtlichsten sind die folgenden:

1. Soll ich Mitarbeiter, die dazu in der Lage sind (z. B. ca. 30 % der Gesamtbeschäftigten in den USA), zum mobilen Arbeiten ermutigen?

2. Soll ich Flugreisen in meinem Unternehmen reduzieren, und wie viele persönliche Treffen kann ich sinnvollerweise durch virtuelle Meetings ersetzen?

3. Wie kann ich das Unternehmen und unsere Entscheidungsfindungsprozesse so umgestalten, dass sie dynamischer werden und schneller und entschlossener vonstatten gehen?

4. Wie kann ich die Digitalisierung und Einführung digitaler Lösungen beschleunigen?

Der in Kapitel 1 erörterte Umbruch auf Makroebene wird zu einer Vielzahl von Mikro-Auswirkungen auf Branchen- und Unternehmensebene führen. Im Folgenden wollen wir auf einige dieser Haupttrends näher eingehen, bevor wir uns der Frage zuwenden, wer die „Gewinner und Verlierer" der Pandemie sind und welche Auswirkungen sie auf bestimmte Branchen hat.

2.1. Mikro-Trends

Wir befinden uns noch in den Anfängen der Post-Pandemie-Ära, aber es sind bereits gewaltige neue oder sich beschleunigende Trends zu beobachten. Für einige Branchen werden sich diese als ein Segen erweisen, für andere als eine große Herausforderung. Doch in allen Sektoren wird es an jedem einzelnen Unternehmen liegen, durch schnelles und entschlossenes Vorgehen das Beste aus diesen neuen Trends zu machen. Denn die Unternehmen, die sich als die beweglichsten und flexibelsten erweisen, werden gestärkt aus der Krise hervorgehen.

2.1.1. Beschleunigung der Digitalisierung

In der Zeit vor Corona war das Schlagwort „digitale Transformation" das Mantra der meisten Vorstände und Aufsichtsräte. Es hieß, die Digitalisierung sei „entscheidend", sie müsse „entschlossen" umgesetzt und als „Voraussetzung für den Erfolg" gesehen werden! Seitdem ist dieses Mantra innerhalb weniger Monate zu einem Muss geworden – im Falle einiger Unternehmen sogar zu einer Überlebensfrage. Das ist erklärbar und verständlich. Während der Ausgangsbeschränkungen waren wir für die meisten Dinge vollständig auf das Internet angewiesen: von der Arbeit und Bildung bis zur Sozialisierung. Es sind die Online-Dienste, die es uns ermöglicht haben, einen Anschein von Normalität zu wahren. Und da ist es nur natürlich, dass die „Online-Welt" der größte Nutznießer der Pandemie ist. Das hat den Technologien und Prozessen, die es uns ermöglichen, Dinge „online" zu erledigen, einen enormen Auftrieb verliehen: universelles Breitband-Internet, mobile und Fernzahlungen und funktionsfähige elektronische staatliche Dienstleistungen, um nur einige zu nennen. Eine direkte Folge davon ist, dass Unternehmen, die bereits online tätig waren, von einem dauerhaften Wettbewerbsvorteil profitieren werden. Da wir über unsere Mobiltelefone und Computer Zugang zu immer mehr und vielfältigeren Dingen und Dienstleistungen erhalten, werden Unternehmen in so unterschiedlichen Sektoren wie E-Commerce, kontaktlose Vorgänge, digitale Inhalte, Roboter und Drohnen-Lieferungen (um nur einige zu nennen) florieren. Es ist kein Zufall, dass Firmen wie Alibaba, Amazon, Netflix oder Zoom als „Gewinner" aus den Lockdowns hervorgingen.

Im Großen und Ganzen bewegte sich der Verbrauchersektor zuerst und am schnellsten. Angefangen bei dem notwendig gewordenen kontaktlosen Umgang mit den Kunden, der vielen Lebensmittel- und Einzelhandelsunternehmen während der Lockdowns auferlegt wurde, bis hin zu den virtuellen Ausstellungsräumen in der Fertigungsindustrie, in denen die Kunden die Produkte, die ihnen am besten gefallen, ansehen und auswählen können, verstanden die meisten Business-to-Consumer-Unternehmen schnell die Notwendigkeit, ihren Kunden eine digitale Reise „von Anfang bis Ende" anzubieten.

Mit dem Ende einiger Lockdowns und der Wiederbelebung einiger Volkswirtschaften ergaben sich ähnliche Möglichkeiten bei Business-to-Business-Anwendungen, insbesondere in der Fertigung, wo oft in schwierigen Umgebungen (z. B. an Fließbändern) kurzfristig „Physical Distancing"-Regeln eingeführt werden mussten. Als direkte Folge davon hat das „Internet der Dinge" (IdD) beeindruckende Fortschritte gemacht. Manche Unternehmen, die in der jüngsten Vergangenheit vor den Lockdowns nur zögerlich das IdD eingeführt hatten, gehen jetzt massenhaft dazu über und zwar mit dem konkreten Ziel, so viele Dinge wie möglich „online" zu erledigen. Gerätewartung, Lagerverwaltung, Lieferantenbeziehungen oder Sicherheitsstrategien: All diese verschiedenen Tätigkeiten können heute (zu einem großen Teil) über den Computer ausgeführt werden. IdD bietet Unternehmen nicht nur die Möglichkeit, die Social Distancing-Regeln durchzusetzen und einzuhalten, sondern auch Kosten zu senken und flexiblere Abläufe umzusetzen.

Auf dem Höhepunkt der Pandemie gewann O2O – von online zu offline – stark an Zugkraft, was die Bedeutung sowohl einer Online- als auch einer Offline-Präsenz unterstreicht und die Tür (oder vielleicht sogar die Schleusen) für einen Richtungswechsel öffnet. Dieses Phänomen der Verwischung des Unterschieds zwischen online und offline, wie es der berühmte Science-Fic-

tion-Autor William Gibson beschrieb und erklärte: „Unsere
Welt stülpt sich um"[130], hat sich mit der unerbittlichen Öffnung
des Cyberspace nach außen zu einem der stärksten Trends der
Post-Covid-19-Ära entwickelt. Die Coronakrise beschleunigte
dieses Phänomen des Richtungswechsels, weil sie uns schneller
denn je zum Eintritt in eine digitale „schwerelose" Welt zwang
und ermutigte, da immer mehr Geschäftsbereiche keine andere Wahl hatten, als auf digitale Lösungen umzuschwenken:
Bildung, Beratung, Verlagswesen und viele andere. Man könnte sogar so weit gehen zu behaupten, die Teleportation habe
für kurze Zeit den Transport ersetzt: Die meisten Sitzungen
von Konzernleitungen, Vorstands- und Teamsitzungen, Brain-
storming-Sessions und andere Formen der persönlichen oder
sozialen Interaktion mussten online (aus der Ferne) stattfinden.
Diese neue Realität spiegelt sich in der Marktkapitalisierung von
Zoom (dem Videokonferenzunternehmen) wider, die im Juni
2020 auf 70 Milliarden Dollar hochgeschnellt ist und damit (zu
diesem Zeitpunkt) höher war als der Börsenwert jeder US-Flug-
gesellschaft. Gleichzeitig expandierten große Online-Unterneh-
men wie Amazon und Alibaba entscheidend im O2O-Geschäft,
insbesondere im Lebensmitteleinzelhandel und in der Logistik.

Trends wie die Telemedizin oder das Arbeiten im Homeoffice, die sich während der Lockdowns stark ausgeweitet haben,
werden wahrscheinlich nicht mehr umkehrbar sein – für sie wird
es keine Rückkehr zum Status quo vor Corona geben. Insbesondere die Telemedizin wird davon enorm profitieren. Aus offensichtlichen Gründen ist das Gesundheitswesen einer der am

stärksten durch Vorschriften reglementierten Industriezweige der Welt, was das Innovationstempo zwangsläufig verlangsamt. Doch die Notwendigkeit, mit allen verfügbaren Mitteln gegen die Corona-Pandemie vorzugehen (und während des Ausbruchs zudem das Erfordernis, das Gesundheitspersonal durch die Möglichkeit des mobilen Arbeitens zu schützen), räumte einige der regulatorischen und gesetzgeberischen Hindernisse aus, die der Einführung der Telemedizin lange Zeit entgegenstanden. In Zukunft werden medizinische Dienste mit Sicherheit zunehmend online angeboten. Das wird wiederum den Trend zu mehr tragbaren und zu Hause verfügbaren Diagnosemitteln beschleunigen, wie etwa intelligente Toiletten, die in der Lage sind, Gesundheitsdaten aufzuzeichnen und zu verfolgen und Gesundheitsanalysen durchzuführen. Ebenso könnte sich die Pandemie als ein Segen für das Online-Bildungsangebot erweisen. In Asien war die Verlagerung hin zur Online-Bildung besonders bemerkenswert. So konnte ein starker Anstieg der digitalen Einschreibungen von Studenten, eine viel höhere Bewertung für Online-Bildungseinrichtungen und mehr verfügbares Kapital für „EdTech"-Startup-Unternehmen verzeichnet werden. Die Kehrseite dieser speziellen Medaille wird zunehmender Druck auf Institutionen mit einem traditionelleren Bildungsangebot sein, ihren Wert zu überprüfen und ihre Gebühren zu rechtfertigen (auf diesen Punkt werden wir später noch näher eingehen).

Das Expansionstempo war einfach atemberaubend. „In Großbritannien fanden 2019 weniger als 1 Prozent der medizinischen Erstkonsultationen über Online-Videoverbindung

210

statt; unter dem Lockdown sind es 100 Prozent. Ein anderes Beispiel ist ein führender US-Einzelhändler, der im Jahr 2019 einen Curbside-Lieferdienst (Lieferung frei Bordsteinkante) einrichten wollte; laut seinem Plan sollte die Umsetzung 18 Monate dauern. Während des Lockdowns setzte das Unternehmen den Plan in weniger als einer Woche um. So konnte es seine Kunden bedienen und gleichzeitig den Lebensunterhalt seiner Belegschaft sichern. Die Zahl der Online-Banking-Interaktionen ist während der Krise von 10 auf 90 Prozent ohne Einbußen an Qualität und bei gleichzeitiger Verbesserung der Einhaltung der gesetzlichen Vorschriften gestiegen. Gleichzeitig konnte gezeigt werden, dass es ein Kundenerlebnis bietet, bei dem es nicht nur um Online-Banking geht".[131] Ähnliche Beispiele gibt es reichlich.

Die Reduzierung der sozialen Kontakte als Reaktion auf Corona und die während der Ausgangsbeschränkungen verhängten Maßnahmen des körperlichen Abstandhaltens werden ebenfalls dazu beitragen, dass sich der elektronische Handel (E-Commerce) zu einem immer stärkeren Branchentrend herauskristallisiert. Die Verbraucher brauchen Produkte, und wenn sie nicht einkaufen können, werden sie unweigerlich dazu übergehen, sie online zu kaufen. Und dann wird es zur Gewohnheit. Menschen, die zuvor noch nie online eingekauft haben, freunden sich damit an, während die Gelegenheits-Online-Käufer jetzt mehr und mehr dazu übergehen werden. Das wurde während der Lockdowns deutlich. In den USA stellten allein Amazon und Walmart insgesamt 250.000 Arbeitnehmer ein, um mit der steigenden Nachfrage Schritt zu halten, und bauten eine massive Infrastruktur für die Online-Lieferung auf. Dieses beschleunigte Wachstum des E-Commerce bedeutet, dass die Giganten des Online-Handels wahrscheinlich aus der Krise noch viel stärker hervorgehen werden, als sie bereits vor Corona waren. Doch es gibt immer zwei Seiten einer Geschichte: Wenn die Gewohnheit, online einzukaufen, immer mehr zunimmt, wird dies den Einzelhandel (in Stadt- und Einkaufszentren) noch weiter unter Druck setzen – ein Phänomen, das wir in den nächsten Abschnitten näher untersuchen wollen.

2.1.2. Widerstandsfähige Lieferketten

Die Besonderheit globaler Lieferketten und ihre inhärente Anfälligkeit haben dazu geführt, dass sich seit Jahren Diskussionen über ihre Verkürzung mehren. Globale Lieferketten sind in der Regel kompliziert und komplex zu handhaben. Sie sind auch in Bezug auf die Einhaltung von Umweltstandards und Arbeitsgesetzen schwer zu überwachen, wodurch die Unternehmen möglicherweise einem Reputationsrisiko und einer Schädigung ihrer Marken ausgesetzt sind. Angesichts dieser unruhigen Vergangenheit hat die Pandemie den letzten Nagel in den Sarg des Prinzips geschlagen, dass Unternehmen ihre Lieferketten auf der Grundlage der Kosten einzelner Komponenten und in Abhängigkeit von einer einzigen Lieferquelle für kritische Materialien stets optimieren sollen. Oder kurz: Vorrang von Effizienz vor Resilienz. In der Zeit nach Corona wird sich die „End-to-End-Wertoptimierung" durchsetzen, eine Idee, die neben den Kosten auch die Resilienz und Effizienz mit einschließt. Man könnte das in der Formel zusammenfassen, dass das „just-in-case" schließlich das „just-in-time" ersetzen wird.

Die im Kapitel über die Makroebene analysierten Schocks für globale Lieferketten werden globale Unternehmen und kleinere Firmen gleichermaßen betreffen. Aber was bedeutet das „just-in-case" in der Praxis? Das am Ende des letzten Jahrhunderts entwickelte Globalisierungsmodell, das von globalen Produktionsunternehmen konzipiert und entwickelt wurde, die auf der Jagd nach billigen Arbeitskräften, Produkten und Komponenten waren, ist an seine Grenzen gestoßen. Es hat die internationale Produktion in immer kompliziertere Einzelteile aufgesplittert und zu einem Just-in-time-System geführt, das sich als äußerst schlank und effizient, aber auch als überaus komplex und als solches sehr anfällig erwiesen hat (Komplexität bringt Fragilität mit sich und führt häufig zu Instabilität). Das Gegenmittel dagegen ist Vereinfachung, was wiederum mehr Widerstandsfähigkeit (Resilienz) erzeugen dürfte. Das bedeutet auch, dass die „globalen Wertschöpfungsketten", die etwa drei Viertel des gesamten Welthandels ausmachen, unweigerlich abnehmen werden. Verschärft wird dieser Rückgang durch die neue Realität, dass Unternehmen, die von komplexen Just-in-time-Lieferketten abhängig sind, es nicht länger als gegeben voraussetzen können, dass von der Welthandelsorganisation festgelegte Zollverpflichtungen sie vor einem plötzlichen Anstieg des Protektionismus in irgendeinem Land schützen. Folglich werden sie gezwungen sein, sich entsprechend vorzubereiten, indem sie ihre Lieferkette reduzieren oder lokalisieren und alternative Produktions- oder Beschaffungspläne ausarbeiten, um sich vor einer längeren Unterbrechung zu schützen. Jedes Unternehmen, dessen Rentabilität vom Prinzip der globalen Just-in-time-Lieferkette abhängt, wird seine Arbeitsweise überdenken müssen und wahrscheinlich die Idee der Effizienz- und Gewinnmaximierung zugunsten der „Versorgungssicherheit" und Resilienz aufgeben müssen. Resilienz wird daher zum wichtigsten Aspekt für jedes Unternehmen werden, das sich ernsthaft gegen Unterbrechungen absichern will – sei es eine Unterbrechung bei einem bestimmten Lieferanten, aufgrund einer möglichen Änderung der Handelspolitik oder mit einem bestimmten Land oder einer bestimmten Region. In der Praxis werden die Unternehmen gezwungen sein, ihre Zuliefererbasis zu diversifizieren, selbst, wenn das bedeutet, dass sie Lagerbestände und Redundanzen aufbauen müssen. Außerdem werden diese Unternehmen gezwungen sein, sicherzustellen, dass dies auch entlang ihrer eigenen Lieferkette geschieht: Sie müssen die Widerstandsfähigkeit in ihrer gesamten Lieferkette überprüfen, bis ganz nach unten zu ihrem letzten Lieferanten und möglicherweise sogar bis zu den Zulieferern ihrer Lieferanten. Die Produktionskosten werden unweigerlich steigen, aber das wird der Preis sein, den man für den Aufbau von robusten Lieferketten zahlen muss. Auf den ersten Blick sind die Automobil-, Elektronik- und Maschinenbauindustrie am stärksten betroffen, da sie als erste ihre Produktionsmuster verändern werden.

214

2.1.3. Regierungen und Unternehmen

Aus all den Gründen, auf die wir im ersten Kapitel schon näher eingegangen sind, hat Covid-19 viele der Spielregeln zwischen dem öffentlichen und dem privaten Sektor neu geschrieben. In der Zeit nach Corona wird die Wirtschaft viel stärker mit staatlichem Eingreifen rechnen müssen als bisher. Die wohlwollende (oder sonstige) größere Einmischung von Regierungen in das Leben von Unternehmen und die Führung ihrer Geschäfte wird länder- und branchenabhängig sein und daher viele verschiedene Formen annehmen. Im Folgenden werden drei wichtige Formen von Auswirkungen skizziert, die in den ersten Monaten der Post-Pandemie-Ära verstärkt das Bild bestimmen werden: an Bedingungen geknüpfte Rettungsaktionen, öffentliche Auftragsvergabe und Arbeitsmarktregelungen.

Zunächst einmal werden alle Konjunkturpakete, die in den westlichen Volkswirtschaften zur Unterstützung kränkelnder Industrien und einzelner Unternehmen geschnürt werden, mit Auflagen verbunden sein, die insbesondere die Möglichkeiten der Kreditnehmer einschränken, Mitarbeiter zu entlassen, Aktien zurückzukaufen und Boni an Führungskräfte auszuzahlen. Ebenso werden Regierungen (von Aktivisten und der öffentlichen Stimmung ermutigt, unterstützt und manchmal auch „gedrängt") verdächtig niedrige Unternehmenssteuererklärungen und großzügig hohe Bonuszahlungen von Führungskräften ins Visier nehmen. Sie werden wenig Geduld für leitende Angestellte und Investoren aufbringen, die Unternehmen drängen, mehr für Aktienrückkäufe auszugeben, ihre Steuerzahlungen zu minimieren und riesige Dividenden zu zahlen. Die US-Fluggesellschaften, die wegen der Beantragung staatlicher Hilfen an den Pranger gestellt wurden, nachdem sie in jüngster Zeit immer wieder große Summen an Firmengeldern zur Zahlung von Aktionärsdividenden verwendet hatten, sind ein Paradebeispiel dafür, wie dieser Wandel in der öffentlichen Meinung von den Regierungen in die Tat umgesetzt wird. Darüber hinaus könnte es in den kommenden Monaten und Jahren zu einem „Regimewandel" kommen, wenn die politischen Entscheidungsträger einen wesentlichen Teil des Ausfallrisikos des privaten Sektors übernehmen. Wenn das passiert, werden die Regierungen eine Gegenleistung verlangen. Deutschlands Rettungsschirm für die Lufthansa ist der Inbegriff einer solchen Situation: Die Regierung führte der nationalen Fluggesellschaft Liquidität zu, aber nur unter der Bedingung, dass das Unternehmen die Vergütung der Führungskräfte (einschließlich Aktienoptionen) einschränkt und sich verpflichtet, keine Dividenden auszuzahlen.

Ein weiterer wichtiger Fokus im Rahmen der stärkeren Einmischung von Regierungsseite wird die bessere Abstimmung zwischen der öffentlichen Politik und der Unternehmensplanung sein. Das Gerangel um Beatmungsgeräte auf dem Höhepunkt der Pandemie verdeutlicht, warum das so ist. Im Jahr 2010 wurden in den USA im Rahmen eines Regierungsauftrags 40.000 Beatmungsgeräte bestellt, die jedoch nie geliefert wurden, was die Knappheit im Land, die im März 2020 so offensichtlich wurde, weitgehend erklärt. Was hat zu dieser

Situation der Knappheit geführt? 2012 wurde das ursprüngliche Unternehmen, das den Zuschlag (unter etwas fragwürdigen und obskuren Umständen) erhalten hatte, von einem viel größeren Hersteller (einem börsennotierten Unternehmen, das ebenfalls Beatmungsgeräte herstellt) aufgekauft. Später stellte sich heraus, dass das übernehmende Unternehmen den ursprünglichen Bieter daran hindern wollte, ein billigeres Beatmungsgerät zu bauen, weil das die Rentabilität des eigenen Unternehmens untergraben hätte. Dieses Unternehmen zögerte das Ganze ewig hinaus, bevor es schließlich den Vertrag kündigte und letztlich selbst von einem Konkurrenten aufgekauft wurde. Keines der 40.000 Beatmungsgeräte wurde der US-Regierung jemals geliefert.[132] Es ist unwahrscheinlich, dass sich eine solche Situation in der Zeit nach Corona wiederholen könnte, da die Behörden es sich zweimal überlegen werden, ob sie Projekte, die kritische Auswirkungen auf die öffentliche Gesundheit (oder gar kritische öffentliche Auswirkungen auf die Sicherheit oder anderes) haben, an private Unternehmen vergeben. Fazit: Die Gewinnmaximierung und das damit oft einhergehende kurzfristige Denken ist selten oder zumindest nicht immer mit dem öffentlichen Ziel der Vorbereitung auf eine zukünftige Krise vereinbar.

Weltweit wird der Druck zur Verbesserung des Sozialversicherungsschutzes und des Lohnniveaus von Niedriglohnempfängern zunehmen. Höchstwahrscheinlich wird in unserer Welt nach Corona die Anhebung des Mindestlohns zu einem zentralen Thema werden, das durch eine umfassendere gesetzliche Regelung der Mindeststandards und eine gründlichere

217

Durchsetzung der bereits bestehenden Regeln angegangen werden wird. Außerdem werden die Unternehmen wahrscheinlich höhere Steuern und verschiedene Formen der staatlichen Finanzierung (wie z. B. für soziale Pflegedienstleistungen) zahlen müssen. Die „Gig Economy" wird die Auswirkungen einer solchen Politik mehr als jeder andere Sektor zu spüren bekommen. Schon vor der Pandemie stand sie im Kreuzfeuer des staatlichen Interesses. Nach Corona wird die Gig-Arbeit aus Gründen, die mit der Neudefinition des Gesellschaftsvertrags zusammenhängen, mit Sicherheit intensiver unter die Lupe genommen werden. Unternehmen, die auf Gig-Arbeitskräfte angewiesen sind, werden auch eine stärkere Einmischung der Regierung zu spüren bekommen, möglicherweise sogar bis zu einem Grad, der ihre finanzielle Überlebensfähigkeit untergraben könnte. Da die Pandemie die soziale und politische Einstellung gegenüber Gig-Arbeitern radikal verändern wird, werden die Regierungen die betreffenden Unternehmen zwingen, angemessene Verträge mit Leistungen wie Sozial- und Krankenversicherung anzubieten. Das Thema Arbeitskräfte wird für sie eine große Rolle spielen, und wenn sie Gig-Arbeiter als normale Angestellte beschäftigen müssen, werden sie nicht mehr rentabel sein. Damit könnten sie sogar ihre *Raison d'être* verlieren.

2.1.4. Stakeholder-Kapitalismus und ESG-Strategien

Die grundlegenden Veränderungen, die sich in den fünf unter Kapitel 1 behandelten Makrokategorien vollzogen haben, haben in den letzten ca. zehn Jahren das Unternehmensumfeld tiefgreif-

218

end verändert. Sie haben dafür gesorgt, dass Stakeholder-Kapitalismus sowie Umwelt-, Sozial- und Governance (ESG)-Kriterien für die nachhaltige Wertschöpfung immer relevanter werden (ESG kann als Maßstab für den Stakeholder-Kapitalismus angesehen werden).

Die Pandemie hat zu einer Zeit zugeschlagen, als viele verschiedene Themen, von Klimawandel-Aktivismus und zunehmenden gesellschaftlichen Ungleichheiten bis hin zu Gender-Vielfalt und #MeToo-Skandalen, bereits angefangen hatten, das Bewusstsein der Menschen zu schärfen und die Bedeutung von Stakeholder-Kapitalismus und ESG-Kriterien in der heutigen vernetzten Welt stärker in den Vordergrund zu rücken. Ob man nun offen dafür eintritt oder nicht, niemand würde heute leugnen, dass der grundlegende Zweck von Unternehmen nicht mehr einfach nur zügelloses Streben nach Gewinnmaximierung sein kann. Sie sind jetzt aufgerufen, allen ihren Stakeholdern zu dienen, nicht nur ihren Aktionären. Das wird durch frühe empirische Belege bestätigt, die auf eine noch positivere Tendenz für ESG-Kriterien in der Zeit nach der Pandemie hinweisen. Das lässt sich anhand von drei Gründen erklären:

1. Die Krise wird in den meisten Fragen im Zusammenhang mit ESG-Strategien – die wichtigste ist der Klimawandel – ein ausgeprägtes Verantwortungsgefühl und Dringlichkeitsbewusstsein erzeugt oder verstärkt haben. Aber andere Fragen, wie das Verbraucherverhalten, die Zukunft von Arbeit und Mobilität und die Lieferketten-Verantwortung, werden in den Vordergr-

und des Investitionsprozesses rücken und zu einem wichtigen Bestandteil der Sorgfaltspflicht (Due Diligence) werden.

2. In den Vorstandsetagen der Unternehmen lässt die Pandemie keinen Zweifel daran, dass fehlende ESG-Strategien das Potenzial haben, erhebliche Vermögenswerte zu zerstören und sogar die Überlebensfähigkeit eines Unternehmens zu gefährden. ESG-Kriterien werden daher stärker in die Kernstrategie und Governance von Unternehmen einfließen und integriert werden. Sie werden auch die Art und Weise verändern, wie Investoren die Unternehmensführung beurteilen. Steuerunterlagen, Dividendenzahlungen und Vergütungen werden genauer unter die Lupe genommen werden, aus Furcht, einen Reputationsverlust zu erleiden, wenn ein Problem auftritt oder öffentlich bekannt wird.

3. Der Schlüssel zur Markenimage-Verbesserung wird die Förderung des ideellen Firmenwerts (Goodwill) in der Belegschaft und Gemeinschaft sein. Firmen werden mehr und mehr beweisen müssen, dass sie ihre Mitarbeiter gut behandeln, indem sie verbesserte Arbeitsbedingungen einführen und auf Gesundheit und Sicherheit sowie auf das Wohlbefinden am Arbeitsplatz achten. Unternehmen werden sich um die Einhaltung dieser Maßnahmen nicht aus dem Grund bemühen, weil sie von Natur aus „gut" sind, sondern weil der „Preis", dies nicht zu tun, zu hoch wäre, insbesondere die Wut, die ihnen von Aktivisten (aktivistische Investoren und soziale Aktivisten) entgegenschlagen würde.

Die Überzeugung, dass ESG-Strategien von der Pandemie profitiert haben und höchstwahrscheinlich noch weiter profitieren werden, wird durch verschiedene Umfragen und Berichte bestätigt. Erste Daten zeigen, dass der Nachhaltigkeitssektor im ersten Quartal 2020 konventionelle Fonds übertroffen hat. Laut der Ratingagentur Morningstar, die die Renditen von mehr als 200 Nachhaltigkeits-Aktienfonds und börsengehandelten Fonds im ersten Quartal verglich, schnitten die nachhaltigen Fonds relativ gesehen um ein oder zwei Prozentpunkte besser ab. Ein Bericht der Fondsgesellschaft BlackRock bietet weitere Belege dafür, dass Unternehmen mit hohem ESG-Rating während der Pandemie besser abgeschnitten haben als ihre Konkurrenten.[133] Mehrere Analysten vermuteten, dass dieses bessere Abschneiden einfach die weniger starke Abhängigkeit von fossilen Brennstoffen der ESG-Fonds und -Strategien widergespiegelt haben könnte, aber BlackRock behauptet, dass ESG-konforme Unternehmen (also jene, die sich an das Prinzip des Stakeholder-Kapitalismus halten) aufgrund ihres ganzheitlichen Verständnisses des Risikomanagements tendenziell widerstandsfähiger sind. Je anfälliger die Welt für eine breite Palette von Makrorisiken und -problemen wird, desto notwendiger scheint es zu werden, zu Stakeholder-Kapitalismus und ESG-Strategien überzugehen.

Die Diskussion zwischen denen, die glauben, dass der Stakeholder-Kapitalismus auf dem Altar des Aufschwungs geopfert werden wird, und denen, die behaupten, die Zeit sei jetzt reif für einen besseren Wiederaufbau, ist noch lange nicht entschieden. Für jeden Michael O'Leary (CEO von Ryanair), der glaubt, dass

Covid-19 ESG-Kriterien „für ein paar Jahre auf Eis legen wird", gibt es einen Brian Chesky (CEO von Airbnb), der sich dafür einsetzt, sein Unternehmen in ein „Stakeholder-Unternehmen" umzuwandeln.[134] Doch unabhängig davon, welche Meinung man über die Vorzüge von Stakeholder-Kapitalismus und ESG-Strategien und ihre künftige Rolle in der Post-Pandemie-Ära haben mag, wird der Aktivismus durch Verstärkung dieses Trends einen entscheidenden Einfluss ausüben. Sozialaktivisten und viele aktivistische Investoren werden genau untersuchen, wie sich Unternehmen während der Coronakrise verhalten haben. Wahrscheinlich werden die Märkte oder die Verbraucher, oder beide, die Unternehmen bestrafen, die sich in sozialen Fragen nicht beispielhaft verhalten haben. In einem im April 2020 von Leo Strine, einem einflussreichen Richter in der amerikanischen Konzernwelt, mitverfassten Essay wird dieser Punkt einer notwendigen Änderung der Unternehmensführung (Corporate Governance) eindringlich unterstrichen: „Wir zahlen wieder einmal den Preis für ein System der Unternehmensführung, bei dem der Schwerpunkt nicht auf finanzieller Solidität, nachhaltiger Vermögensbildung und fairer Behandlung der Arbeitnehmer liegt. Viel zu lange ist die Macht der Börse über unsere Wirtschaft auf Kosten anderer Interessengruppen, insbesondere der Arbeitnehmer, ständig gewachsen. Obwohl der Wohlstand insgesamt zugenommen hat, ist dies auf asymmetrische Weise geschehen, die der Masse der amerikanischen Arbeitnehmer gegenüber unfair ist, da sie in erster Linie für diesen Anstieg verantwortlich sind. Die Verlagerung hin zur Befriedigung der unersättlichen Aktienmarktnachfrage hat auch zu einer zunehmenden Verschuldung der Unternehmen und zu einem zunehmenden wirtschaftlichen Risiko geführt."[135]

Aktivisten werden sehr wohl ihr Augenmerk darauf legen, wie anständig (oder auch nicht) sich ein Unternehmen in der Krise verhalten hat. Unternehmen werden in den kommenden Jahren nach ihrem Handeln beurteilt werden – und zwar kritisch nicht nur im engeren kommerziellen Sinne, sondern auch durch eine schärfere gesellschaftliche Brille. Nur wenige werden zum Beispiel vergessen, dass die US-Fluggesellschaften in den letzten 10 Jahren 96 % ihres Cashflows für Aktienrückkäufe ausgegeben haben und EasyJet im März 2020 eine Dividendenausschüttung in Höhe von 174 Millionen Pfund an seine Aktionäre (einschließlich 60 Millionen Pfund an seinen Gründer) vorgenommen hat.[136]

Der Aktivismus, mit dem sich Unternehmen heute konfrontiert sehen, geht über die traditionellen Grenzen des sozialen Aktivismus (von Außenstehenden) und des Aktivismus der Investoren hinaus; mit dem Aktivismus der Mitarbeiter weitet er sich nach innen aus. Im Mai 2020, gerade als sich das Epizentrum der Pandemie von den USA nach Lateinamerika verlagerte, gelang es Google-Mitarbeitern, ermutigt durch einen von Greenpeace veröffentlichten Bericht, das Unternehmen davon zu überzeugen, keine maßgeschneiderten KI- und maschinellen Lernalgorithmen mehr für die vorgelagerten Prozesse der Öl- und Gasförderung zu entwickeln[137]. Mehrere solcher Beispiele in der jüngsten Vergangenheit veranschaulichen den zunehmenden Aktivismus der Mitarbeiter, der von Umweltfragen bis hin zu sozialen und Inklusivitätsbelangen reicht. Sie liefern ein aufschlussreiches Beispiel dafür, wie verschiedene Aktivistengruppen lernen zusammenzuarbeiten, um die Ziele einer nachhaltigeren Zukunft besser voranzutreiben.

Gleichzeitig hat die älteste Form des Aktivismus, der Arbeitskampf, stark zugenommen. Während insbesondere in den USA viele Angestellte die Pandemie bei der Arbeit im Homeoffice aussaßen, organisierten viele Geringverdiener „draußen an der Front", die keine andere Wahl hatten, als zur Arbeit zu gehen, eine Welle von Arbeitsniederlegungen, Streiks und Protesten.[138] Da die Themen Sicherheit am Arbeitsplatz, Löhne und Sozialleistungen immer mehr in den Fokus rücken, wird die Agenda des Stakeholder-Kapitalismus an Relevanz und Stärke gewinnen.

2.2. Der Umbruch der Industrie

Infolge der Lockdowns hatte die Pandemie unmittelbare Auswirkungen auf alle nur denkbaren Industriezweige weltweit. Diese Auswirkungen dauern an und werden auch in den kommenden Jahren noch zu spüren sein. Globale Lieferketten werden neu konfiguriert, die Verbrauchernachfrage ändert sich, Regierungen greifen stärker in die Wirtschaft ein, die Marktbedingungen entwickeln sich weiter und die Technologie mischt die Karten neu. Die Unternehmen werden also gezwungen sein, sich ständig anzupassen und neu zu erfinden. Zweck dieses Kapitels ist es nicht, eine genaue Darstellung der Entwicklung jeder einzelnen Branche zu liefern, sondern vielmehr mit impressionistischen Pinselstrichen zu veranschaulichen, wie sich einige der wichtigsten Aspekte und Trends im Zusammenhang mit der Pandemie auf bestimmte Branchen auswirken werden.

2.2.1. Soziale Interaktion und Entdichtung

Auswirkungen auf die Reise- und Tourismusbranche, das Hotel- und Gastgewerbe, die Unterhaltungsbranche, den Einzelhandel, die Luft- und Raumfahrt und sogar die Automobilindustrie

Die Art und Weise, wie Verbraucher miteinander interagieren und was und wie sie konsumieren, hat sich durch die Pandemie signifikant verändert. Deshalb wird die sich daraus ergebende Neuausrichtung in den verschiedenen Industriezweigen je nach Art der jeweiligen wirtschaftlichen Aktivität grundlegend unterscheiden. In den Branchen, in denen die Verbraucher über soziale und persönliche Interaktion konsumieren, werden die ersten Monate und möglicherweise auch Jahre nach der Pandemie wesentlich schwieriger sein als in den Bereichen, in denen die Geschäftsvorgänge über eine größere physische Distanz oder sogar virtuell erfolgen können. In modernen Volkswirtschaften erfolgt ein großer Teil des Konsums über soziale Interaktion: Reisen und Urlaub, Bars und Restaurants, Sportveranstaltungen und Einzelhandel, Kinos und Theater, Konzerte und Festivals, Kongresse und Konferenzen, Museen und Bibliotheken sowie Bildung: All diese Bereiche stellen soziale Formen des Konsums dar, die einen bedeutenden Teil der gesamtwirtschaftlichen Aktivität und Beschäftigung ausmachen

225

(in den USA ist der Dienstleistungssektor für etwa 80 % aller Arbeitsplätze verantwortlich, von denen die meisten von Haus aus „sozial" sind). Sie können nicht in der virtuellen Welt stattfinden oder, wenn sie es können, nur in einer verkürzten und oft suboptimalen Form (wie eine Live-Orchesteraufführung auf einem Bildschirm). Deshalb sind die Branchen, in denen soziale Interaktion im Mittelpunkt steht, von den Lockdowns am härtesten betroffen. Darunter befinden sich viele Sektoren, die einen entscheidenden Anteil der gesamten Wirtschaftstätigkeit und Beschäftigung ausmachen: Reisen und Tourismus, Freizeit, Sport, Veranstaltungen und Unterhaltung. Monate- und möglicherweise jahrelang werden sie gezwungen sein, mit reduzierter Kapazität zu arbeiten, belastet durch das doppelte Dilemma der Angst vor dem Virus, die den Konsumwillen der Menschen einschränkt, und der obligatorischen Einhaltung von Vorschriften, die diesen Ängsten durch die Schaffung von mehr Abstand zwischen den Verbrauchern entgegenwirken sollen. Der öffentliche Druck zum körperlichen Abstandhalten wird so lange andauern, bis ein Impfstoff entwickelt und in großem Maßstab kommerzialisiert ist (was wiederum nach Ansicht der meisten Experten frühestens im ersten oder zweiten Quartal 2021 geschehen wird). In der Zwischenzeit ist es sehr wahrscheinlich, dass die Menschen sowohl für den Urlaub als auch für geschäftliche Zwecke viel weniger reisen, weniger häufig in Restaurants, Kinos und Theater gehen und beschließen, dass es sicherer ist, online einzukaufen, als tatsächlich selbst in die Geschäfte zu gehen. Aus diesen ganz einfachen Gründen werden sich die von Corona am härtesten betroffenen Branchen auch am langsamsten erholen. Vor allem Hotels, Restaurants, Fluggesellschaften, Geschäfte und kulturelle Einrichtungen werden gezwungen sein, kostspielige Änderungen in der Art und Weise vorzunehmen, wie sie ihre Angebote präsentieren, um sich an die neue Normalität nach der Pandemie anzupassen, die die Umsetzung drastischer Veränderungen erfordert, wie etwa die Schaffung von mehr Platz, regelmäßige Reinigung, Schutzausrüstung für das Personal und technische Lösungen zur Beschränkung der Interaktionen zwischen Kunden und Angestellten.

In vielen dieser Branchen, vor allem aber im Hotel- und Gaststättengewerbe und im Einzelhandel, werden kleine Unternehmen unverhältnismäßig stark betroffen sein, da sie auf einem sehr schmalen Grat zwischen dem Überleben der durch die Lockdowns verhängten Schließungen (oder der stark reduzierten Geschäftstätigkeit) und dem Konkurs balancieren müssen. Mit reduzierter Kapazität und noch engeren Gewinnspannen arbeiten zu müssen bedeutet für viele das Aus. Die Folgen ihres Scheiterns werden sowohl für die Volkswirtschaften als auch für die lokalen Gemeinden schmerzlich zu spüren sein. Kleine Unternehmen sind der Hauptmotor des Beschäftigungszuwachses und stellen in den meisten fortgeschrittenen Volkswirtschaften die Hälfte aller Arbeitsplätze im privaten Sektor. Wenn eine beträchtliche Anzahl von ihnen Konkurs geht und es in einem bestimmten Viertel weniger Läden, Restaurants und Bars gibt, wird die ganze Gemeinde die Konsequenzen zu spüren bekommen, da die Arbeitslosigkeit steigt und die Nachfrage nachlässt. Damit wird eine Abwärtsspirale in Gang gesetzt, die immer mehr

Kleinunternehmen in einer bestimmten Gemeinde in Mitleidenschaft zieht. Die Auswirkungen werden schließlich über die Grenzen der lokalen Gemeinde hinaus spürbar sein und, wenn auch hoffentlich in geringerem Maße, andere, weiter entfernte Gebiete betreffen. Aufgrund der hohen gegenseitigen Abhängigkeit und Verflechtung der heutigen Wirtschaft, Industriezweige und Unternehmen, vergleichbar mit der Dynamik, mit der die Makrokategorien miteinander verbunden sind, kann jedes Glied der Kette auf die unterschiedlichste Art und Weise schnell einen Dominoeffekt bei den anderen auslösen. Schauen wir uns als Beispiel einmal die Restaurants an. Dieser Wirtschaftszweig wurde von der Pandemie in einem so dramatischen Ausmaß getroffen, dass nicht einmal sicher ist, wie das Gaststättengewerbe sich je wieder vollständig erholen soll. Ein Restaurantbetreiber drückte es so aus: „Wie Hunderte andere Köche in der Stadt und Tausende im ganzen Land stehe ich jetzt vor der großen Frage, wie unsere Restaurants, unsere Berufswege, unser Leben aussehen könnten, wenn wir sie überhaupt je zurückbekommen."[139] In Frankreich und im Vereinigten Königreich schätzen mehrere Branchenkenner, dass bis zu 75 % der unabhängigen Restaurants die Lockdowns und die nachfolgenden Social Distancing-Maßnahmen nicht überleben könnten. Überleben werden hingegen die großen Ketten und Fast-Food-Giganten. Das legt wiederum die Vermutung nahe, dass große Unternehmen größer werden, während die kleinsten schrumpfen oder ganz verschwinden. Eine große Restaurantkette hat beispielsweise bessere Chancen, ihren Betrieb aufrechtzuerhalten, da sie von mehr Ressourcen und letztlich von weniger Wettbewerb infolge von Konkursen kleinerer Betriebe profitiert. Die kleinen Restaurants, die die Krise überleben, werden sich völlig neu erfinden müssen. In der Zwischenzeit wird die Schließung bei allen, die ihre Türen für immer schließen, nicht nur das Restaurant und sein unmittelbares Personal betreffen, sondern auch alle Unternehmen, die unmittelbar mit ihm verbunden sind: z. B. die Lieferanten, Landwirte und Lkw-Fahrer.

Am anderen Ende des Größenspektrums werden einige sehr große Unternehmen der gleichen Problematik zum Opfer fallen wie die sehr kleinen. Insbesondere Fluggesellschaften werden mit ähnlichen Engpässen infolge des Einbruchs der Verbrauchernachfrage und der Social Distancing-Vorschriften konfrontiert sein. Der dreimonatige Shutdown hat die Fluggesellschaften auf der ganzen Welt in eine katastrophale Lage gebracht, in der praktisch keine Einnahmen erzielt werden und Zehntausende von Arbeitsplätzen auf der Kippe stehen. So hat British Airways zum Beispiel angekündigt, bis zu 30 % seiner derzeitigen Belegschaft von 42.000 Mitarbeitern abzubauen. Zum Zeitpunkt der Erstellung dieses Buches (Mitte Juni 2020) könnte der Umbruch gerade beginnen. Er wird sich als äußerst schwierig herausstellen, da eine Erholung voraussichtlich Jahre dauern wird. Sie wird zunächst im Freizeitreise-Sektor beginnen, gefolgt von den Geschäftsreisen. Doch wie wir im nächsten Abschnitt noch näher beleuchten wollen, könnten sich die Konsumgewohnheiten dauerhaft ändern. Wenn viele Unternehmen beschließen, weniger zu reisen, um Kosten zu sparen und persönliche Meetings nach Möglichkeit durch virtuelle zu ersetzen, können die Auswirkungen auf den Wiederaufschwung und die schlussendliche Rentabilität der Fluggesellschaften dramatisch und nachhaltig sein. Vor der Pandemie machten Geschäftsreisen 30 % des Flugverkehrsvolumens, aber 50 % der Einnahmen aus (dank höherpreisiger Sitzplätze und Last-Minute-Buchungen). Das wird sich in Zukunft ändern und die Rentabilitätsaussichten einzelner Fluggesellschaften höchst ungewiss machen. Die gesamte Branche wird sich deshalb gezwungen sehen, die langfristige Struktur der globalen Luftfahrt zu überdenken.

Bei der Beurteilung der letztendlichen Auswirkungen auf einen bestimmten Industriezweig muss die gesamte Kette der Folgen berücksichtigt werden: z. B. auch die angrenzenden Branchen, deren Schicksal weitgehend davon abhängt, was zuvor oder am Ende der Kette geschieht. Um dies zu veranschaulichen, werfen wir einen kurzen Blick auf drei Branchen, die vollständig vom Luftfahrtsektor abhängen: Flughäfen (Infrastruktur und Einzelhandel), Flugzeuge (Luft- und Raumfahrt) und Autovermietung (Automobilsektor).

Flughäfen stehen vor den gleichen Herausforderungen wie Fluggesellschaften: Je weniger Menschen fliegen, desto weniger halten sie sich auf Flughäfen vor dem Abflug, nach der Ankunft und beim Umstieg auf. Das wiederum wirkt sich auf das Konsumaufkommen in den verschiedenen Geschäften und Restaurants aus, die das Ökosystem aller internationalen Flughäfen der Welt ausmachen. Darüber hinaus könnte die Flughafenerfahrung in einer Post-Covid-19-Welt, die mit längeren Wartezeiten, stark reduziertem oder gar keinem Handgepäck und anderen potenziell unbequemen Social Distancing-Maßnahmen verbunden ist, die Lust der Verbraucher auf Flugreisen zu Urlaubs- und Freizeitzwecken verringern. Verschiedene Wirtschaftsverbände warnen davor, dass die Umsetzung von Social Distancing-Vorschriften nicht nur die Flughafenkapazität auf 20 - 40 % begrenzen, sondern wahrscheinlich auch die gesamte Erfahrung des Fliegens so unangenehm machen würde, dass eine abschreckende Wirkung entstehen könnte.

Dramatisch von den Lockdowns betroffen begannen die Fluggesellschaften, Bestellungen für neue Flugzeuge zu stornieren oder zu verschieben und ihre Entscheidung für ein bestimmtes Modell zu ändern, was schwerwiegende Auswirkungen auf die Luft- und Raumfahrtindustrie hatte. Als direkte Konsequenz und auf absehbare Zeit werden die großen zivilen Flugzeugmontagewerke mit reduzierter Kapazität arbeiten, was sich in Form von Kaskadeneffekten auf die gesamte Wertschöpfungskette und das Zulieferernetzwerk auswirken wird. Längerfristig werden Veränderungen in der Nachfrage von Fluggesellschaften, die ihren Bedarf neu abschätzen, zu einer kompletten Neuausrichtung der Produktion von Zivilflugzeugen führen. Eine Ausnahme stellt der Luft- und Raumfahrtsektor im Verteidigungsbereich dar, der relativ sicher zu sein scheint. Für die Nationalstaaten macht die unsichere geopolitische Lage die Aufrechterhaltung von Aufträgen und Beschaffungen zwingend erforderlich, aber Regierungen mit knappen Kassen werden bessere Zahlungsbedingungen fordern.

Wie die Flughäfen hängen auch die Mietwagenfirmen fast vollständig vom Flugverkehrsaufkommen ab. Hertz, ein hoch verschuldetes Unternehmen mit einer Flotte von 700.000 Autos, die während der Lockdowns nahezu alle stillstanden, meldete im Mai Konkurs an. Wie für so viele Unternehmen erwies sich Covid-19 als der sprichwörtliche letzte Tropfen, der das Fass zum Überlaufen brachte.

2.2.2. Verhaltensänderungen – dauerhaft oder vorübergehend?
Auswirkungen auf Einzelhandel, Immobilien und Bildung

Manche der während der Lockdowns beobachteten Verhaltensänderungen werden in der Zeit nach der Pandemie wahrscheinlich nicht vollständig wieder rückgängig gemacht werden und einige könnten sich sogar dauerhaft durchsetzen. Wie sich das genau abspielen wird, steht noch in den Sternen. Einige wenige Konsummuster können möglicherweise, wenn auch mit verändertem Tempo, wieder zu den langfristigen Trends zurückkehren (wie damals die Flugreisen nach den Terroranschlägen vom 11. September). Andere werden sich zweifellos beschleunigen, wie Online-Dienste. Manche Kaufentscheidungen werden vielleicht aufgeschoben, wie der Kauf eines Autos, während sich neue dauerhafte Konsummuster herausbilden können, wie Käufe im Bereich der umweltverträglicheren Mobilität.

Vieles davon ist noch ungewiss. Während der Lockdowns waren viele Verbraucher gezwungen zu lernen, Dinge selber zu machen (Brot backen, selbst kochen, Haare schneiden usw.) und hatten das Bedürfnis, sparsam mit dem Geld umzugehen. Wie fest werden sich diese neuen Gewohnheiten und Formen des „Do it yourself" und des Eigenverbrauchs in der Zeit nach der Pandemie etablieren? Dasselbe könnte für Studenten gelten, die in einigen Ländern exorbitante Gebühren für Hochschulbildung zahlen. Werden sie nach den drei Monaten, in denen sie ihre Professoren am Bildschirm verfolgt haben, die hohen Ausbildungskosten möglicherweise in Frage stellen?

Um die extreme Komplexität und Unsicherheit dieser Entwicklung des Verbraucherverhaltens zu erfassen, wollen wir auf das Beispiel des Online-Einkaufs im Vergleich zum persönlichen Kauf im Einzelhandelsgeschäft zurückkommen. Wie bereits erwähnt, ist es sehr wahrscheinlich, dass Ladengeschäfte gegenüber dem Online-Shopping stark an Bedeutung verlieren werden. Die Verbraucher sind möglicherweise bereit, für die Lieferung schwerer und sperriger Produkte, wie Flaschen und Haushaltswaren, etwas mehr zu bezahlen. Die Einzelhandelsfläche von Supermärkten wird daher schrumpfen und den Nachbarschaftsläden ähneln, in denen die Käufer relativ kleine Mengen von bestimmten Lebensmitteln kaufen. Es könnte aber auch sein, dass weniger Geld in Restaurants ausgegeben wird, was darauf hinauslaufen könnte, dass an Orten, an denen traditionell ein hoher Prozentsatz des Lebensmittelbudgets der Menschen in Restaurants ausgegeben wurde (z. B. 60 % in New York City), diese Gelder in Supermärkte im Stadtgebiet umgeleitet werden und diesen zugute kommen könnten. Vorausgesetzt die Stadtbewohner entdecken die Freude am Kochen zu Hause wieder. Dasselbe Phänomen könnte im Unterhaltungs-Business auftreten. Aufgrund der Corona-bedingten höheren Angst, mit völlig Fremden in einem geschlossenen Raum zu sitzen, könnte es sein, dass viele Menschen beschließen, sich den neuesten Film oder die Opernaufführung lieber zu Hause anzusehen, weil das am vernünftigsten ist. Eine solche Entscheidung würde den lokalen Supermärkten zugute kommen, aber zulasten der Bars und Restaurants fallen (wobei die Möglichkeit, Mahlzeiten online zum Mitnehmen oder zur Lieferung nach Hause anzubieten, für sie ein Rettungsanker sein könnte). Es gab zahlreiche Beispiele dafür, dass dies ad hoc in Städten auf der ganzen Welt während der Lockdowns geschah. Könnte das vielleicht ein wichtiges Element eines neuen Business-Überlebensplans einiger Restaurants nach Covid-19 werden? Es gibt andere erste Auswirkungen, die viel leichter vorherzusehen sind. Sauberkeit ist eine davon. Die Pandemie wird unseren Fokus auf Hygiene sicherlich mehr in den Vordergrund rücken. Die neue Hygienebesessenheit wird insbesondere die Schaffung neuer Verpackungsformen nach sich ziehen. Wir werden angehalten, die Produkte, die wir kaufen wollen, nicht anzufassen. Einfache Freuden, wie das Riechen an einer Melone oder das Betasten einer Frucht werden verpönt sein und vielleicht sogar der Vergangenheit angehören.

Ein einziger Einstellungswandel wird die unterschiedlichsten Auswirkungen auf einzelne Branchen haben, die sich letztlich aber durch Abstrahleffekte wiederum auf viele andere Branchen auswirken werden. Die folgende Abbildung veranschaulicht diesen Punkt am Beispiel einer einzigen Veränderung: mehr Zeit zu Hause verbringen!

Mögliche Auswirkungen von mehr zu Hause verbrachter Zeit

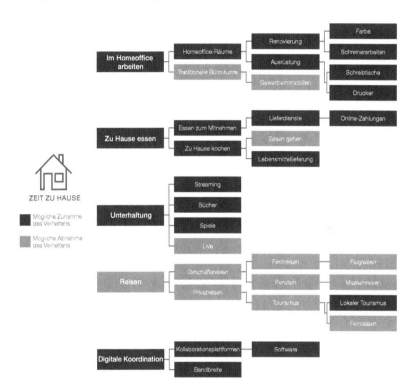

Quelle: Reeves, Martin, et al., „Sensing and Shaping the Post-COVID Era", BCG Henderson Institute, 3. April 2020, https://www.bcg.com/publications/2020/8-ways-companies-can-shape-reality-post-covid-19.aspx

Die hitzige Debatte darüber, ob (oder in welchem Umfang) wir in Zukunft im Homeoffice arbeiten und infolgedessen mehr Zeit zu Hause verbringen werden, dauert schon seit Beginn der Pandemie an. Manche Analysten gehen davon aus, dass die grundlegende Anziehungskraft der Städte (insbesondere der größten) als pulsierende Zentren wirtschaftlicher Aktivität, sozialen Lebens und Kreativität fortbestehen wird. Andere befürchten, dass das Coronavirus einen grundlegenden Einstellungswandel ausgelöst hat. Sie behaupten, dass Covid-19 ein Wendepunkt sei und sagen voraus, dass sich überall auf der Welt Städter aller Altersgruppen angesichts der Nachteile der Umweltverschmutzung in den Städten und zu kleinem, überteuertem Wohnraum entscheiden werden, an Orte mit mehr Natur, mehr Platz, weniger Umweltverschmutzung und niedrigeren Preisen zu ziehen. Es ist noch zu früh, um sagen zu können, welche Gruppe recht haben wird. Sicher ist jedoch, dass selbst ein relativ kleiner Prozentsatz von Menschen, die von den größten Zentren (wie New York, SVR Hongkong, London oder Singapur) wegziehen, einen überdimensionalen Effekt auf viele verschiedene Branchen hätte (Gewinne werden immer am Rande gemacht). Nirgends ist dies offensichtlicher als in der Immobilienbranche und insbesondere bei den Gewerbeimmobilien.

Die Gewerbeimmobilienbranche ist ein wichtiger Motor des globalen Wachstums. Ihr Gesamtmarktwert ist höher als der aller Aktien und Anleihen weltweit zusammengenommen. Bereits vor der Pandemiekrise litt sie unter einem Überangebot. Wenn die Notfallpraxis, im Homeoffice zu arbeiten, zu einer etablierten und weit verbreiteten Gewohnheit wird, ist es schwer vorstellbar, welche Unternehmen (wenn überhaupt) dieses Überangebot durch die überstürzte Vermietung überschüssiger Büroflächen auffangen werden. Vielleicht gibt es ein paar Investmentfonds, die dazu bereit sind, aber sie werden die Ausnahme sein, was darauf hindeutet, dass Gewerbeimmobilien noch viel weiter fallen dürften. Die Pandemie wird in der Gewerbeimmobilienbranche dasselbe bewirken, was sie in so vielen anderen Bereichen (sowohl auf Makro- als auch auf Mikroebene) ausgelöst hat: Sie wird den bereits bestehenden Trend beschleunigen und verstärken. Die Kombination aus immer mehr Zombiefirmen (die Schulden zur Finanzierung weiterer Schulden benutzen und in den letzten Jahren nicht genug Bargeld erwirtschaftet haben, um ihre Zinskosten zu decken), die in Konkurs gehen, und immer mehr Menschen, die im Homeoffice arbeiten, bedeutet, dass es in Zukunft sehr viel weniger Mieter für jede Menge leerstehende Bürogebäude geben wird. Auch bei den Bauträgern (die größtenteils selbst in hohem Maße fremdfinanziert sind) wird daraufhin eine Konkurswelle einsetzen, wobei die größten und systemrelevanten von ihren jeweiligen Regierungen gerettet werden müssen. In vielen Metropolen auf der ganzen Welt werden die Immobilienpreise daher über einen langen Zeitraum hinweg sinken und die seit Jahren bestehende globale Immobilienblase platzen lassen. Bis zu einem gewissen Grad lassen sich dieselben Überlegungen auch auf Wohnimmobilien in Großstädten übertragen. Falls der Trend zum Homeoffice und mobilem Arbeiten tatsächlich zunimmt, wird sich die jüngere Generation aufgrund des nicht mehr erforderlichen Pendelns und fehlenden Beschäftigungszuwachses nicht mehr dafür entscheiden, Wohnraum in teuren Städten zu mieten oder zu kaufen. Dann werden die Preise unweigerlich sinken. Darüber hinaus werden viele erkannt haben, dass es klimafreundlicher und weniger stressig ist, von zu Hause aus zu arbeiten, als in ein Büro pendeln zu müssen.

Die Möglichkeit der mobilen Arbeit im Homeoffice bedeutet, dass die größten Business-Hubs, die von einem höheren Wirtschaftswachstum als andere Städte oder Regionen in ihrer Umgebung profitiert haben, anfangen könnten, Arbeitskräfte an die nächsthöhere Ebene der aufstrebenden Städte zu verlieren. Dieses Phänomen könnte wiederum eine Welle von aufstrebenden Städten oder Regionen auslösen, die Menschen auf der Such nach einer besseren Lebensqualität dank mehr Raum zu erschwinglicheren Preisen anziehen.

Ungeachtet all dieser Überlegungen ist die Vorstellung, die Arbeit im Homeoffice könnte auf breiter Front zur Norm werden, vielleicht zu weit hergeholt, um wirklich nennenswerte Umwälzungen anzustoßen. Haben wir nicht schon so oft gehört, die Optimierung der „Wissensarbeit" (in Wirklichkeit der einfachste Bereich, in dem man mobil aus der Ferne arbeiten kann) hinge von sorgfältig gestalteten Büroumgebungen ab? Die Technologie-Industrie, die sich gegen einen solchen Schritt so lange sträubte, indem sie massiv in hoch entwickelte Standorte investierte, ändert nun angesichts der Lockdown-Erfahrungen ihre Meinung. Twitter war das erste Unternehmen, das sich zum mobilen Arbeiten entschlossen hat. Im Mai informierte sein CEO Jack Dorsey die Mitarbeiter, dass viele von ihnen auch nach Abklingen der Covid-19-Pandemie von zu Hause aus arbeiten dürfen, mit anderen Worten – dauerhaft. Andere Tech-Riesen wie Google und Facebook haben sich ebenfalls dazu verpflichtet, ihren Mitarbeitern mindestens bis Ende 2020 die Möglichkeit zum Remote-Working von zu Hause zu geben. Es gibt Hinweise darauf, dass weitere multinationale Unternehmen aus verschiedenen Industriezweigen ähnliche Entscheidungen fällen und einen Teil ihres Personals zumindest einen Teil der Zeit im Homeoffice arbeiten lassen werden. Die Pandemie hat etwas möglich gemacht, was noch vor wenigen Monaten in einem solchen Ausmaß unvorstellbar schien.

Könnte im Bereich der Hochschulbildung wohl etwas Ähnliches, genauso Einschneidendes geschehen? Könnten wir uns eine Welt vorstellen, in der die Lerninhalte immer weniger auf dem Universitätsgelände vermittelt werden?? Im Mai oder Juni 2020, während der Lockdowns, waren die Studenten gezwungen, ihr Studium und ihren Abschluss online aus der Ferne zu absolvieren. Viele fragen sich am Ende des Semesters, ob es im September wohl wieder Präsenzveranstaltungen geben wird. Gleichzeitig begannen die Universitäten, ihre Budgets zu kürzen und überlegten, was diese noch nie dagewesene Situation für ihr Geschäftsmodell bedeuten könnte. Sollten sie online gehen oder nicht? In der Zeit vor der Pandemie boten die meisten Universitäten einige Kurse online an, verzichteten aber immer darauf, sich vollständig für die Online-Bildung zu öffnen. Die renommiertesten Universitäten weigerten sich, virtuelle Abschlüsse anzubieten, da sie befürchteten, dass das ihr exklusives Angebot verwässern, einige ihrer Lehrkräfte überflüssig machen und sogar die Existenz des Campus als Lernmittelpunkt bedrohen könnte. In der Post-Pandemie-Ära wird sich das ändern. Die meisten Universitäten – insbesondere die teuren in der angelsächsischen Welt – werden ihr Geschäftsmodell ändern müssen oder in den wirtschaftlichen Konkurs gehen, weil Covid-19 das alte Modell hinfällig gemacht hat. Falls der Online-Unterricht im September (und möglicherweise darüber hinaus) fortgesetzt wird, würden es viele Studierende nicht akzeptieren, dieselben hohen Studiengebühren für virtuelle Bildung zu zahlen und eine Senkung der Gebühren fordern oder ihre Einschreibung aufschieben. Darüber hinaus würden viele potenzielle Studenten in Frage stellen, ob es in einer von hoher Arbeitslosigkeit geprägten Welt sinnvoll ist, horrende Kosten für die Hochschulbildung zu bezahlen. Eine mögliche Lösung könnte ein Hybrid-Modell bieten. Die Universitäten könnten in diesem Fall die Online-Bildung massiv ausweiten und gleichzeitig ein Präsenzstudium für eine andere Studentenpopulation aufrechterhalten. In einigen wenigen Fällen ist dies bereits mit Erfolg geschehen, insbesondere an der Georgia Tech für einen Online-Master-Abschluss in Informatik.[140] Durch Einführung dieser Mischform würden die Universitäten den Zugang zum Hochschulstudium erweitern und gleichzeitig die Kosten senken. Die Frage ist nur, ob dieses Hybridmodell übertragbar und machbar ist für Hochschulen, die nicht über die Mittel verfügen, in Technologie und in eine exklusive Bibliothek mit erstklassigen Inhalten zu investieren. Doch der Hybridcharakter der Online-Bildung könnte auch anders aussehen. Beispielsweise durch Kombination von Präsenz- und Online-Studium innerhalb ein und desselben Studiengangs mithilfe von Online-Chats und dem Einsatz von Apps zur wissenschaftlichen Betreuung und anderen Formen der Unterstützung und Hilfe. Das hätte den Vorteil, die Lernerfahrung zu optimieren, aber den Nachteil, einen großen Teil des gesellschaftlichen Lebens und der persönlichen Interaktionen an der Universität auszulöschen. Im Sommer 2020 scheint die Richtung des Trends klar erkennbar: Die Welt des Bildungswesens wird, wie so viele andere Branchen auch, teilweise virtuell werden.

2.2.3. Resilienz
Auswirkungen auf Big Tech, Gesundheit und Wellness, Banken und Versicherungen, Automobilindustrie und Stromversorgung

Während der Pandemie wurde die Qualität der „Resilienz", die Eigenschaft, externe Schocks oder Verwerfungen der sozialen, wirtschaftlichen oder politischen Rahmenbedingungen auszuhalten und sich an die neuen Bedingungen anzupassen, zu einem „Muss" und einem Schlagwort, das in aller Munde war. Verständlicherweise. Für alle, die das Glück hatten, in Branchen zu arbeiten, die „von Natur aus" widerstandsfähig gegen die Pandemie waren, war die Krise nicht nur erträglicher als für die meisten während dieser schwierigen Zeit, sondern sogar eine Quelle gewinnbringender Gelegenheiten. In der Zeit nach der Pandemie werden (insgesamt) vor allem drei Branchen florieren: Big Tech, Gesundheit und Wellness. In anderen Industriezweigen, die von der Krise hart getroffen wurden, wird die vorhandene Resilienz darüber entscheiden, ob man sich vom plötzlichen exogenen Covid-19-Schock erholt oder ihm zum Opfer fällt. Mit dem Banken-, Versicherungs- und Automobilsektor liefern wir drei verschiedene Beispiele für Branchen, die eine größere Resilienz aufbauen müssen, um die durch die Gesundheitskrise verursachte tiefe und lang anhaltende Rezession zu überstehen.

Im Großen und Ganzen war die Spitzentechnologie (Big Tech) die resiliente Branche *par excellence,* denn sie ging aus dieser Zeit des radikalen Wandels als größter Nutznießer hervor. Während der Pandemie, als Unternehmen und ihre Kunden gleichermaßen gezwungen waren, digital zu arbeiten, Online-Pläne zu beschleunigen, neue Netzwerk-Tools zu nutzen und anzufangen im Homeoffice zu arbeiten, wurde Technik zu einer absoluten Notwendigkeit, selbst bei traditionell eher zurückhaltenden Kunden. Deshalb erreichte der gemeinsame Marktwert der führenden Technologieunternehmen während der Lockdowns einen Rekord nach dem anderen und stieg sogar wieder über das Niveau vor dem Ausbruch der Pandemie. Aus Gründen, auf die an anderer Stelle in diesem Buch näher eingegangen wird, wird diese Welle wahrscheinlich nicht so bald abebben, ganz im Gegenteil.

Resilienz beginnt, wie alle guten Praktiken, bei uns zu Hause, sodass wir wohl zu Recht davon ausgehen können, dass wir alle uns in der Zeit nach der Pandemie der Bedeutung unserer eigenen körperlichen und psychischen Widerstandskraft stärker bewusst werden. Der von einer größeren Notwendigkeit getriebene Wunsch, sich körperlich und geistig wohl zu fühlen, und das Bedürfnis, unser Immunsystem zu stärken, bedeuten, dass das körperliche und geistige Wohlbefinden und die Sektoren der Wellness-Industrie, die dies beeinflussen können, als große Gewinner aus der Krise hervorgehen werden. Auch die Rolle des öffentlichen Gesundheitswesens wird sich weiterentwickeln und ausdehnen. Das Thema Wohlbefinden muss ganzheitlich angegangen werden. Wenn es der Welt als Ganzes schlecht geht, kann es uns als Einzelnen nicht gut gehen. Daher wird die Fürsorge für die Gesundheit unseres Planeten genauso wichtig sein wie für unsere eigene, eine Gleichwertigkeit, die die Förderung der bereits weiter oben diskutierten Prinzipien, wie den Stakeholder-Kapitalismus, die Kreislaufwirtschaft und ESG-Strategien, nachdrücklich unterstützt. Auf Unternehmensebene, wo die gesundheitlichen Auswirkungen der Umweltzerstörung immer deutlicher zutage treten, werden Themen wie Luftverschmutzung, Wassermanagement und Wahrung der Artenvielfalt an erster Stelle stehen. „Sauber" zu produzieren wird sowohl ein Gebot der Industrie als auch eine vom Verbraucher auferlegte zwingende Notwendigkeit sein.

Wie in jeder anderen Branche wird die Digitaltechnik eine entscheidende Rolle bei der Gestaltung der Zukunft des Gesundheits- und Wellnesssektors spielen. Die Kombination von KI, Internet der Dinge, Sensoren und tragbarer Technologie wird neue Einblicke in das gesundheitliche Wohlbefinden der Menschen ermöglichen. Diese Systeme werden überwachen, wie es uns geht und wie wir uns fühlen, und sie werden nach und nach die Grenzen zwischen den öffentlichen und den persönlich gestalteten Gesundheitssystemen verwischen – eine Unterscheidung, die irgendwann einfach nicht mehr bestehen wird. Datenströme in vielen verschiedenen Bereichen, die von unserem Umfeld bis hin zu unseren persönlichen Befindlichkeiten reichen, werden uns eine viel größere Kontrolle über unsere eigene Gesundheit und unser Wohlbefinden ermöglichen. In der Welt nach Corona werden präzise Informationen über unsere CO_2-Fußabdrücke, unsere Auswirkungen auf die Biodiversität, die Toxizität aller Inhaltsstoffe, die wir konsumieren, und die Umgebungen oder räumlichen Kontexte, in denen wir uns bewegen, bedeutende Fortschritte unseres Bewusstseins für das kollektive und individuelle Wohlbefinden bewirken. Die Industrie wird dies zur Kenntnis nehmen müssen.

Das kollektive Streben nach Widerstandsfähigkeit (Resilienz) begünstigt auch die Sportindustrie, die eng mit dem Wohlergehen verbunden ist. Da inzwischen allgemein bekannt ist, dass körperliche Aktivität einen wichtigen Beitrag zur Gesundheit leistet, wird Sport zunehmend als kostengünstiges Instrument für eine gesündere Gesellschaft anerkannt. Daher werden die Regierungen sportliche Aktivitäten fördern und den zusätzlichen Vorteil anerkennen, dass Sport eines der besten verfügbaren Instrumente für Inklusivität und soziale Integration darstellt. Eine Zeit lang können die Social Distancing-Vorschriften die Ausübung bestimmter Sportarten einschränken, was wiederum der immer stärkeren Verbreitung des e-Sports zugute kommen wird. Technologische und digitale Lösungen sind nie weit entfernt!

Vier Industriezweige, die mit einer Vielzahl von besonderen pandemiebedingten Herausforderungen zu kämpfen haben, veranschaulichen den unterschiedlichen Charakter der Resilienz. Im Bankenwesen geht es darum, auf die digitale Transformation vorbereitet zu sein. Im Versicherungswesen geht es darum, auf die bevorstehenden Rechtsstreitigkeiten vorbereitet zu sein. In der Automobilindustrie geht es darum, auf die kommende Lieferkettenverkürzung vorbereitet zu sein. Im Energiesektor geht es darum, auf den unvermeidlichen Energiewandel vorbereitet zu sein. Innerhalb jeder Branche sind die Herausforderungen für alle gleich, doch nur die widerstandsfähigsten und am besten vorbereiteten Unternehmen werden in der Lage sein, ein erfolgreiches Ergebnis hervorzubringen.

Im Falle einer Wirtschaftskrise befinden sich die Banken aufgrund der Art ihrer Geschäftätigkeit in der Regel im Epizentrum des Sturms. Mit Covid-19 hat sich das Risiko in seiner Intensität verdoppelt. Erstens müssen sich die Banken auf die Möglichkeit vorbereiten, dass sich die Verbraucher-Liquiditätskrise in eine größere Solvenzkrise der Unternehmen verwandelt. In diesem Fall wird ihre Resilienz auf eine harte Probe gestellt. Zweitens müssen sie sich an die Art und Weise anpassen, in der die Pandemie die traditionelle Abwicklung von Bankgeschäften in Frage stellt, eine andere Form der Resilienz, die darüber hinausgehende Anpassungsfähigkeiten erfordert. Das erste Risiko gehört zur Kategorie der „traditionellen" Finanzrisiken, für die die Banken Jahre Zeit zur Vorbereitung hatten. Ihm wird mit Kapital- und Liquiditätspuffern begegnet, die robust genug sein müssen, um einen größeren Schock zu überstehen. Im Falle der Covid-19-Krise wird der Resilienztest kommen, wenn das Volumen der notleidenden Kredite anzusteigen beginnt. Völlig anders stellt sich die Situation bei der zweiten Risikokategorie dar. Fast über Nacht sahen sich Einzelhandels-, Geschäfts- und Investmentbanken mit der (häufig) unerwarteten Situation konfrontiert, online gehen zu müssen. Die Unmöglichkeit, Kollegen, Kunden oder Geschäftspartner persönlich zu treffen, die Notwendigkeit, kontaktlose Zahlungen vorzunehmen, und die Ermahnung der Aufsichtsbehörden, Online-Banking und Online-Handel unter Homeoffice-Bedingungen zu nutzen, bedeuteten, dass die gesamte Bankbranche mit einem Federstrich zum digitalen Banking übergehen musste. Covid-19 hat alle Banken dazu gezwungen, eine digitale Transformation zu beschleunigen, die nun von Dauer sein wird. Außerdem wurden dadurch die Cybersicherheitsrisiken erhöht (was wiederum die Auswirkungen auf die Systemstabilität verstärken könnte, wenn sie nicht in geeigneter Form eingedämmt werden). Die Banken, die nachhinken und den digitalen „Hochgeschwindigkeitszug" verpasst haben, werden es sehr schwer haben, sich anzupassen und zu überleben.

In der Versicherungsbranche wurden viele verschiedene Covid-19-bedingte Ansprüche im Rahmen der verschiedenen Arten von Haushalts- und Gewerbeversicherungen geltend gemacht, wie etwa die gewerblichen Sach- und Betriebsunterbrechungsversicherungen, Reise-, Lebens-, Kranken- und Haftpflichtversicherungen (wie z. B. Arbeitsunfallversicherung und Versicherung gegen Schadensersatzansprüche aus Arbeitsverhältnissen). Die Pandemie stellt eine besondere Gefahr für die Versicherungsbranche dar, weil ihr Bestehen und Funktionieren auf dem Prinzip der Risikostreuung beruht, das mit der Verhängung von Lockdowns durch die Regierungen praktisch ausgesetzt wurde. Aus diesem Grund waren Hunderttausende von Unternehmen in aller Welt nicht in der Lage, erfolgreich ihre Ansprüche geltend zu machen und stehen entweder vor monatelangen (wenn nicht sogar jahrelangen) Gerichtsverfahren oder vor dem Ruin. Im Mai 2020 schätzte die Versicherungsbranche, dass die Pandemie potenziell mehr als 200 Milliarden Dollar kosten könnte, was sie zu einem der teuersten Ereignisse in der Geschichte der Versicherungsindustrie macht (und die Kosten könnten sogar noch höher sein, wenn die Lockdowns über den Zeitraum hinausgehen, der bei der Erstellung der Prognose vorausgesetzt wurde). Für die Versicherungsbranche besteht die Herausforderung nach Corona darin, den sich wandelnden Schutzbedürfnissen ihrer Kunden nachzukommen, indem sie eine größere Resilienz gegenüber einem breiten Spektrum potenziell „nicht versicherbarer" katastrophaler Schocks wie Pandemien, extremen Wetterereignissen, Cyberangriffen und Terrorismus entwickelt. Sie muss dies in einem Umfeld extrem niedriger Zinssätze tun und sich gleichzeitig auf voraussichtliche Rechtsstreitigkeiten und die Möglichkeit beispielloser Ansprüche und Verluste vorbereiten.

In den letzten Jahren wurde die Automobilindustrie von einem wachsenden Sturm von Herausforderungen heimgesucht, die von handels- und geopolitischen Unsicherheiten, rückläufigen Verkäufen und CO2-Strafen bis hin zur sich schnell ändernden Kundennachfrage und der Vielschichtigkeit des zunehmenden Wettbewerbs im Bereich der Mobilität (Elektrofahrzeuge, selbstfahrende Fahrzeuge, Shared Mobility) reichen. Die Pandemie hat diese Herausforderungen noch verschärft, da sie die große Unsicherheit im Automobilsektor, insbesondere was die Liefer-

ketten betrifft, noch erhöht hat. In der Anfangsphase des Pandemie-Ausbruchs hatte die Verknappung chinesischer Fahrzeugteile
nachteilige Auswirkungen auf die weltweite Automobilproduk-
tion. In den kommenden Monaten und Jahren wird die Branche
ihre gesamte Organisation und Arbeitsweise vor dem Hintergr-
und verkürzter Lieferketten und eines wahrscheinlichen Rück-
gangs der Fahrzeugverkäufe überdenken müssen.

In den verschiedenen Phasen der Pandemie und insbesondere
während der Lockdowns spielte der Energiesektor eine wesentliche Rolle, um den größten Teil der Welt in die Lage zu versetzen, digital weiterzuarbeiten, die Krankenhäuser zu betreiben
und alle wichtigen Wirtschaftszweige normal weiterlaufen zu
lassen. Trotz der beträchtlichen Herausforderungen, die durch
Cyber-Bedrohungen und Veränderungen in den Nachfrage-
mustern entstanden, hielt die Stromversorgung stand und be-
wies ihre Widerstandsfähigkeit gegenüber Schocks. In Zukunft
muss sich der Energiesektor der Herausforderung stellen, die
Energiewende zu beschleunigen. Die Kombination aus Investitionen in eine fortschrittliche Energieinfrastruktur (wie in er-
neuerbare Energien, Wasserstoff-Pipelines und Lade-Netzwerke
für Elektrofahrzeuge) und die Neugestaltung von Industrieclus-
tern (wie die Elektrifizierung der für die chemische Produktion
benötigten Energie) hat das Potenzial, (durch die Schaffung von
Arbeitsplätzen und wirtschaftlicher Aktivität) den wirtschaftlichen Aufschwung zu unterstützen und gleichzeitig die allgemeine Resilienz des Energiesektors im Sinne einer sauberen En-
ergieproduktion zu erhöhen.

*****

Der Mikro-Umbruch wird jedes Unternehmen in jeder Branche zwingen, neue Geschäfts-, Arbeits- und Betriebsweisen auszuprobieren. Wer sich der Versuchung hingibt, zur alten Arbeitsweise zurückzukehren, wird scheitern. Alle, die sich hingegen mit Flexibilität und Phantasie anpassen, werden die Covid-19-Krise schließlich zu ihrem Vorteil nutzen können.

3. PERSÖNLICHER NEUSTART

Ähnlich wie die Auswirkungen auf die Makro- und Mikroökonomie wird die Pandemie auch tiefgreifende und vielfältige Folgen für uns alle als Individuen haben. Für viele war sie bereits lebenszerrüttend. Bis heute hat Covid-19 viele Menschen auf der ganzen Welt gezwungen, sich von ihren Familien und Freunden zu isolieren, ihre persönlichen und beruflichen Pläne völlig durcheinander gebracht und ihr Gefühl der wirtschaftlichen und manchmal auch psychologischen und physischen Sicherheit zutiefst erschüttert. Wir alle sind an unsere angeborene menschliche Fragilität, unsere Verletzlichkeit und Schwachpunkte erinnert worden. Diese Erkenntnis in Verbindung mit dem Stress, der durch die Lockdowns hervorgerufen wurde, und dem gleichzeitig nagenden Gefühl der Ungewissheit, was als Nächstes wohl kommen mag, könnte uns und unsere Beziehung zu anderen Menschen und zu unserer Welt, wenn auch schleichend, durchaus verändern. Für manche kann das, was als Veränderung beginnt, als persönlicher Neustart enden.

3.1. Unsere Menschlichkeit neu definieren

3.1.1. Die guten Engel, die in uns stecken …. oder die Teufel?

Psychologen weisen darauf hin, dass die Pandemie, wie die meisten transformativen Ereignisse, in der Lage ist, das Beste und das Schlechteste in uns zum Vorschein zu bringen. Engel oder Teufel: Was hat man bisher beobachtet?

Auf den ersten Blick sieht es so aus, als hätte die Pandemie die Menschen zusammengebracht. Im März 2020 vermittelten Bilder aus Italien, dem damals am härtesten getroffenen Land, den Eindruck, die kollektive „Kriegsanstrengung" sei eine der wenigen unerwarteten positiven Seiten der Covid-19-Katastrophe, die das Land erfasste. Als die gesamte Bevölkerung während des Lockdowns zu Hause eingesperrt war, zeigten unzählige Beispiele, dass die Menschen dadurch nicht nur mehr Zeit füreinander hatten, sondern auch freundlicher zueinander zu sein schienen. Die Ausdrucksformen dieser verstärkten kollektiven Sensibilität reichten von berühmten Opernsängern, die von ihrem Balkon aus für ihre Nachbarn sangen, bis hin zu einem nächtlichen Ritual, bei dem die Bevölkerung sich bei den Pflegekräften im Gesundheitswesen für ihren Einsatz bedankte (ein Phänomen, das sich anschließend auf fast ganz Europa ausweitete), sowie verschiedene Aktionen gegenseitiger Hilfe und Unterstützung für Bedürftige. Italien war in gewisser Weise wegweisend, und seitdem gab es während der gesamten Zeit der Lockdowns und auf der ganzen Welt vergleichbare, weit verbreitete Beispiele bemerkenswerter persönlicher und gesellschaftlicher Solidarität. Überall scheinen einfache Gesten der Freundlichkeit, Großzügigkeit und des Altruismus zur Norm zu werden. In unserer Wertschätzung rückten die Begriffe Zusammenarbeit, gemeinschaftliche Ideen, Aufopferung des Eigeninteresses für das Gemeinwohl und Fürsorge für andere in den Vordergrund. Andererseits waren Manifestationen von individueller Macht, Popularität und Prestige verpönt und stellten sogar die Faszination für die „Reichen und Berühmten" in den Hintergrund, die mit dem Fortschreiten der Pandemie verblasste. Ein Kommentator merkte an, dass das Coronavirus eine rasche „Demontage des Prominentenkults" bewirke – ein Hauptmerkmal unserer modernen Welt: „Der Traum von der Klassenmobilität zerfällt, wenn die Gesellschaft sich im Lockdown befindet, die Wirtschaft zum Erliegen kommt, die Zahl der Todesopfer steigt und die Zukunft eines jeden in seiner eigenen überfüllten Wohnung oder in einem palastartigen Anwesen eingefroren wird. Der Unterschied zwischen diesen beiden Wirklichkeiten war noch nie so offensichtlich wie heute."[141] Eine Vielzahl solcher Beobachtungen hat nicht nur die gesellschaftlichen Kommentatoren, sondern auch die breite Öffentlichkeit selbst zum Nachdenken gebracht, ob dank der Pandemie wohl das Beste in uns zutage tritt und damit eine Suche nach einem höheren Sinn angeregt wird. Da kamen viele Fragen auf, wie: Könnte die Pandemie wohl ein besseres Selbst und eine bessere Welt entstehen lassen? Wird ihr ein Wertewandel folgen? Werden wir dadurch aufmerksamer, unsere menschlichen Beziehungen und sozialen Kontakte bewusster zu pflegen? Oder einfach ausgedrückt: Werden wir fürsorglicher und mitfühlender werden?

Wenn man der Geschichte Glauben schenken darf, dann bringen Naturkatastrophen wie Wirbelstürme und Erdbeben die Menschen eher zusammen, während Pandemien das Gegenteil bewirken: Sie treiben sie auseinander. Der Grund dafür könnte folgender sein: Konfrontiert mit einer plötzlichen, gewalttätigen und oft nur kurzen Naturkatastrophe, rückt die Bevölkerung zusammen und erholt sich relativ schnell. Im Gegensatz dazu sind Pandemien länger dauernde Ereignisse, die oft anhaltende Gefühle des Misstrauens (gegenüber anderen) hervorrufen, die in einer Urangst vor dem Sterben wurzeln. Psychologisch gesehen ist die einschneidendste Folge der Pandemie die Erzeugung jeder Menge Unsicherheit, die oft zu einer Quelle der Angst wird. Wir wissen nicht, was der morgige Tag bringen mag (Wird es eine weitere Corona-Welle geben? Wird es Menschen betreffen, die ich liebe? Werde ich meinen Job behalten?), und ein solcher Mangel an Sicherheit löst bei uns Unruhe und Besorgnis aus. Als menschliche Wesen sehnen wir uns nach Gewissheit, daher das Bedürfnis nach einem „kognitiven Abschluss", nach irgendetwas, das hilft, die Ungewissheit und Unklarheit zu beseitigen, die unsere Fähigkeit, „normal" zu funktionieren, lähmt. Im Zusammenhang mit einer Pandemie sind die Risiken komplex, schwer zu erfassen und weitgehend unbekannt. Wenn wir mit so etwas konfrontiert werden, ist es wahrscheinlicher, dass wir uns in unser eigenes Schneckenhaus zurückziehen als uns um die Bedürfnisse anderer zu kümmern, wie das bei plötzlich eintretenden Natur- oder anderen Katastrophen der Fall ist (tatsächlich also genau das Gegenteil der vorherrschenden ersten Eindrücke, die von den Medien vermittelt wurden). Dieses Verhalten löst bei uns wiederum ein tiefes Gefühl der Beschämung aus, das die Haltungen und Reaktionen der Menschen während einer Pandemie entscheidend prägt. Beschämung ist ein moralisches Gefühl, das bewirkt, dass wir uns schlecht fühlen: ein unbehagliches Gefühl aus einer Mischung von Bedauern, Selbsthass und einem vagen Gefühl der „Schande", nicht das „Richtige" zu tun. Beschämung ist in unzähligen Romanen und literarischen Texten über historische Seuchenausbrüche beschrieben und analysiert worden. Sie kann so radikale und schreckliche Formen annehmen, wie Eltern, die ihre Kinder ihrem eigenen Schicksal überlassen. So schreibt Boccaccio am Anfang von *Das Dekameron*, einer Sammlung von 100 Novellen, deren Rahmenhandlung von einer Gruppe von Männern und Frauen erzählt, die vor dem im Jahr 1348 in Florenz wütenden Schwarzen Tod in ein Landhaus geflüchtet waren: „Väter und Mütter weigerten sich, ihre Kinder zu besuchen und zu pflegen, als wären es nicht die ihrigen". Ähnliches berichten zahlreiche literarische Erzählungen über vergangene Pandemien, von Defoe's *Die Pest zu London* bis zu Manzoni's *Die Brautleute*, nämlich, wie so oft die Angst vor dem Tod stärker ist als alle anderen menschlichen Emotionen. In jeder Situation ist der Einzelne gezwungen, sich zu entscheiden, wie er seine eigene Haut retten kann, was dann aufgrund des Egoismus seiner letztendlichen Entscheidung ein tiefes Gefühl von Beschämung auslöst. Glücklicherweise gibt es immer wieder Ausnahmen, wie wir während Covid-19 am

COVID-19: DER GROSSE UMBRUCH

deutlichsten gesehen haben, zum Beispiel unter den Krankenpflegekräften und Ärzten, die bei so vielen Gelegenheiten Mitgefühl und Mut gezeigt haben, die weit über ihre berufliche Pflicht hinausgingen. Aber sie scheinen eben auch nur das zu sein – Ausnahmen! In dem Buch *The Great Influenza*[142] analysiert der Historiker John Barry die Auswirkungen der Spanischen Grippe auf die Vereinigten Staaten zum Ende des 1. Weltkriegs und erzählt, dass das Gesundheitspersonal nicht genügend freiwillige Helfer finden konnte. Je virulenter die Grippe wurde, desto weniger Menschen waren bereit, sich freiwillig zu melden. Das daraus resultierende kollektive Schamgefühl könnte einer der Gründe dafür sein, dass unser Allgemeinwissen über die Pandemie 1918-1919 so dürftig ist, obwohl sie allein in den USA 12 Mal mehr Menschenleben gefordert hat als der Krieg selbst. Das erklärt vielleicht auch, warum bisher so wenig Bücher oder Theaterstücke darüber geschrieben wurden.

Nach Ansicht von Psychologen geht das Bedürfnis nach kognitiver Abgeschlossenheit (cognitive closure) häufig mit Schwarz-Weiß-Denken und dem Wunsch nach vereinfachenden Lösungen einher[143] – ein idealer Nährboden für Verschwörungstheorien und die Verbreitung von Gerüchten, Fake News, Unwahrheiten und anderen gefährlichen Ideen. In solch einer Situation suchen wir nach Führung, Autorität und Klarheit, was bedeutet, dass die Frage, wem wir (innerhalb unserer unmittelbaren Gemeinschaft und unter unseren Führungskräften) vertrauen, entscheidend wird. Dasselbe gilt für die umgekehrte Frage, wem wir misstrauen. Unter Stressbedingungen wünschen wir uns mehr Zusammenhalt und Einheit, was dazu führt, dass wir uns um unseren Familiengefüge oder unsere Gruppe zusammenschließen und im Allgemeinen innerhalb dieser Gruppe geselliger werden, aber nicht darüber hinaus. Es scheint nur natürlich, dass unser Gefühl der Verletzlichkeit und Fragilität zunimmt, ebenso wie unsere Abhängigkeit von den Menschen um uns herum, wie bei einem Baby oder einer gebrechlichen Person. Unsere Verbundenheit mit den uns nahestehenden Menschen verstärkt sich, zusammen mit einem erneuerten Gefühl der Wertschätzung für alle, die wir lieben: Familie und Freunde. Aber das Ganze hat auch eine Schattenseite. Es löst auch eine Zunahme patriotischer und nationalistischer Gefühle aus, wobei bisweilen beunruhigende religiöse und ethnische Aspekte mit ins Spiel kommen. Am Ende lässt diese toxische Mischung unsere schlimmste Seite als soziale Gruppe hervortreten. Orhan Pamuk (der türkische Autor, der 2006 mit dem Literaturnobelpreis ausgezeichnet wurde und dessen neuester Roman „Pestnächte" Ende 2020 veröffentlicht werden soll) erzählt, wie die Menschen auf Epidemien immer schon mit der Verbreitung von Gerüchten und falschen Informationen reagiert und die Krankheit als fremd und in böswilliger Absicht eingeschleppt dargestellt haben. Dieses Verhalten bringt uns dazu, einen Sündenbock zu suchen – ein gemeinsamer Nenner aller Seuchen in der Geschichte – und ist der Grund dafür, dass „in Berichten über Pestepidemien seit der Renaissance häufig von unerwarteten und unkontrollierbaren Ausbrüchen von Gewalt, Gerüchten, Panik und Rebellion die Rede ist".[144] Pamuk fügt dem hinzu: „Die Geschichte und Literatur über die Pestepidemien zeigt uns, dass die Intensität des Leidens, der Angst vor dem Tod, des metaphysischen Grauens und des Gefühls des Unheimlichen, das die betroffene Bevölkerung erlebt, auch die Tiefe ihres Zorns und ihrer politischen Unzufriedenheit bestimmen wird."

Die Covid-19-Pandemie hat uns allen unmissverständlich gezeigt, dass wir zwar in einer Welt leben, die eng vernetzt ist, der es jedoch trotzdem weitgehend an Solidarität zwischen den Nationen und oft sogar innerhalb einer Nation fehlt. Während der Ausgangsbeschränkungen hat es immer wieder bemerkenswerte Beispiele für persönliche Solidarität gegeben, aber auch Gegenbeispiele für egoistisches Verhalten. Auf globaler Ebene hat die Tugend der gegenseitigen Hilfe durch Abwesenheit geglänzt. Und dass trotz der anthropologischen Evidenz, dass wir uns als Menschen durch unsere Fähigkeit auszeichnen, miteinander zu kooperieren und etwas Größeres zu schaffen, das über uns selbst hinausgeht. Wird Covid-19 dazu führen, dass sich die Menschen in sich selbst zurückziehen, oder wird es ihren angeborenen Sinn für Empathie und Zusammenarbeit stärken und sie zu mehr Solidarität ermutigen? Die Beispiele früherer Pandemien sind nicht sehr vielversprechend, aber dieses Mal gibt es einen entscheidenden Unterschied: Wir sind uns alle kollektiv bewusst, dass wir ohne eine stärkere Zusammenarbeit nicht in der Lage sein werden, die globalen Herausforderungen zu bewältigen, mit denen wir alle gemeinsam konfrontiert sind. Oder einfacher gesagt: Wenn wir als menschliche Wesen nicht zusammenarbeiten, um unseren existenziellen Herausforderungen (u. a. Umwelt und die sich im freien Fall befindende globale Ordnungspolitik) zu begegnen, sind wir dem Untergang geweiht. Wir haben also keine andere Wahl, als die Engel in uns ans Licht zu holen.

3.1.2. Moralische Entscheidungen

Gewollt oder ungewollt sind wir alle, Bürger und politische Entscheidungsträger, durch die Pandemie gezwungen worden, uns mit der philosophischen Frage auseinanderzusetzen, wie das Gemeinwohl auf die am wenigsten schädliche Weise maximiert werden kann. In erster Linie hat sie uns dazu veranlasst, gründlich darüber nachzudenken, was Gemeinwohl wirklich bedeutet. Gemeinwohl ist das, was der Gesellschaft als Ganzes zugute kommt, aber wie entscheiden wir gemeinsam, was für uns als Gemeinschaft am besten ist? Ist es das Beste, das BIP-Wachstum und die wirtschaftliche Aktivität um jeden Preis aufrechtzuerhalten, um einen Anstieg der Arbeitslosigkeit zu verhindern? Oder geht es darum, sich um die schwächsten Mitglieder unserer Gemeinschaft zu kümmern und füreinander Opfer zu bringen? Oder ist es irgendetwas dazwischen, und wenn ja, um welche Kompromisse geht es dabei? Manche philosophischen Denkschulen wie der Libertarismus (für den die Freiheit des Einzelnen am wichtigsten ist) und der Utilitarismus (für den das Streben nach dem besten Ergebnis für die größte Zahl von Menschen sinnvoller ist) mögen sogar bestreiten, dass das Gemeinwohl eine Sache ist, die es anzustreben lohnt, aber können Konflikte zwischen konkurrierenden Moraltheorien wirklich gelöst werden? Die Pandemie hat sie in Form von wütenden Auseinandersetzungen zwischen den gegnerischen Lagern hochkochen lassen. Viele Entscheidungen, die als „kalt", rational und ausschließlich auf wirtschaftlichen, politischen und sozialen Interessen beruhend angesehen werden, sind tatsächlich zutiefst von der Moralphilosophie beeinflusst – dem Bestreben, eine Theorie zu finden, die in der Lage ist zu erklären, was wir tun sollen. Tatsächlich könnte fast jede einzelne Entscheidung über die Art und Weise, wie mit der Pandemie am besten umzugehen ist, als ethische Entscheidung umgedeutet werden, die widerspiegelt, dass menschliches Handeln fast immer von moralischen Erwägungen geleitet wird. Soll ich denen, die nichts haben, etwas abgeben und denen, die eine andere Meinung haben, Empathie entgegenbringen? Ist es in Ordnung, die Öffentlichkeit für einen größeren Nutzen der Gemeinschaft zu belügen? Ist es vertretbar, meinen mit Covid-19 infizierten Nachbarn nicht zu helfen? Soll ich Mitarbeiter entlassen, in der Hoffnung, mein Unternehmen für die anderen über Wasser zu halten? Ist es in Ordnung, in mein Ferienhaus zu verschwinden, weil es dort sicherer und bequemer für mich ist, oder sollte ich es vielleicht jemandem anbieten, der es nötiger braucht als ich? Soll ich die Lockdown-Regeln ignorieren, um einem Freund oder Angehören zu helfen? Jede einzelne Entscheidung, ob groß oder klein, hat eine ethische Komponente, und die Art und Weise, wie wir auf all diese Fragen antworten, ist das, was es uns letztendlich ermöglicht, ein besseres Leben anzustreben.

Wie alle Begriffe der Moralphilosophie ist das Gemeinwohl als Vorstellung schwer fassbar und anfechtbar. Seit Beginn der Pandemie hat sie heftige Debatten über die Frage ausgelöst, ob man bei dem Versuch, die Pandemie einzudämmen, ein Nützlichkeitskalkül anwenden oder sich an das sakrosankte Prinzip der Unantastbarkeit des Lebens halten soll.

Nichts verdeutlicht das Thema der ethischen Wahl mehr als die Diskussion, die zu Anfang der Lockdowns über den Zielkonflikt zwischen öffentlicher Gesundheit und der Beeinträchtigung des Wirtschaftswachstums tobte. Wie wir bereits weiter oben erwähnten, haben fast alle Ökonomen mit dem Irrtum aufgeräumt, das Opfern einiger weniger Leben könne die Wirtschaft retten, allerdings gingen die Diskussionen und Auseinandersetzungen trotz des Expertenurteils weiter. Insbesondere in den USA, aber nicht nur dort, vertraten einige politische Entscheidungsträger die Auffassung, dass es gerechtfertigt sei, die Wirtschaft höher zu bewerten als Menschenleben, und befürworteten eine politische Entscheidung, die in Asien oder Europa, wo solche Äußerungen einem politischen Selbstmord gleichgekommen wären, unvorstellbar gewesen wäre. (Diese Erkenntnis erklärt wahrscheinlich das überstürzte Zurückrudern des britischen Premierministers Boris Johnson von seiner anfänglichen politischen Linie der Herdenimmunität, die von Experten und den Medien oft als Beispiel für Sozialdarwinismus dargestellt wurde). Die Priorisierung des Wirtschaftslebens vor dem Menschenleben hat eine lange Tradition, die von den Kaufleuten aus Siena während der Großen Pest bis zu den Hamburger Kaufleuten reicht, die versuchten, den Choleraausbruch von 1892 zu verheimlichen. Angesichts all des medizinischen Wissens und der wissenschaftlichen Daten, die uns heute zur Verfügung stehen, erscheint es jedoch fast unglaublich, dass diese Denkweise immer noch fortbesteht. Das von einigen Gruppen wie den „Americans for Prosperity" vorgebrachte Argument lautet, dass Rezessionen Menschen töten. Das ist zwar zweifellos richtig, aber es ist eine Tatsache, die ihrerseits auf politischen Entscheidungen beruht, die von ethischen Erwägungen geprägt sind. In den USA sterben bei Rezessionen tatsächlich viele Menschen, aber das liegt daran, dass unzureichende oder gänzlich fehlende soziale Sicherungsstrukturen diese Situationen lebensbedrohlich machen. Wie? Wenn Menschen ohne staatliche Unterstützung und ohne Krankenversicherung ihre Arbeit verlieren, neigen sie dazu, durch Selbstmord, Drogenkonsum und Alkoholismus „aus Verzweiflung zu sterben", wie Anne Case und Angus Deaton aufgezeigt und ausführlich analysiert haben.[145] Wirtschaftliche Rezessionen führen auch außerhalb der USA zu Todesfällen, aber angemessene politische Entscheidungen über Krankenversicherung und Arbeitnehmerschutz können dafür sorgen, dass es wesentlich weniger sind. Letztendlich ist es eine moralische Entscheidung, ob den Werten des Individualismus oder denen, die das Schicksal der Gemeinschaft begünstigen, Vorrang eingeräumt wird. Es ist sowohl eine individuelle als auch eine kollektive Entscheidung (die durch Wahlen zum Ausdruck gebracht werden kann), aber das Beispiel der Pandemie zeigt, dass stark individualistische Gesellschaften nicht besonders solidarisch ausgerichtet sind.[146]

In der unmittelbaren Post-Pandemie-Ära, nach der ersten Welle Anfang 2020 und zu einer Zeit, in der viele Volkswirtschaften weltweit in tiefe Rezessionen abrutschen, scheint die Aussicht auf strengere Lockdowns politisch unvorstellbar. Selbst die reichsten Länder können es sich nicht „leisten", einen Lockdown auf unbestimmte Zeit durchzuhalten, nicht einmal für ein Jahr. Die Folgen, insbesondere was die Arbeitslosigkeit betrifft, wären schrecklich und hätten dramatische Konsequenzen für die Ärmsten der Gesellschaft und die individuelle Lebensqualität im Allgemeinen. Oder wie es der Wirtschaftswissenschaftler und Philosoph Amartya Sen ausdrückte: „Das Auftreten von Krankheiten tötet Menschen, und auch das Fehlen einer Lebensgrundlage tötet Menschen."[147] Daher werden jetzt, da Test- und Kontaktverfolgungskapazitäten weithin verfügbar sind, viele individuelle und kollektive Entscheidungen zwangsläufig mit komplexen Kosten-Nutzen-Analysen und manchmal sogar einem „grausamen" utilitaristischen Kalkül einhergehen. Jede politische Entscheidung wird zu einem äußerst heiklen Kompromiss zwischen der Rettung möglichst vieler Menschenleben und der Ermöglichung einer möglichst umfassenden Wirtschaftstätigkeit werden. Bioethiker und Moralphilosophen diskutieren oft untereinander darüber, ob es nicht besser wäre, verlorene oder gerettete Lebensjahre zu zählen statt nur die Zahl der Todesfälle, die eingetreten sind oder hätten vermieden werden können. So ist Peter Singer, Professor für Bioethik und Autor des Buchs *Leben retten: Wie sich Armut abschaffen lässt – und warum wir es nicht tun,* eine der prominenten Stimmen, die die Theorie vertreten, dass wir die Zahl der verlorenen Lebensjahre berücksichtigen sollten und nicht nur die Zahl der Verstorbenen. Er führt dazu folgendes Beispiel an: In Italien liegt das

Durchschnittsalter der an Covid-19 sterbenden Menschen bei fast 80 Jahren, was folgende Frage aufwerfen könnte: Wie viele Lebensjahre gingen in Italien verloren, wenn man bedenkt, dass viele der Menschen, die an dem Virus starben, nicht nur älter waren, sondern auch an verschiedenen Vorerkrankungen litten? Laut groben Schätzungen einiger Ökonomen haben die Italiener im Durchschnitt vielleicht drei Lebensjahre verloren. Das ist ein ganz anderes Ergebnis als die 40 oder 60 Lebensjahre, die verloren gehen, wenn viele junge Menschen infolge eines Krieges ums Leben kommen.[148]

Der Zweck dieses Beispiels ist folgender: Heute hat weltweit fast jeder Mensch eine Meinung dazu, ob der Lockdown in seinem Land zu streng oder nicht streng genug war, ob er hätte verkürzt oder verlängert werden sollen, ob er angemessen eingeführt wurde oder nicht, ob er ordnungsgemäß durchgesetzt wurde oder nicht, wobei die Frage oft als „objektive Tatsache" formuliert wird. In Wirklichkeit werden all diese Urteile und Äußerungen, die wir ständig von uns geben, von unterschwelligen ethischen Überlegungen bestimmt, die in hohem Maße persönlich sind. Einfach gesagt: Was wir als Fakten oder Meinungen verkaufen, sind eigentlich moralische Entscheidungen, die die Pandemie offengelegt hat. Sie werden im Namen dessen gemacht, was wir für richtig oder falsch halten, und definieren uns daher als das, was wir sind. Nur ein einfaches Beispiel zur Veranschaulichung: Die WHO und die meisten nationalen Gesundheitsbehörden empfehlen uns, in der Öffentlichkeit eine Maske zu tragen. Was als epidemiologische Notwendigkeit und als einfache risikomindernde Maßnahme formuliert wurde, hat sich zu einem politischen Schlachtfeld entwickelt. In den USA und weniger ausgeprägt auch in einigen anderen Ländern ist die Entscheidung, eine Maske zu tragen oder nicht, politisch aufgeladen, da sie als Verletzung der persönlichen Freiheit betrachtet wird. Aber hinter der politischen Erklärung, in der Öffentlichkeit keine Maske zu tragen, verbirgt sich ebenso eine moralische Wahl wie hinter der Entscheidung, die Maskenpflicht einzuhalten. Sagt uns das etwas über die moralischen Prinzipien, die unseren Entscheidungen und Standpunkten zugrunde liegen? Wahrscheinlich ja.

Die Pandemie hat uns auch gezwungen, die wesentliche Bedeutung von Fairness oder Gerechtigkeit (neu) zu überdenken, ein höchst subjektiver Begriff, der jedoch für die gesellschaftliche Harmonie essentiell ist. Die Berücksichtigung von Fairness erinnert uns daran, dass einige der grundlegendsten Annahmen, die wir in der Wirtschaft treffen, ein moralisches Element beinhalten. Sollte beispielsweise bei der Betrachtung der Gesetze von Angebot und Nachfrage auf Fairness oder Gerechtigkeit geachtet werden? Und was verrät uns unsere Antwort darauf über uns selbst? Dieses moralische Kernproblem tauchte während der akutesten Phase der Pandemie Anfang 2020 plötzlich auf, als es zu einem Mangel an einigen grundlegenden Gütern (wie Öl und Toilettenpapier) und kritischen Vorräten für den Umgang mit Covid-19 (wie Masken und Beatmungsgeräte) kam. Wie müsste die richtige Antwort lauten? Die Gesetze von Angebot und Nachfrage ihre Wirkung entfalten lassen, damit die Preise hoch genug steigen und den Markt freigeben? Oder vielleicht besser die Nachfrage oder sogar die Preise für eine Weile regulieren? In einem berühmten Aufsatz aus dem Jahr 1986 untersuchten Daniel Kahneman und Richard Thaler (die später mit dem Nobelpreis für Wirtschaftswissenschaften ausgezeichnet wurden) dieses Thema und kamen zu dem Schluss, dass eine Preiserhöhung in einem Notfall aus gesellschaftlicher Sicht schlicht inakzeptabel ist, weil sie als ungerecht („unfair") empfunden wird. Manche Wirtschaftswissenschaftler mögen anführen, dass durch Angebot und Nachfrage ausgelöste höhere Preise wirksam sind, weil sie von Panikkäufen abschrecken, aber die meisten Menschen würden dies für eine Frage halten, die wenig mit Ökonomie und viel mehr mit einem Gefühl der Fairness, d.h. der moralischen Bewertung, zu tun hat. Die meisten Unternehmen verstehen das: Eine Preiserhöhung für ein Gut, das in einer Extremsituation wie einer Pandemie benötigt wird, insbesondere wenn es sich um eine Maske oder ein Handdesinfektionsmittel handelt, ist nicht nur anstößig, sondern steht im Widerspruch zu dem, was als moralisch und sozial akzeptabel angesehen wird. Aus diesem Grund untersagte Amazon die Preistreiberei auf seiner Website und große Einzelhandelsketten reagierten auf die Knappheit nicht mit Preiserhöhungen, sondern mit einer Begrenzung der Menge, die jeder Kunde kaufen konnte.

Es ist schwer zu sagen, ob diese moralischen Überlegungen einen Umbruch darstellen und ob sie einen lang anhaltenden Post-Corona-Effekt auf unsere Einstellungen und Verhaltensweisen haben werden. Zumindest können wir davon ausgehen, dass jeder Einzelne sich nun bewusster ist, dass Entscheidungen mit Werten verbunden und von moralischen Entscheidungen geprägt sind. Daraus könnte folgen, dass, falls (aber es ist ein großes FALLS) wir in Zukunft die Haltung des Eigeninteresses aufgeben, die so viele unserer sozialen Interaktionen vergiftet, wir in der Lage sein könnten, Themen wie Inklusivität und Fairness mehr Aufmerksamkeit zu schenken. Oscar Wilde hat dieses Problem bereits 1892 deutlich gesehen, als er sagte: „Ein Zyniker ist ein Mensch, der von allem den Preis und von nichts den Wert kennt."

3.2. Geistige Gesundheit und Wohlbefinden

Schon seit Jahren hat eine Epidemie der psychischen Gesundheit weite Teile der Welt erfasst. Durch die Pandemie wurde diese bereits verschlimmert und wird es weiter tun. Die meisten Psychologen (und zumindest alle, mit denen wir gesprochen haben) scheinen sich dem Urteil eines ihrer Kollegen vom Mai 2020 anzuschließen: „Die Pandemie hat sich verheerend auf die psychische Gesundheit ausgewirkt."[149]

Im Gegensatz zu körperlichen Krankheiten weisen Menschen mit psychischen Erkrankungen oft Wunden auf, die für das bloße Auge eines Laien unsichtbar sind. Und doch berichten Fachleute für psychische Gesundheit im letzten Jahrzehnt von einer Explosion psychischer Probleme, die von Depressionen und Selbstmord bis hin zu Psychosen und Suchterkrankungen reichen. Im Jahr 2017 litten schätzungsweise 350 Millionen

Menschen auf der ganzen Welt an Depressionen. Damals sagte die WHO voraus, dass depressive Störungen bis 2020 weltweit zur zweithäufigsten Ursache der Krankheitslast werden und bis 2030 die ischämische Herzkrankheit als Hauptursache der Krankheitslast ablösen werden. In den USA waren im Jahr 2017 nach Schätzungen der CDC (Zentren für die Seuchenbekämpfung) mehr als 26 % der Erwachsenen von Depressionen betroffen. Ungefähr 1 von 20 Patienten berichtet über mäßige bis schwere Symptome. Damals wurde auch vorausgesagt, dass 25 % der amerikanischen Erwachsenen im Laufe des Jahres an psychischen Erkrankungen leiden und fast 50 % im Laufe ihres Lebens mindestens eine psychische Erkrankung entwickeln würden.[150] Ähnliche (aber vielleicht nicht ganz so extreme) Zahlen und Trends zeichnen sich in den meisten Ländern der Welt ab. Am Arbeitsplatz ist das Thema psychische Erkrankungen zu einem der großen Sorgenkinder im Unternehmensalltag geworden. Die Epidemie von arbeitsbedingtem Stress, Depressionen und Ängsten scheint kontinuierlich zuzunehmen. Ein aufschlussreiches Beispiel: 2017-2018 machten in Großbritannien Stress, Depressionen und Angstzustände mehr als die Hälfte (57 %) der gesamten krankheitsbedingten Arbeitsausfalltage aus.[151]

Für viele Menschen wird das Durchleben der Covid-19-Pandemie als persönliches Trauma in ihre Geschichte eingehen. Die dadurch entstandenen seelischen Narben können noch jahrelang nachwirken. Zunächst einmal war es in den ersten Monaten des Ausbruchs nur allzu leicht, den Reizen der Verfügbarkeit und

Salienz der Informationen zum Opfer zu fallen. Diese beiden mentalen Verknüpfungen veranlassten uns, von der Pandemie besessen zu werden und ständig über die damit verbundenen Gefahren nachzudenken. Durch die Verfügbarkeit stützen wir uns auf unmittelbare Beispiele, die uns bei der Bewertung von etwas in den Sinn kommen, und die Salienz bringt uns dazu, uns auf Dinge zu konzentrieren, die hervorstechender oder emotional auffälliger sind. Monatelang drehten sich alle Nachrichten in den Medien fast ausschließlich um das Coronavirus und waren damit zwangsläufig praktisch immer schlechte Nachrichten. Unerbittliche Berichte über Todesfälle, Ansteckungen und all die anderen Dinge, die schiefgehen könnten, sorgten zusammen mit emotional aufgeladenen Bildern dafür, dass unsere kollektive Phantasie in der Sorge um uns selbst und unsere engsten Angehörigen verrückt spielte. Eine solch beunruhigende Atmosphäre hatte katastrophale Auswirkungen auf unser psychisches Gleichgewicht. Darüber hinaus können medienverstärkte Ängste sehr ansteckend sein. All dies trug zu einer Lebenswirklichkeit bei, die für so viele eine persönliche Tragödie darstellte, sei es durch die wirtschaftlichen Auswirkungen von Einkommens- und Arbeitsplatzverlusten und/oder die emotionalen Auswirkungen häuslicher Gewalt, akuter Isolation und Einsamkeit oder die Unfähigkeit, angemessen um verstorbene Angehörige trauern zu können.

Der Mensch ist von Natur aus ein soziales Wesen. Geselligkeit und soziale Interaktionen sind ein wesentlicher Bestandteil unseres Menschseins. Wenn man sie uns vorenthält, wird unser Leben auf den Kopf gestellt. Ausgangsbeschränkungen, Social

Distancing- und räumliche Abstandsregeln haben unsere sozialen Beziehungen weitgehend zum Erliegen gebracht. Und im Falle der Covid-19-Lockdowns geschah dies in einer Zeit gesteigerter Ängste, d. h. als wir sie am meisten gebraucht hätten. Rituale, die unserer menschlichen Natur eigen sind – wie Händeschütteln, Umarmungen, Küsse und vieles andere – wurden unterbunden. Einsamkeit und Isolation waren die Folge. Zum gegenwärtigen Zeitpunkt wissen wir weder, ob noch wann wir ganz zu unserer alten Lebensweise zurückkehren werden. In jeder Phase der Pandemie, insbesondere aber gegen Ende von Lockdowns, bleibt das seelische Unbehagen ein Risiko, auch nach Ablauf der akuten Stressphase, etwas, das Psychologen in Bezug auf Menschen, die über einen längeren Zeitraum in Isolation leben (wie Polarforscher oder Astronauten), als „Phänomen des dritten Quartals"[152]bezeichnet haben: Sie neigen dazu, gegen Ende ihrer Mission Probleme zu bekommen und Spannungen aufzubauen. Wie diese Menschen, doch in unserem Fall weltweit, hat unser kollektives seelisches Wohlbefinden einen sehr schweren Knacks abbekommen. Nachdem wir die erste Welle hinter uns gebracht haben, erwarten wir nun eine weitere, die kommen könnte oder auch nicht, und diese gefährliche emotionale Mischung birgt die Gefahr, einem kollektiven Angstzustand Vorschub zu leisten. Wir können keine Pläne schmieden und nicht den Aktivitäten nachgehen, die früher zu unserem normalen Leben gehörten und uns Spaß und Vergnügen bereitet haben (z. B. Familie und Freunde im Ausland besuchen, das nächste Semester an der Universität planen, sich um eine neue Stelle bewerben). Diese Situation hat das Potenzial, uns zu verunsichern und zu demoralisieren. Für viele Menschen werden die Anspannungen und Belastungen der unmittelbaren Schwierigkeiten, die auf das Ende der Lockdowns folgten, noch Monate anhalten. Ist es sicher, mit öffentlichen Verkehrsmitteln zu fahren? Ist es zu riskant, in eines meiner Lieblingsrestaurants zu gehen? Ist es angebracht, ältere Angehörige oder Freunde zu besuchen? All diese sehr banalen Entscheidungen werden noch lange Zeit mit einem Gefühl der Angst behaftet sein – insbesondere für die Menschen, die aufgrund ihres Alters oder ihres Gesundheitszustands zur Risikogruppe zählen.

Zum Zeitpunkt der Erstellung dieses Buches (Juni 2020) können die Auswirkungen der Pandemie auf die psychische Gesundheit weder quantifiziert noch generell abgeschätzt werden, aber die groben Linien sind bereits erkennbar. Kurz zusammengefasst sind das folgende: 1) Menschen mit bereits bestehenden psychischen Erkrankungen wie Depressionen werden zunehmend unter Angststörungen leiden; 2) die Social Distancing-Maßnahmen werden, selbst nach ihrer Aufhebung, die seelischen Probleme verschlimmert haben; 3) in vielen Familien wird der Einkommensverlust infolge von Arbeitslosigkeit die Menschen in das Phänomen des „Sterbens aus Verzweiflung" stürzen; 4) häusliche Gewalt und Missbrauch, insbesondere gegen Frauen und Kinder, werden während der gesamten Dauer der Pandemie zunehmen; und 5) „gefährdete" Personen und Kinder – Menschen in Pflegeeinrichtungen, sozioökonomisch benachteiligte Personen sowie Behinderte, die ein überdurchschnittliches Maß an Unterstützung benötigen – werden besonders anfällig für seelische

Leiden sein. Lassen Sie uns im Folgenden auf einige dieser Auswirkungen näher eingehen.

Bei vielen kam es in den ersten Monaten der Pandemie zu einem explosionsartigen Anstieg der psychischen Probleme, der auch in der Zeit nach der Pandemie weiter anhalten wird. Im März 2020 (zu Beginn der Pandemie) veröffentlichte eine Gruppe von Forschern in *The Lancet* eine Studie, in der festgestellt wurde, dass die angeordneten Ausgangsbeschränkungen eine Reihe schwerer Folgen für die psychische Gesundheit wie Trauma, Verwirrung und Wut nach sich zogen.[153] Obwohl die schwersten psychischen Gesundheitsprobleme vermieden werden konnten, dürfte ein Großteil der Weltbevölkerung in unterschiedlichem Ausmaß unter Stress gelitten haben. In erster Linie werden sich bei den Menschen, die bereits anfällig für psychische Probleme sind, die Corona-bedingten Herausforderungen (durch Lockdowns, Isolation und Ängste) noch weiter verschärfen. Manche werden den Sturm überstehen, aber bei bestimmten Personen könnte eine diagnostizierte Depression oder Angst zu einer akuten klinischen Episode eskalieren. Bei einer großen Zahl von Menschen traten auch zum ersten Mal Symptome einer schweren Stimmungsstörung wie Manie, Anzeichen von Depression und verschiedene psychotische Zustände auf. Diese wurden alle durch Ereignisse ausgelöst, die direkt oder indirekt mit der Pandemie und den Lockdowns zusammenhingen, wie Isolation und Einsamkeit, Angst vor der Ansteckung mit der Krankheit, Verlust des Arbeitsplatzes, Trauer und Sorgen um Angehörige und Freunde. Im Mai 2020 erklärte der klinische Direktor für psychische Gesundheit des nationalen Gesundheitsdienstes von Großbritannien (NHS) einem parlamentarischen Ausschuss, dass der Bedarf an psychischer Gesundheitsfürsorge nach dem Ende des Lockdowns „erheblich" ansteigen werde und Menschen mit Sicherheit noch viele Jahre eine Traumabehandlung benötigen werden.[154] Es gibt keinen Grund zur Annahme, dass sich die Situation anderswo komplett anders darstellen könnte.

Während der Pandemie wurde auch ein Anstieg der häuslichen Gewalt verzeichnet. Es ist nach wie vor schwierig, den genauen Anstieg zu messen, da die Dunkelziffer hoch ist, aber es ist dennoch klar, dass die Zunahme der Vorfälle durch eine Kombination aus Angst und wirtschaftlicher Unsicherheit begünstigt wurde. Die Lockdowns sorgten für eine geballte Kombination aller Faktoren für eine Zunahme der häuslichen Gewalt: Isolation von Freunden, Familie und Arbeit, Gelegenheit zu ständiger Überwachung durch einen gewalttätigen Partner (der oft selbst unter stärkerem Stress stand) und physische Nähe zu ihm sowie eingeschränkte oder gar keine Fluchtmöglichkeiten. Die Lockdown-Bedingungen verstärkten bestehende missbräuchliche Verhaltensweisen und ließen den Opfern und ihren Kindern wenig oder gar keine Ruhepausen außerhalb des Hauses. Laut Prognosen des Bevölkerungsfonds der Vereinten Nationen würde es, ausgehend von der Annahme eines Anstiegs der häuslichen Gewalt um 20 % während Lockdown-Zeiten, im Jahr 2020 bei einer durchschnittlichen Lockdown-Dauer von 3 Monaten zusätzlich 15 Millionen Fälle von Gewalt gegen Lebenspartner geben, bei 6 Monaten 31 Millionen Fälle mehr, bei 9 Monaten 45 Millionen Fälle mehr und bei einer durchschnittlichen Lockdown-Dauer von einem Jahr zusätzlich 61 Millionen Fälle. Dabei handelt es sich um globale Prognosen für alle 193 UN-Mitgliedsstaaten, welche die für geschlechtsspezifische Gewalt charakteristische, hohe Dunkelziffer aufzeigen. Insgesamt beläuft sich die Gesamtzahl der zusätzlichen Fälle von geschlechtsspezifischer Gewalt also auf jeweils 15 Millionen pro drei Monate Fortsetzung der Lockdowns.[155] Es ist schwer vorherzusagen, wie sich häusliche Gewalt in der Zeit nach der Pandemie entwickeln wird. Härtefälle und Notlagen werden sie wahrscheinlicher machen, aber viel wird davon abhängen, wie die einzelnen Länder die beiden Schienen kontrollieren, die häusliche Gewalt begünstigen: 1) die Verringerung der Präventions- und Schutzmaßnahmen und der Abbau der Sozialdienstleistungen und Betreuungsdienste; und 2) die damit verbundene Zunahme der Gewaltanwendung.

Wir wollen dieses Unterkapitel mit einem Punkt abschließen, der vielleicht etwas absurd erscheinen mag, der aber in einer Zeit unaufhörlicher Online-Meetings, die sich in naher Zukunft noch ausweiten könnten, eine gewisse Relevanz gewonnen hat: Sind Videogespräche und seelisches Wohlbefinden „schlechte Bettgenossen"? Während der Lockdowns waren Videogespräche für viele ein persönlicher und beruflicher Lebensretter, der es uns ermöglichte, menschliche Verbindungen, Fernbeziehungen und Verbindungen zu unseren Kollegen aufrechtzuerhalten. Aber sie haben auch zur Entstehung eines Phänomens der mentalen Erschöpfung geführt, das inzwischen unter dem Namen „Zoom-

Müdigkeit" zusammengefasst wird und sich natürlich auf alle Video-Schnittstellen anwenden lässt. Während der Lockdowns wurden Bildschirme und Videos zu Kommunikationszwecken so stark beansprucht, dass dies einem neuen sozialen Experiment gleichkam, das in großem Maßstab durchgeführt wurde. Fazit: Das Durchführen von virtuellen Interaktionen ist für unser Gehirn schwierig und manchmal beunruhigend, insbesondere dann, wenn diese Interaktionen nahezu die Gesamtheit unseres beruflichen und persönlichen Kontaktaustauschs ausmachen. Wir Menschen sind soziale Wesen, für die die vielen kleinen und oft nonverbalen Hinweise, die normalerweise bei physischen sozialen Interaktionen auftreten, für die Kommunikation und das gegenseitige Verständnis von entscheidender Bedeutung sind. Wenn wir mit einem leibhaftigen Menschen sprechen, konzentrieren wir uns nicht nur auf die Worte, die er sagt, sondern auch auf eine Vielzahl von nonverbalen Signalen, die uns helfen, den Kommunikationsaustausch zwischen uns zu verstehen: Ist sein Körper uns zu- oder abgewandt? Was machen seine Hände? Was vermittelt er mir über seine Körpersprache? Wie atmet die Person? Ein Videogespräch macht die Interpretation dieser mit subtiler Bedeutung beladenen nonverbalen Hinweise unmöglich und zwingt uns dazu, uns ausschließlich auf Wörter und Gesichtsausdrücke zu konzentrieren, die manchmal durch die Qualität des Videos auch noch verändert werden. Bei einem virtuellen Gespräch über Videoschalte haben wir nichts anderes als intensiven, anhaltenden Blickkontakt, der leicht einschüchternd oder sogar bedrohlich werden kann, insbesondere wenn eine hierarchische Beziehung zum Gesprächspartner besteht. Dieses Problem wird durch die „Galerieansicht" noch verstärkt, wenn die zentrale Sehfunktion unseres Gehirns Gefahr läuft, durch die große Anzahl der gleichzeitig angezeigten Personen an seine Grenzen zu stoßen. Es gibt eine Schwelle, ab der wir die Signale von so vielen Menschen auf einmal nicht mehr entschlüsseln können. Die Psychologen haben einen Begriff dafür: „kontinuierliche partielle Aufmerksamkeit". Es ist, als würde unser Gehirn versuchen, Multitasking zu betreiben, aber natürlich vergeblich. Am Ende des Videogesprächs überwältigt die ständige Suche nach nonverbalen Signalen, die nicht gefunden werden können, einfach unser Gehirn. Wir fühlen uns ausgelaugt und zutiefst unzufrieden. Das wiederum wirkt sich negativ auf unser psychisches Wohlbefinden aus.

Die Auswirkungen von Covid-19 haben zu einem breiteren und tiefgreifenderen Auftreten von psychischen Gesundheitsproblemen geführt, von denen größere Teile der Bevölkerung betroffen sind. Viele Menschen wären ohne die Corona-Pandemie in unmittelbarer Zukunft möglicherweise davon verschont geblieben. So gesehen hat das Coronavirus die Probleme der psychischen Gesundheit verstärkt, nicht neu ausgerichtet. Was die Pandemie jedoch in Bezug auf die psychische Gesundheit erreicht hat, ist, wie in so vielen anderen Bereichen, die Beschleunigung eines bereits bestehenden Trends: Sie hat zu einem größeren öffentlichen Bewusstsein für die Schwere des Problems geführt. Die psychische Gesundheit, die das Zufriedenheitsgefühl der Menschen mit ihrem Leben primär beeinflusst,[156] hatten die politischen Entscheidungsträger bereits seit längerem auf dem Radar. In der Post-Pandemie-Ära kann diesen Fragen jetzt die Priorität eingeräumt werden, die ihnen gebührt. Das würde wirklich einen entscheidenden Umbruch darstellen.

3.3. Prioritätenverschiebung

Es ist bereits viel darüber geschrieben worden, wie die Pandemie uns verändern könnte – wie wir über bestimmte Dinge denken und wie wir Dinge tun. Doch wir stehen noch ganz am Anfang (wir wissen noch nicht einmal, ob die Pandemie bereits hinter uns liegt), und in Ermangelung von Daten und Forschungsergebnissen sind alle Vermutungen über unser zukünftiges Selbst höchst spekulativ. Dennoch können wir einige mögliche Veränderungen vorhersehen, die eng mit den in diesem Buch behandelten Makro- und Mikroaspekten zusammenhängen. Covid-19 könnte uns dazu zwingen, unsere inneren Probleme auf eine Weise anzugehen, die wir vorher nie in Erwägung gezogen hätten. Vielleicht fangen wir an, uns einige grundlegende Fragen zu stellen, die ohne die Krise und die Lockdowns nie aufgetaucht wären, und gestalten so unsere mentale Landkarte neu.

Existenzielle Krisen wie die Pandemie konfrontieren uns mit unseren eigenen Ängsten und Befürchtungen und bieten große Möglichkeiten zur Introspektion und Selbstreflexion. Sie zwingen uns, die Fragen zu stellen, auf die es wirklich ankommt, und können auch unsere Reaktion kreativer machen. Die Geschichte hat gezeigt, dass nach wirtschaftlichen und sozialen Depressionen oft neue Formen der individuellen und kollektiven

Organisation entstehen. Wir haben weiter oben bereits Beispiele für Seuchen in der Vergangenheit aufgeführt, die den Lauf der Geschichte radikal verändert haben. In Zeiten der Not blüht die Innovation oft auf. Wir wissen schon seit langem, dass Not erfinderisch macht. Dies könnte sich als besonders zutreffend für die Corona-Pandemie erweisen, die viele von uns zur Verlangsamung unseres Lebensrhythmus zwang und uns mehr Zeit zum Nachdenken gab, weg vom rasanten Tempo und der Hektik unserer „normalen" Welt. Davon ausgenommen sind natürlich die vielen Millionen heldenhaften Arbeitskräfte im Gesundheitswesen, in Lebensmittelgeschäften und Supermärkten sowie die Eltern von kleinen Kindern oder Menschen, die sich um ältere oder behinderte Verwandte kümmern, die ständige Aufmerksamkeit benötigen. Die Pandemie hat uns mehr Zeit, mehr Stille und mehr Abgeschiedenheit geschenkt (auch wenn ein Übermaß davon manchmal zu Einsamkeit führte) und uns damit die Chance geboten, ernsthafter darüber nachzudenken, wer wir sind, was wirklich zählt und was wir wollen, sowohl als Individuen als auch als Gesellschaft. Diese Zeit des erzwungenen kollektiven Nachdenkens könnte zu einer Änderung unseres Verhaltens führen, die wiederum ein tieferes Überdenken unserer Glaubensinhalte und Überzeugungen auslösen könnte. Und das könnte zu einer Verschiebung unserer Prioritäten führen, die sich folglich auf unsere Herangehensweise an viele Aspekte unseres Alltagslebens auswirken würde: wie wir Kontakte knüpfen, uns um unsere Angehörigen und Freunde kümmern, Sport treiben, uns gesund halten, einkaufen, unsere Kinder erziehen und sogar, wie wir unsere Rolle in der Welt sehen. Naheliegende Fragen können immer stärker in den Vordergrund drängen, wie: Wissen wir, was wirklich wichtig ist? Sind wir zu egoistisch und zu sehr auf uns selbst fokussiert? Räumen wir unserer Karriere eine zu große Priorität und zu viel Zeit ein? Sind wir Sklaven des Konsums? Dank der Denkpause, die einigen von uns die Pandemie beschert hat, könnten sich unsere Antworten auf diese Fragen im Vergleich zur Zeit vor der Pandemie möglicherweise verändert haben.

Lassen Sie uns auf beliebige und nicht erschöpfende Weise einmal einige dieser potenziellen Veränderungen näher betrachten, deren Eintrittswahrscheinlichkeit uns zwar nicht sehr hoch erscheint, aber dennoch größer ist als gemeinhin angenommen.

3.3.1. Kreativität

Der Spruch „Was uns nicht umbringt, macht uns stärker" mag zwar ein Klischee sein, aber in diesem Punkt hatte Friedrich Nietzsche recht. Natürlich geht nicht jeder, der eine Pandemie überlebt, gestärkt aus ihr hervor, weit gefehlt. Doch einige wenige Personen tun dies tatsächlich, mit Aktionen und Erfolgen, die in dem Moment vielleicht marginal erscheinen mögen, im Nachhinein gesehen aber einen enormen Einfluss gehabt haben. Ein kreativer Geist hilft. Aber auch zur richtigen Zeit am richtigen Ort zu sein (z. B. in der richtigen Branche). So gibt es kaum Zweifel daran, dass wir in den nächsten Jahren eine Explosion der Kreativität von Start-Ups und neuen Unternehmungen im Bereich Digitalisierung und Biotechnologie erleben werden. Beide Industriezweige haben von der Pandemie starken Rückenwind bekommen. Das bedeutet, dass wir uns von den kreativsten und originellsten Köpfen hier auf viele Fortschritte und Innovationen gefasst machen können. Die begabtesten Unternehmer werden ihren großen Tag haben!

Dasselbe kann durchaus auch im Bereich der Wissenschaft und der Künste geschehen. Berühmte Episoden aus der Vergangenheit bestätigen, dass kreative Charaktere unter Lockdown-Bedingungen besondere Leistungen hervorbringen. Isaac Newton ist einer von ihnen. Sein Talent ist während der Pest aufgeblüht. Als die Universität Cambridge im Sommer 1665 nach einem Pestausbruch geschlossen werden musste, kehrte Newton in das Haus seiner Familie in Lincolnshire zurück, wo er mehr als ein Jahr blieb. Während dieser Zeit der erzwungenen Isolation, die er als *annus mirabilis* („wunderbares Jahr") bezeichnete, sprühte seine kreative Energie nur so und er entdeckte die Grundlagen für seine Theorien der Schwerkraft und der Optik und insbesondere für die Entwicklung des Abstandsgesetzes der Gravitation. (Neben dem Haus stand ein Apfelbaum, und die Idee kam ihm, als er den Fall eines Apfels mit der Bewegung des Mondes auf seiner Umlaufbahn verglich.)[157]

Ein ähnliches Prinzip der Kreativität unter Zwang lässt sich auch auf die Literatur übertragen und hat uns einige der berühmtesten literarischen Werke der westlichen Welt beschert. Gelehrte gehen davon aus, dass sich Shakespeare aufgrund der von der Pest von 1593 erzwungenen Schließung der Theater in

London der Poesie zuwandte. In dieser Zeit erschien seine erste epische Versdichtung „Venus und Adonis", in der die Göttin den schönen Knaben anfleht, ihr einen Kuss zu schenken, um „alle Seuche aus dem unheildroh'nden Jahre zu verscheuchen!" Wenige Jahre später, zu Beginn des 17. Jahrhunderts, waren die Theater in London wegen der Beulenpest häufiger geschlossen als geöffnet. Eine offizielle Regelung bestimmte, dass die Theateraufführungen abgesagt werden müssten, sobald die durch die Pest verursachten Todesfälle die Schwelle von 30 Personen pro Woche überstiegen. Im Jahr 1606 war Shakespeare sehr produktiv, eben, weil die Theater wegen der Epidemie geschlossen waren und seine Truppe nicht mehr spielen konnte. In nur einem Jahr schrieb er „König Lear", „Macbeth" und „Antonius und Cleopatra".[158] Eine ähnliche Erfahrung machte der russische Schriftsteller Alexander Puschkin. Nach einer Choleraepidemie, die Nischni Nowgorod erreicht hatte, musste er 1830 aufgrund der Ausgangssperren längere Zeit auf einem Gutshof in der Provinz bleiben. Plötzlich, nach Jahren emotionalen Aufruhrs, fühlte er sich erleichtert, frei und glücklich. Die drei Monate, die er dort in Quarantäne verbrachte, waren die kreativsten und produktivsten seines Lebens. Er beendete *Eugen Onegin* – sein Meisterwerk – und verfasste eine Reihe von Sketchen, von denen einer unter dem Namen „Das Fest während der Pest" bekannt wurde.

Wir zitieren diese historischen Beispiele blühender persönlicher Kreativität einiger unserer größten Künstler während einer Seuche oder Pandemie nicht, um die katastrophalen finanziellen Auswirkungen, die die Coronakrise auf die Welt der Kultur und Unterhaltung hat, zu minimieren oder davon abzulenken, sondern um einen Hoffnungsschimmer und eine Quelle der Inspiration aufzuzeigen. Kreativität ist in den kulturellen und künstlerischen Bereichen unserer Gesellschaften am stärksten ausgeprägt, und die Geschichte hat gezeigt, dass gerade diese Kreativität eine wichtige Quelle der Resilienz sein kann.

Dafür gibt es eine Fülle von Beispielen. Das ist eine ungewöhnliche Form des Neustarts, aber es sollte uns nicht überraschen. Wenn schreckliche Dinge geschehen, gedeihen oft Kreativität und Einfallsreichtum.

3.3.2. Zeit

In Joshua Ferris' Roman *Wir waren unsterblich* (aus dem Jahr 2007) stellt eine der Figuren fest: „Manche Tage fühlten sich länger an als andere. Manche Tage fühlten sich sogar wie zwei ganze Tage an." Dasselbe geschah in weltweitem Umfang als Folge der Pandemie: Sie veränderte unser Zeitgefühl. Inmitten der jeweiligen Lockdowns erzählten viele Menschen, dass die Tage der Ausgangsbeschränkungen eine Ewigkeit zu dauern schienen, und doch vergingen die Wochen überraschend schnell. Auch hier gilt natürlich die Ausnahme der Personen, die an „vorderster Front" im Einsatz waren (alle unverzichtbaren Arbeitskräfte, die wir bereits erwähnt haben). Während des Lockdowns kamen vielen Menschen alle Tage gleich vor, jeder Tag glich dem vorhergehenden und dem nächsten, und es gab kaum einen Unterschied zwischen Arbeitstagen und Wochenende. Es fühlte sich an, als sei die Zeit eine amorphe, undifferenzierte Masse geworden, als seien alle Bezugspunkte und normalen Unterscheidungen verschwunden. In einem völlig anderen Kontext, aber im Rahmen einer ähnlichen Art von Erfahrung, wird dies von Gefangenen bestätigt, die der härtesten und radikalsten Form der Gefangenschaft ausgesetzt sind. „Die Tage schleppen sich dahin, und dann wacht man auf, und ein Monat ist vergangen, und man denkt: Wo zum Teufel ist er hin?"" Victor Serge, ein russischer Revolutionär, der wiederholt inhaftiert wurde, sagte dasselbe: „Es gibt schnelle Stunden und sehr lange Sekunden."[159] Könnten diese Beobachtungen einige von uns dazu bringen, unser Verhältnis zur Zeit zu überdenken, besser zu erkennen, wie kostbar sie ist, und sie nicht unbemerkt vorübergehen zu lassen? Wir leben in einer extrem schnellen Zeit, in der sich alles viel schneller erledigen lässt als je zuvor, weil die Technologie eine Kultur der Unmittelbarkeit geschaffen hat. In dieser „Echtzeit"-Gesellschaft, in der alles jetzt und sofort gebraucht und gewollt wird, fühlen wir uns ständig unter Zeitdruck und haben das bedrückende Gefühl, dass das Tempo immer mehr zunimmt. Ob die Erfahrung der Lockdowns daran wohl etwas ändert? Könnte es sein, dass wir auf persönlicher Ebene etwas Ähnliches erleben werden wie die „Just-in-time"-Lieferketten in der Post-Pandemie-Ära, nämlich eine Aufhebung der Zeitbeschleunigung zugunsten von größerer Resilienz und Seelenfrieden? Könnte das Bedürfnis, psychisch belastbarer zu werden, uns dazu bringen, alles langsamer anzugehen und achtsamer mit der verstreichenden Zeit umzugehen? Vielleicht. Das könnte einer der unerwarteten Positiveffekte von Covid-19 und den Lockdowns sein. Die Krise hat uns bewusster und sensibler für die wirklich wichtigen „Zeitmarker" gemacht: die kostbaren Momente, die wir mit Freunden und unseren Familien verbringen, die Jahreszeiten und die Natur, die vielen kleinen Dinge, für die man sich etwas Zeit nehmen muss (z. B. das Gespräch mit einem Fremden, das aufmerksame Lauschen auf Vogelgesang oder das Betrachten eines Kunstwerks), die aber alle zu unserem Wohlbefinden beitragen. Der Umbruch: Es könnte sein, dass wir unsere Zeit nach der Pandemie anders zu schätzen wissen und uns bewusst machen, wie viel sie zu unserem Glücksgefühl beitragen kann.[160]

3.3.3. Konsum

Seit Ausbruch der Pandemie haben sich viele Zeitungsartikel und Analysen mit den Auswirkungen beschäftigt, die Covid-19 auf unser Konsumverhalten haben wird. Nicht wenige gehen davon aus, dass wir uns in der Zeit nach der Pandemie den Folgen unserer Entscheidungen und Gewohnheiten stärker bewusst geworden sind und daher beschließen werden, einige Formen des Konsums zu reduzieren. Am anderen Ende des Spektrums prognostizieren einige Analysten einen sogenannten „Rache-Konsum" in Form eines Kaufrausches nach Ende der Lockdowns, d. h. ein starkes Wiederaufleben unserer Lebensgeister und eine Rückkehr zu der Situation, die vor der Pandemie herrschte. Von Rache-Konsum ist noch keine Spur. Vielleicht setzt er auch gar nicht ein, wenn sich zuerst eine Tendenz zur Selbsteinschränkung durchsetzt.

Das Grundargument für diese Hypothese ist dasselbe, auf das wir im Kapitel über den ökologischen Umbruch bereits näher eingegangen sind: Die Pandemie hat der breiten Öffentlichkeit auf dramatische Weise die Augen geöffnet für die Tragweite der mit der Umweltzerstörung und dem Klimawandel verbundenen Risiken.

Zudem könnte derselbe Effekt auch ausgelöst werden durch das erhöhte Bewusstsein für Ungleichheit und die akute Sorge über die sich dadurch vergrößernde Schere zwischen Arm und Reich, einhergehend mit der Erkenntnis, dass die Gefahr sozialer Unruhen real ist und unmittelbar vor unserer Haustür stattfinden könnte. Wenn ein Kipppunkt erreicht wird, beginnt die extreme Ungleichheit den Gesellschaftsvertrag auszuhöhlen und führt zunehmend zu unsozialem (sogar kriminellem) Verhalten, das oft auf Eigentum gerichtet ist. Als Reaktion darauf muss sich ein Wandel im Konsumverhalten zeigen. Wie könnte das aussehen? Auffälliger Konsum könnte in Ungnade fallen. Das neueste, aktuellste Modell von was auch immer zu haben, wird möglicherweise nicht länger als Statussymbol angesehen, sondern im besten Fall als nicht mehr angesagt und im schlimmsten Fall als geradezu obszön. Die Darstellung der sozialen Position würde auf den Kopf gestellt. Das eigene Selbst über den Kauf eines bestimmten Produkts auszudrücken und teures „Zeug" zur Schau zu stellen, könnte einfach *passé* werden. Vereinfacht ausgedrückt: In einer Welt nach einer Pandemie, die von Arbeitslosigkeit, unerträglichen Ungleichheiten und Ängsten über die Umweltzerstörung heimgesucht wird, könnte die ostentative Zurschaustellung von Reichtum nicht länger akzeptabel sein.

Richtungsweisend könnten hier Japan und einige andere Länder sein. Wirtschaftswissenschaftler machen sich ständig Sorgen über die mögliche Japanisierung der Welt (auf die wir im Makroteil Bezug genommen haben), aber es gibt eine viel positivere Seite der Japanisierung, die uns einen Eindruck davon geben könnte, in welche Richtung wir in unserem Konsumverhalten vielleicht gehen sollten. Japan zeichnet sich durch zwei besondere Merkmale aus, die eng miteinander verflochten sind: Das soziale Ungleichgewicht ist im Verhältnis zu anderen einkommensstarken Ländern mit am wenigsten ausgeprägt, und seit dem Platzen der Spekulationsblase in den späten 1980er Jahren ist das Ausmaß an auffälligem Konsum zurückgegangen. Heute werden der positive Wert des Minimalismus (bekannt durch die Serie der Autorin Marie Kondo), das lebenslange Streben nach Sinn und Zweck des Lebens (*ikigai*) und die Bedeutung der Natur und der Praxis des Waldbadens (*shirin-yoku*) in vielen Teilen der Welt nachgeahmt, auch wenn sie alle sich einen verhältnismäßig „genügsameren" japanischen Lebensstil im Vergleich zu mehr konsumorientierten Gesellschaften zu eigen machen. Ein ähnliches Phänomen lässt sich auch in den nordischen Ländern beobachten, wo auffälliger Konsum verpönt ist und unterdrückt wird. Aber nichts davon macht sie weniger glücklich, ganz im Gegenteil.[161] Wie uns Psychologen und Verhaltensökonomen immer wieder in Erinnerung rufen, ist Überkonsum nicht gleichbedeutend mit Glück. Das könnte eine weitere Facette des persönlichen Neustarts sein: das Verständnis, dass auffälliger Konsum oder übermäßiger Konsum jeglicher Art weder gut für uns noch für unseren Planeten ist, und die sich daraus ergebende

Erkenntnis, dass ein Gefühl der persönlichen Erfüllung und Zufriedenheit nicht auf uneingeschränkten Konsum angewiesen ist – vielleicht sogar genau das Gegenteil.

3.3.4. Natur und Wohlbefinden

Die Pandemie hat sich in einer Zeit außerordentlicher Verwirrung und Unsicherheit als eine Echtzeit-Übung erwiesen, wie wir mit unseren Ängsten und Befürchtungen umgehen können. Eine klare Botschaft ist dabei deutlich geworden: Die Natur ist ein hervorragendes Gegenmittel gegen viele der heutigen Leiden. Jüngste und reichlich verfügbare Forschungsergebnisse erklären zweifelsfrei, warum das so ist. Neurowissenschaftler, Psychologen, Mediziner, Biologen und Mikrobiologen, Spezialisten für körperliche Leistungsfähigkeit, Wirtschafts- und Sozialwissenschaftler: Sie alle können jetzt in ihren jeweiligen Fachgebieten erklären, warum die Natur dafür sorgt, dass wir uns wohl fühlen, wie sie physische und psychische Schmerzen lindert und warum sie mit so vielen Vorteilen für das physische und psychische Wohlbefinden verbunden ist. Umgekehrt können sie auch zeigen, warum die Trennung von der Natur mit all ihrem Reichtum und ihrer Vielfalt – Wildnis, Bäume, Tiere und Pflanzen – sich negativ auf unseren Verstand, unseren Körper, unser Gefühlsleben und unsere geistige Gesundheit auswirkt.[162]

Die Coronakrise und die ständige Mahnung der Gesundheitsbehörden, jeden Tag spazieren zu gehen oder sich sportlich zu betätigen, um in Form zu bleiben, haben diese Überlegungen in den Mittelpunkt gerückt. Dasselbe gilt für die unzähligen Einzelberichte während der Lockdowns, die zeigen, wie sehr sich die Menschen in den Städten nach Grün sehnten: nach einem Wald, einem Park, einem Garten oder einfach nur nach einem Baum. Selbst in den Ländern mit den strengsten Ausgangsbeschränkungen wie Frankreich bestanden die Gesundheitsbehörden auf der Notwendigkeit, jeden Tag einige Zeit im Freien zu verbringen. In der Zeit nach der Pandemie werden viel weniger Menschen die entscheidende Bedeutung und die wesentliche Rolle der Natur in ihrem Leben außer Acht lassen. Die Pandemie hat dieses Bewusstsein in großem Umfang möglich gemacht (da inzwischen fast jeder auf der Welt Bescheid weiß). Das wird auf individueller Ebene tiefere und persönlichere Anknüpfungspunkte zu den bereits weiter oben ausgeführten makroökonomischen Aspekten schaffen, d. h. die Erhaltung unserer Ökosysteme und die Notwendigkeit, umweltschonend zu produzieren und zu konsumieren. Wir wissen heute, dass unser körperliches und geistiges Wohlbefinden ohne Zugang zur Natur und allem, was sie an biologischer Vielfalt zu bieten hat, ernsthaft gestört werden könnte.

Während der gesamten Pandemie wurden wir immer wieder darauf hingewiesen, dass „Social Distancing", Händewaschen und das Tragen von Masken (plus Selbstisolierung für die am meisten gefährdeten Menschen) die Standardinstrumente sind, um uns vor Covid-19 zu schützen. Doch zwei weitere wesentliche Faktoren, die stark von unserem Kontakt mit der Natur abhängen, spielen ebenfalls eine entscheidende Rolle für unsere körperliche Widerstandsfähigkeit gegen das Virus: Immunität und Entzündungen. Beide tragen dazu bei, uns zu schützen, aber die Immunität nimmt mit dem Alter ab, während die Entzündungen zunehmen. Damit wir dem Virus besser begegnen können, müssen die Immunität gestärkt und Entzündungen eingedämmt werden. Welche Rolle spielt die Natur in diesem Szenario? Sie ist die Hauptdarstellerin, das sagt uns jetzt die Wissenschaft! Ständige unterschwellige Entzündungen in unserem Körper führen zu allen möglichen Krankheiten und Beschwerden, die von Herz-Kreislauf-Erkrankungen bis zu Depression und geschwächter Immunabwehr reichen. Diese unterschwelligen chronischen Entzündungen treten häufiger bei Menschen auf, die in Städten, städtischen Umgebungen und industrialisierten Gebieten leben. Es gilt jetzt als erwiesen, dass die fehlende Verbindung zur Natur ein Faktor ist, der zu stärkeren Entzündungen beiträgt, wobei Studien gezeigt haben, dass bereits zwei Stunden Aufenthalt im Wald die Entzündungen durch Senkung des Zytokinspiegels (ein Marker für Entzündungen) lindern können.[163]

All dies läuft auf die Wahl des Lebensstils hinaus: nicht nur die Zeit, die wir in der Natur verbringen, sondern auch, was wir essen, wie wir schlafen und wie viel wir uns bewegen. Das sind Entscheidungen, die eine Beobachtung zulassen, die uns Mut machen kann: Alter muss nicht Schicksal sein. Umfassende Forschungsarbeiten haben gezeigt, dass Natur, Ernährung und sportliche Betätigung unseren biologischen Verfall verlangsamen und bisweilen sogar umkehren können. Daran ist nichts Fatalistisches! Bewegung, Natur, unverarbeitete Nahrungsmittel... sie alle haben den doppelten Vorteil, die Immunität zu steigern und Entzündungen zu hemmen.[164] Dies deckt sich mit dem Punkt, den wir gerade über die Konsumgewohnheiten angesprochen haben. Es wäre schon erstaunlich, wenn all diese neuen Erkenntnisse nicht zu einem größeren Bewusstsein für verantwortungsvollen Konsum führen würden. Zumindest scheint die Richtung des Trends – weniger Umweltzerstörung, mehr Nachhaltigkeit – klar zu sein.

Der Neustart für den Einzelnen: Die Pandemie hat unsere Aufmerksamkeit auf die Bedeutung der Natur gelenkt. Künftig wird es immer wichtiger werden, unseren natürlichen Ressourcen mehr Aufmerksamkeit zu schenken.

SCHLUSSFOLGERUNG

Im Juni 2020, kaum sechs Monate nach Ausbruch der Pandemie, befindet sich die Welt in einer völlig neuen Lage. Innerhalb dieses kurzen Zeitrahmens hat Covid-19 sowohl bedeutsame Veränderungen herbeigeführt als auch die Bruchlinien vergrößert, die unsere Volkswirtschaften und Gesellschaften bereits seit langem belasten. Zunehmende soziale Ungleichheiten, ein weit verbreitetes Gefühl der Ungerechtigkeit, sich vertiefende geopolitische Gräben, politische Polarisierung, wachsende Haushaltsdefizite und eine hohe Verschuldung, eine ineffektive oder nicht vorhandene globale Ordnungspolitik, exzessiver Finanzmarkt-Kapitalismus, Umweltzerstörung: Das sind nur einige der größten Herausforderungen, die bereits vor der Pandemie bestanden. Die Coronakrise hat sie alle noch verschärft. Könnte das Covid-19-Debakel der Blitz vor dem Donner sein? Könnte sie die Kraft haben, eine Reihe tiefgreifender Veränderungen einzuleiten? Wir können nicht wissen, wie die Welt in zehn Monaten aussehen wird, geschweige denn in zehn Jahren, aber was wir wissen, ist, dass die Welt von morgen zutiefst erschüttert sein wird, wenn wir nichts tun, um die Welt von heute neu zu gestalten. In dem Buch *Chronik eines angekündigten Todes* von

Gabriel Garcia Marquez sieht ein ganzes Dorf eine drohende Katastrophe voraus, und doch scheint keiner der Dorfbewohner in der Lage oder willens zu sein, sie zu verhindern, bis es zu spät ist. Wir wollen nicht dieses Dorf sein. Um ein solches Schicksal zu vermeiden, müssen wir unverzüglich den Großen Umbruch in Gang setzen. Dies ist kein „netter Versuch", sondern eine absolute Notwendigkeit. Wenn es uns nicht gelingt, die tief verwurzelten Missstände in unseren Gesellschaften und Wirtschaftssystemen anzugehen und zu beheben, könnte das Risiko zunehmen, dass wie so häufig in der Geschichte letztlich ein Umbruch durch gewaltsame Erschütterungen wie Kriege oder gar Revolutionen erzwungen wird. Es ist unsere Pflicht, den Stier bei den Hörnern zu packen. Die Pandemie bietet uns diese Chance: Sie „stellt ein seltenes, aber enges Zeitfenster zum Umdenken, Neuerfinden und Neustarten unserer Welt dar".[165]

Die tiefe Krise, in die uns die Pandemie gestürzt hat, hat uns reichlich Gelegenheit gegeben, darüber nachzudenken, wie unsere Wirtschaftssysteme und Gesellschaften funktionieren und was dabei auf der Strecke bleibt. Das Urteil scheint klar zu sein: Wir müssen uns ändern; wir sollten uns ändern. Aber können wir das? Werden wir aus den Fehlern der Vergangenheit lernen? Wird die Pandemie die Tür zu einer besseren Zukunft öffnen? Wird es uns gelingen, unser globales Heim in Ordnung zu bringen? Oder einfacher ausgedrückt: Werden wir den großen Umbruch in Gang setzen? Ein Neustart ist eine ehrgeizige Aufgabe, vielleicht zu ehrgeizig, aber wir haben keine andere Wahl, als unser Bestes zu geben, um diese Aufgabe zu bewältigen. Es geht darum, die Welt weniger gespalten, weniger verschmutzend, weniger zerstörerisch, integrativer, gerechter und fairer zu machen, als wir sie in der Zeit vor der Pandemie hinter uns gelassen haben. Nichts oder zu wenig zu tun, bedeutet, mit offenen Augen auf immer mehr soziale Ungleichheit, wirtschaftliche Ungleichgewichte, Ungerechtigkeit und Umweltzerstörung zuzusteuern. Nicht zu handeln würde bedeuten, zuzulassen, dass unsere Welt niederträchtiger, gespaltener, gefährlicher, egoistischer und für große Teile der Weltbevölkerung einfach unerträglich wird. Nichts zu tun ist keine gangbare Option.

Dennoch ist der Große Umbruch noch lange keine beschlossene Sache. Manche sehen möglicherweise die Notwendigkeit eines solchen Handelns nicht ein, aus Angst vor der Größe der Aufgabe und in der Hoffnung, dass das Gefühl der Dringlichkeit nachlässt und die Situation bald wieder „normal" wird. Die Begründung für Passivität lautet häufig: Wir haben ähnliche Schocks – Pandemien, harte Rezessionen, geopolitische Brüche und soziale Spannungen – schon früher erlebt und werden sie auch dieses Mal überstehen. Wie immer werden sich die Gesellschaften und auch unsere Wirtschaftssysteme wieder erholen. Das Leben geht weiter! Die rationale Erklärung für das Nichteinläuten des Umbruchs basiert auch auf der Überzeugung, dass der Zustand der Welt gar nicht so schlecht ist und wir nur ein paar kleine Dinge am Rande reparieren müssen, um sie besser zu machen. Es stimmt natürlich, dass der Zustand der Welt heute im Durchschnitt deutlich besser ist als in der Vergangenheit. Wir müssen anerkennen, dass es uns als Menschen noch nie

so gut ging. Fast alle Kennzahlen, die die „kollektive Wohlfahrt"
messen (wie die Zahl der Menschen, die in Armut leben oder in
Kriegen sterben, das Pro-Kopf-BIP, die Lebenserwartung oder die
Alphabetisierungsrate und sogar die Zahl der durch Pandemien
verursachten Todesfälle) haben sich in den vergangenen Jahrhunderten kontinuierlich verbessert, und in den letzten Jahrzehnten
sogar ganz beeindruckend. Aber sie haben sich „im Durchschnitt"
verbessert – eine statistische Realität, die für diejenigen, die sich
ausgeschlossen fühlen (und es so oft auch tatsächlich sind), völlig
bedeutungslos ist. Daher ist die Überzeugung, dass die heutige
Welt besser ist als je zuvor, zwar richtig, kann jedoch nicht als Ent-
schuldigung dafür herangezogen werden, sich bequem im Status
quo auszuruhen und die vielen weiterhin bestehenden Missstände
in der Welt nicht zu beheben.

Der tragische Tod von George Floyd (ein Afroamerikaner, der
im Mai 2020 von einem Polizeibeamten getötet wurde) veranschaulicht diesen Punkt auf eindrückliche Weise. Er war der erste Dominostein oder der Tropfen, der das Fass zum Überlaufen
brachte, und markierte einen denkwürdigen Wendepunkt, an
dem ein aufgestautes und tiefes Gefühl der Ungerechtigkeit, das
von der afroamerikanischen Gemeinschaft der USA schon seit
langem empfunden wurde, schließlich in massive Proteste um-
schlug. Würde es ihre Wut wohl besänftigen, wenn man sie darauf hinweisen würde, dass ihr Leben heute „im Durchschnitt"
besser ist als in der Vergangenheit? Natürlich nicht! Was für
Afroamerikaner zählt, ist ihre heutige Situation, nicht, wie sehr
sich ihre Situation im Vergleich zu vor 150 Jahren „verbessert"

hat, als viele ihrer Vorfahren noch in der Sklaverei lebten (sie wurde 1865 in den USA abgeschafft), oder sogar noch vor 50 Jahren, als die Heirat mit einem weißen amerikanischen Staatsbürger illegal war (die gemischtrassige Ehe wurde erst 1967 in allen Staaten legalisiert). Zwei Punkte sind dabei für den Großen Umbruch relevant: 1) Unsere menschlichen Aktionen und Reaktionen beruhen nicht auf statistischen Daten, sondern werden von Emotionen und Gefühlen geleitet – Narrative treiben unser Verhalten an; und 2) mit der Verbesserung unserer *conditio humana* steigt unser Lebensstandard und damit auch unsere Erwartungen an ein besseres und gerechteres Leben.

In diesem Sinne spiegeln die umfangreichen sozialen Proteste, die im Juni 2020 stattfanden, die dringende Notwendigkeit wider, den Großen Umbruch in Angriff zu nehmen. Durch die Verbindung eines epidemiologischen Risikos (Covid-19) mit einem gesellschaftlichen Risiko (Proteste) machten sie deutlich, dass es in der heutigen Welt die systemische Verbindung von Risiken, Themen, Herausforderungen und auch Chancen ist, auf die es ankommt und die die Zukunft bestimmt. In den ersten Monaten der Pandemie hat sich die öffentliche Aufmerksamkeit verständlicherweise auf die epidemiologischen und gesundheitlichen Auswirkungen von Covid-19 konzentriert. Doch nach und nach erkennen wir, dass die folgenschwersten Probleme in der Verkettung wirtschaftlicher, geopolitischer, gesellschaftlicher, ökologischer und technologischer Risiken liegen, die sich aus der Pandemie und ihren anhaltenden Auswirkungen auf Unternehmen und Einzelpersonen ergeben werden.

Es lässt sich nicht leugnen, dass das Coronavirus in den meisten Fällen eine persönliche Katastrophe für die Millionen von Infizierten sowie für ihre Familien und Gemeinden bedeutete. Global gesehen ist die Coronakrise jedoch, wenn man den Prozentsatz der betroffenen Weltbevölkerung betrachtet, (bisher) eine der am wenigsten tödlichen Pandemien, die die Welt in den letzten 2000 Jahren erlebt hat. Aller Wahrscheinlichkeit nach werden die Folgen von Covid-19 in Bezug auf Gesundheit und Mortalität im Vergleich zu früheren Pandemien relativ gering sein, es sei denn, die Pandemie entwickelt sich noch auf unvorhersehbare Weise. Ende Juni 2020 (zu einer Zeit, in der der Ausbruch noch immer in Lateinamerika, Südasien und einem Großteil der USA wütet), hat das Coronavirus bisher den Tod von weniger als 0,006 % der Weltbevölkerung gefordert. Im Vergleich dazu die Sterblichkeitsrate früherer Pandemien: An der Spanischen Grippe starben 2,7 % der Weltbevölkerung und an HIV/AIDS 0,6 % (von 1981 bis heute). Die Justinianische Pest hat von ihrem Ausbruch im Jahr 541 bis zu ihrem endgültigen Verschwinden im Jahr 750 verschiedenen Schätzungen zufolge fast ein Drittel der Bevölkerung von Byzanz ausgelöscht, und dem Schwarzen Tod (1347-1351) sollen zwischen 30 und 40 % der damaligen Weltbevölkerung zum Opfer gefallen sein. Die Corona-Pandemie ist anders. Sie stellt weder eine existenzielle Bedrohung noch einen Schock dar, der die Weltbevölkerung für Jahrzehnte prägen wird. Sie eröffnet jedoch aus all den bereits erwähnten Gründen besorgniserregende Perspektiven; in der heutigen vernetzten Welt verschmelzen die Risiken miteinander, verstärken sich ihre Wechselwirkungen und Folgen. Vieles liegt noch im Ungewissen, aber wir können uns folgender Dinge sicher sein: In der Welt nach der Corona-Pandemie werden Fragen der Gerechtigkeit und Fairness in den Vordergrund rücken, die von stagnierenden Realeinkommen für die große Mehrheit der Menschen bis zur Neudefinition unserer Gesellschaftsverträge reichen. In ähnlicher Weise werden die tiefe Besorgnis über die Umwelt oder Fragen, wie Technologie zum Nutzen der Gesellschaft eingesetzt und geregelt werden kann, ihren Weg auf die politische Tagesordnung finden. All diese Probleme gab es auch schon vor der Pandemie, aber Covid-19 hat sie für alle sichtbar gemacht und verstärkt. Die Richtung der Trends hat sich nicht geändert, aber im Zuge von Covid-19 hat sich die Entwicklung deutlich beschleunigt.

Eine unabdingbare Voraussetzung für einen wirklichen Umbruch ist eine stärkere Zusammenarbeit und Kooperation in und zwischen den Ländern. Kooperation – eine „äußerst menschliche kognitive Fähigkeit", die unsere Spezies auf ihre einzigartige und außergewöhnliche Entwicklungsbahn gebracht hat – lässt sich zusammenfassen als „geteilte Intentionalität" oder die Absicht, zusammen auf ein gemeinsames Ziel hinzuarbeiten.[166] Ohne sie können wir einfach keine Fortschritte machen. Wird die Post-Pandemie-Ära durch mehr oder weniger Kooperation gekennzeichnet sein? Es besteht die sehr reale Gefahr, dass die Welt morgen noch gespaltener, nationalistischer und konfliktträchtiger sein wird als heute. Viele der im Makroteil untersuchten Trends deuten darauf hin, dass unsere Welt in Zukunft weniger offen und weniger kooperativ sein wird als vor der Pandemie. Aber ein

alternatives Szenario ist möglich, in dem kollektives Handeln
innerhalb der Gemeinschaften und eine stärkere Zusammenarbeit zwischen den Nationen einen schnelleren und friedlicheren
Ausweg aus der Coronakrise ermöglichen. Wenn die Volkswirtschaften wieder in Schwung kommen, besteht die Chance,
eine größere gesellschaftliche Gleichheit und Nachhaltigkeit in
den Aufschwung zu integrieren und dadurch die Fortschritte
auf dem Weg zu den Nachhaltigen Entwicklungszielen bis 2030
eher zu beschleunigen als zu verzögern, und eine neue Ära des
Wohlstands einzuläuten.[167] Was könnte dies möglich machen
und die Wahrscheinlichkeit eines solchen Resultats erhöhen?

Angesichts der Versäumnisse und Schwachstellen im grausamen
Tageslicht der Coronakrise könnten wir zu schnellerem Handeln
gezwungen sein, indem wir gescheiterte Ideen, Institutionen,
Prozesse und Regeln durch neue ersetzen, die den gegenwärtigen und künftigen Bedürfnissen besser gerecht werden. Das
ist die Essenz des Großen Umbruchs. Könnte die weltweit gemeinsam gemachte Erfahrung der Pandemie dazu beitragen, einige der Probleme zu entschärfen, mit denen wir zu Beginn der
Krise konfrontiert waren? Kann aus den Lockdowns eine bessere
Gesellschaft hervorgehen? Der Nobelpreisträger für Wirtschaftswissenschaften, Amartya Sen, glaubt das: „Die Notwendigkeit,
gemeinsam vorzugehen, kann sicherlich zu einer Wertschätzung
der konstruktiven Rolle öffentlichen Handelns führen."[168] Als Beweis dafür führt er Beispiele wie den Zweiten Weltkrieg an, als die
Menschen die Bedeutung der internationalen Zusammenarbeit
begriffen hatten und Länder wie das Vereinigte Königreich vom

Nutzen besser verteilter Lebensmittel und Gesundheitsversorgung (und der letztendlichen Schaffung des Wohlfahrtsstaates) überzeugt werden konnten. Jared Diamond, Autor des Buchs *Krise: Wie Nationen sich erneuern können*, ist ähnlicher Meinung und hofft, dass die Coronakrise uns zwingen wird, vier existenzielle Gefahren anzugehen, denen wir alle gemeinsam ausgesetzt sind: 1) nukleare Bedrohungen; 2) Klimawandel; 3) die nicht nachhaltige Nutzung lebenswichtiger Ressourcen wie Wälder, Fisch und Meeresfrüchte, Humusböden und Süßwasser; und 4) die Folgen der enormen Unterschiede im Lebensstandard zwischen den Völkern der Welt: „So seltsam das klingen mag, aber die erfolgreiche Lösung der Pandemiekrise kann uns motivieren, uns mit den größeren Problemen auseinanderzusetzen, vor denen wir bisher zurückgescheut sind. Wenn die Pandemie in uns letztendlich die Bereitschaft schafft, diese existenziellen Bedrohungen anzugehen, könnte das ein Silberstreifen am Horizont hinter der dunklen Viruswolke sein. Von allen Auswirkungen des Virus könnte sie sich als die wichtigste und nachhaltigste erweisen – und als unser größter Hoffnungsschimmer".[169]

Diese individuellen Hoffnungsbekundungen werden durch eine Vielzahl von Umfragen gestützt, denen zufolge wir uns kollektiv Veränderungen wünschen. Angefangen bei einer Umfrage in Großbritannien, aus der hervorgeht, dass die Mehrheit der Befragten sich im Rahmen der Konjunkturerholung eine grundlegende Veränderung der Wirtschaft wünscht, während ein Viertel möchte, dass die Wirtschaft wieder so wird, wie sie war.[170] Bis hin zu internationalen Umfragen, aus denen hervorgeht, dass sich weltweit eine große Mehrheit der Bürger für einen wirtschaftlichen Aufschwung nach der Coronakrise im Zeichen des Klimawandels[171] und einer umweltfreundlichen wirtschaftlichen Erholung ausspricht.[172] Weltweit nehmen Bewegungen zu, die eine „bessere Zukunft" und einen Wechsel hin zu einem Wirtschaftssystem fordern, das unserem kollektiven Wohlergehen Vorrang vor bloßem BIP-Wachstum einräumt.

*****

Wir stehen jetzt an einem Scheideweg. Ein Weg wird uns in eine bessere Welt führen: integrativer, gerechter und respektvoller gegenüber Mutter Natur. Der andere wird uns in eine Welt führen, die der gleicht, die wir gerade hinter uns gelassen haben – nur schlimmer und ständig von bösen Überraschungen bedroht. Wir müssen also den richtigen Weg wählen. Die bevorstehenden Herausforderungen könnten folgenschwerer sein, als wir uns bisher vorzustellen wagten – ebenso könnten wir jedoch auch besser für einen Umbruch gewappnet sein, als wir bisher zu hoffen gewagt hatten.

DANKSAGUNGEN

Die Autoren möchten sich ganz herzlich bei Mary Anne Malleret für ihren unschätzbaren Beitrag zum Manuskript und für die
große stilistische Bereicherung durch ihre „Feder" bedanken, sowie bei Hilde Schwab, die sich als kritische Leserin zur Verfügung
gestellt hat. Sie möchten auch Camille Martin vom Monthly Barometer für die Unterstützung bei der Recherche danken und Fa-
bienne Stassen, die das Buch trotz des offensichtlichen Zeitdrucks
gewissenhaft und mit viel Liebe zum Detail redigiert hat.

Unser Dank geht des Weiteren an die vielen Kollegen beim
Weltwirtschaftsforum, die uns beraten und dieses Buch gelesen,
überarbeitet, formatiert, gestaltet, veröffentlicht und beworben
haben. Zu ihnen gehören Kollegen in den Büros in San Francisco, New York, Genf, Peking und Tokio sowie Fachleute in den
Bereichen Wirtschaft, Gesellschaft, Technologie, Gesundheitswesen und öffentliche Politik. Unser besonderer Dank geht an
Kelly Ommundsen und Peter Vanham im Chairman's Office.

Und schließlich trugen die Rückmeldungen von Forumsteil-
nehmern aus aller Welt und von Menschen mit sehr unter-

schiedlichem Hintergrund dazu bei, dass dieses Buch zu dem wurde, was es hoffentlich ist: ein aktuelles, ausgewogenes und informatives Buch über die wichtigste Herausforderung für das öffentliche Gesundheitswesen in diesem Jahrhundert, mit der die Welt nach wie vor konfrontiert ist, sowie über Möglichkeiten, sie anzugehen und ihre Auswirkungen auf dem Weg in die Zukunft abzufedern.

Klaus Schwab und Thierry Malleret

Genf, Juli 2020

COVID-19: DER GROSSE UMBRUCH

ENDNOTEN

1   Snowden, Frank, *Epidemics and Society: From the Black Death to the Present*, Yale University Press, 2019.

2   Tuchman, Barbara, *Der ferne Spiegel: Das dramatische 14. Jahrhundert*, Claassen Verlag, Düsseldorf, 1980.

3   Solana, Javier, „Our Finest Hour", Project Syndicate, 28. März 2020, https://www.project-syndicate.org/commentary/global-socioeconomic-landscape-after-covid19-pandemic-by-javier-solana-2020-03.

4   Camus, Albert, *Die Pest*, 1997, Rowohlt Verlag GmbH, S. 68.

5   Mahbubani, Kishore, *The Great Convergence: Asia, the West, and the Logic of One World*, PublicAffairs, Perseus Books Group, 2013.

6   World Economic Forum, *The Global Risks Report 2020*, Insight Report, 15. Ausgabe, http://www3.weforum.org/docs/WEF_Global_Risk_Report_2020.pdf.

7   Wharton University of Pennsylvania, Risk Management and Decision Processes Center, „The Ostrich Paradox: Why We Underprepare for Disasters", Issue Brief, Mai 2018, https://riskcenter.wharton.upenn.edu/wp-content/uploads/2019/03/Ostrich-Paradox-issue-brief.pdf.

8   Wagenaar, William A. and Sabato D. Sagaria, „Mispercep-
    tion of exponential growth", *Perception & Psychophysics*,
    Bd. 18, 1975, S. 416–422, https://link.springer.com/arti-
    cle/10.3758/BF03204114.

9   CDC, „2019-2020 U.S. Flu Season: Preliminary Burden
    Estimates", https://www.cdc.gov/flu/about/burden/pre-
    liminary-in-season-estimates.htm

10 Johns Hopkins University & Medicine, Coronavirus Re-
    source Center, „COVID-19 Dashboard by the Center for
    Systems Science and Engineering (CSSE) at Johns Hop-
    kins University (JHU)", 24. Juni 2020.

11 Simon, Herbert, „The Architecture of Complexity", *Pro-
    ceedings of the American Philosophical Society,* Bd. 106, Nr.
    6, 1962, S. 467-482.

12 Malleret, Thierry, *Disequilibrium: A World Out of Kilter*,
    BookBaby, 2012.

13 Im Gegensatz zu weißen Schwänen, die mit Sicherheit auftre-
    ten, sind schwarze Schwäne sehr selten, schwer vorhersehbar
    (nicht wahrscheinlich) und haben überdimensionale Konse-
    quenzen. Sie werden als „schwarze Schwäne" in Anlehnung
    an die historische Tatsache bezeichnet, dass man annahm,
    solche Schwäne existierten nicht, bis holländische Forscher
    sie Ende des 17. Jahrhunderts in Westaustralien entdeckten.

14 Webb, Richard, „Quantum physics", *New Scientist*, o. J.,
    https://www.newscientist.com/term/quantum-physics/#.

15 Daniel Defoe, „Die Pest zu London", übersetzt von Hein-
    rich Steinitzer, 1925. Herstellung und Verlag: BoD-Books
    on Demand GmbH, Norderstedt.

16 Jordison, Sam, „Defoe's Plague Year was written in 1722 but speaks clearly to our time", *The Guardian*, 5. Mai 2020, https://www.theguardian.com/books/booksblog/2020/may/05/defoe-a-journal-of-the-plague-year-1722-our-time.

17 Schama, Simon, „Plague time: Simon Schama on what history tells us", *Financial Times*, 10. April 2020, https://www.ft.com/content/279dee4a-740b-11ea-95fe-fcd274e-920ca.

18 Jordà, Òscar, Sanjay R. Singh and Alan M. Taylor, „Longer-Run Economic Consequences of Pandemics", Federal Reserve Bank of San Francisco, Working Paper 2020-09, 2020, https://www.frbsf.org/economic-research/files/wp2020-09.pdf.

19 Bloomberg, „Coronavirus Is Likely to Become a Seasonal Infection Like the Flu, Top Chinese Scientists Warn", *Time*, 28. April 2020, https://time.com/5828325/corona-virus-covid19-seasonal-asymptomatic-carriers.

20 Kristof, Nicholas, „Let's Remember That the Coronavirus Is Still a Mystery", *The New York Times*, 20. Mai 2020, https://www.nytimes.com/2020/05/20/opinion/us-coro-navirus-reopening.html.

21 Draulans, Dirk, „'Finally, a virus got me.' Scientist who fought Ebola and HIV reflects on facing death from COVID-19", *Science*, 8. Mai 2020, https://www.scien-cemag.org/news/2020/05/finally-virus-got-me-scien-tist-who-fought-ebola-and-hiv-reflects-facing-death-co-vid-19#.

22 Moore, Kristine, et al., *COVID-19: The CIDRAP Viewpoint*, Center for Infectious Disease Research and Policy (CIDRAP), 2020, https://www.cidrap.umn.edu/sites/default/files/public/downloads/cidrap-covid19-viewpoint-part1_0.pdf.

23 Cherukupalli, Rajeev und Tom Frieden, „Only Saving Lives Will Save Livelihoods", *Foreign Affairs*, 13. Mai 2020, https://www.foreignaffairs.com/articles/united-states/2020-05-13/only-saving-lives-will-save-livelihoods.

24 Badger, Emily und Alicia Parlapiano, „Government Orders Alone Didn't Close the Economy. They Probably Can't Reopen It", *The New York Times*, Update vom 9. Mai 2020, https://www.nytimes.com/2020/05/07/upshot/pandemic-economy-government-orders.html.

25 Wighton, Kate, „Lockdown and school closures in Europe may have prevented 3.1m deaths", Imperial College London, 8. Juni 2020, https://www.imperial.ac.uk/news/198074/lockdown-school-closures-europe-have-prevented.

26 Hsiang, Solomon, et al., „The effect of large-scale anti-contagion policies on the COVID-19 pandemic", *Nature*, 8. Juni 2020, https://www.nature.com/articles/s41586-020-2404-8.

27 Goodman, Peter S., „Why the Global Recession Could Last a Long Time", *The New York Times*, 1. April 2020, https://www.nytimes.com/2020/04/01/business/economy/coronavirus-recession.html.

28   Organisation für wirtschaftliche Zusammenarbeit und
      Entwicklung (OECD), „Evaluating the initial impact
      of COVID-19 containment measures on economic ac-
      tivity", 10. Juni 2020, https://read.oecd-ilibrary.org/
      view/?ref=126_126496-evgsi2gmqj&title=Evaluating_
      the_initial_impact_of_COVID-19_containment_measu-
      res_on_economic_activity.

29   CPB Netherlands Bureau for Economic Policy Analysis,
      „Scenarios economic consequences corona crisis", CPB
      Scenarios, März 2020, https://www.cpb.nl/sites/default/
      files/omnidownload/CPB-Scenarios-March-2020-Scenari-
      os-economic-consequences-corona-crisis.pdf.

30   Internationaler Währungsfonds, „World Economic Out-
      look Update", Juni 2020, https://www.imf.org/en/Publi-
      cations/WEO/Issues/2020/06/24/WEOUpdateJune2020.

31   Politi, James, „What to know about America's newly
      unemployed", Financial Times, 21. Mai 2020, https://
      www.ft.com/content/5924441b-1cb6-4fbd-891b-0af-
      b07e163d7.

32   Frey, Carl Benedikt, „Covid-19 will only increase au-
      tomation anxiety", Financial Times, 21. April 2020,
      https://www.ft.com/content/817228a2-82e1-11ea-b6e9-
      a94cffd1d9bf.

33   Jaimovich, Nir und Henry E. Siu, „Job Polarization and
      Jobless Recoveries", National Bureau of Economic Research
      (NBER), Working Paper 18334, überarbeitete Fassung von
      November 2018, https://www.nber.org/papers/w18334.pdf.

34 Coyle, Diane und Benjamin Mitra-Khan, „Making the Future Count", mimeo, 2017.

35 Boffey, Daniel, „Amsterdam to embrace 'doughnut' model to mend post-coronavirus economy", *The Guardian*, 8. April 2020, https://www.theguardian.com/world/2020/apr/08/amsterdam-doughnut-model-mend-post-coronavirus-economy.

36 Banerjee, Abhijit V. und Esther Duflo, *Good Economics for Hard Times*, PublicAffairs, 2019.

37 Ebenda.

38 Commission on Growth and Development, *The Growth Report: Strategies for Sustained Growth and Inclusive Development*, Weltbank, 2008; Hallward-Driemeier, Mary und Gaurav Nayyar, *Trouble in the Making? The Future of Manufacturing-Led Development*, World Bank Group, 2018.

39 Ellen MacArthur Foundation, „What is a circular economy?", 2017, https://www.ellenmacarthurfoundation.org/circular-economy/concept.

40 Wie von der Platform for Accelerating the Circular Economy (PACE) belegt, siehe https://pacecircular.org.

41 International Trade Union Confederation (ITCU), „Investing in the Care Economy: A Pathway to Growth", 8. März 2016, https://www.ituc-csi.org/investing-in-the-care-economy-a.

42 Cassidy, John, „Can We Have Prosperity Without Growth?", *The New Yorker*, 3. Februar 2020, https://www.newyorker.com/magazine/2020/02/10/can-we-have-prosperity-without-growth.

43   Degrowth, „Degrowth: New Roots for the Economy", 2020, https://www.degrowth.info/en/open-letter.

44   McAfee, Andrew, *More from Less*, Simon & Schuster, Inc., 2019.

45   Blanchard, Olivier, „Designing the fiscal response to the COVID-19 pandemic", Peterson Institute for International Economics (PIIE), Briefing 20-1, 8. April 2020.

46   Reinhart, Carmen M. und Kenneth Rogoff, „The Coronavirus Debt Threat", *The Wall Street Journal*, 26. März 2020, https://www.wsj.com/articles/the-coronavirus-debt-threat-11585262515.

47   Reinhart, Carmen M., „This Time Truly Is Different", Project Syndicate, 23. März 2020, https://www.project-syndicate.org/commentary/covid19-crisis-has-no-economic-precedent-by-carmen-reinhart-2020-03.

48   Saez, Emmanuel und Gabriel Zucman, „Keeping Business Alive: The Government Will Pay", revidierte Fassung vom 16. März 2020, http://gabriel-zucman.eu/files/coronavirus2.pdf.

49   Wirksame hohe Negativzinsen müssten durch Maßnahmen gestützt werden, die das Horten von Bargeld in Finanzunternehmen verhindern, siehe Rogoff, Kenneth, „The Case for Deeply Negative Interest Rates", Project Syndicate, 4. Mai 2020, https://www.project-syndicate.org/commentary/advanced-economies-need-deeply-negative-interest-rates-by-kenneth-rogoff-2020-05.

50 Blanchard, Olivier, „Is there deflation or inflation in our
    future?", VOX, 24. April 2020, https://voxeu.org/article/
    there-deflation-or-inflation-our-future.

51 Sharma, Ruchir, „Elizabeth Warren and Donald Trump
    Are Wrong About the Same Thing", *The New York Times*,
    24. Juni 2019, https://www.nytimes.com/2019/06/24/
    opinion/elizabeth-warren-donald-trump-dollar-devalue.
    html.

52 Kumar, Aditi and Eric Rosenbach, „Could China's Dig-
    ital Currency Unseat the Dollar?", *Foreign Affairs*, 20.
    Mai 2020, https://www.foreignaffairs.com/articles/chi-
    na/2020-05-20/could-chinas-digital-currency-unseat-dollar.

53 Paulson Jr., Henry M., „The Future of the Dollar", *Foreign
    Affairs*, 19. Mai 2020, https://www.foreignaffairs.com/ar-
    ticles/2020-05-19/future-dollar.

54 Eichengreen, Barry, Arnaud Mehl und Livia Chiţu, „Mars
    or Mercury? The geopolitics of international currency
    choice", VOX, 2. Januar 2018, https://voxeu.org/article/
    geopolitics-international-currency-choice.

55 Kissinger, Henry A., „The Coronavirus Pandemic Will
    Forever Alter the World Order", *The Wall Street Journal*,
    3. April 2020, https://www.wsj.com/articles/the-co-
    ronavirus-pandemic-will-forever-alter-the-world-or-
    der-11585953005.

56 Der Ausdruck wurde mehrmals verwendet und auch widerlegt. Für ein konkretes Beispiel siehe Jones, Owen, „Coronavirus is not some great leveller: it is exacerbating inequality right now", *The Guardian*, 9. April 2020, https://www.theguardian.com/commentisfree/2020/apr/09/coronavirus-inequality-managers-zoom-cleaners-offices.

57 El-Erian, Mohamed A. and Michael Spence, „The Great Unequalizer", *Foreign Affairs*, 1. Juni 2020, https://www.foreignaffairs.com/articles/united-states/2020-06-01/great-unequalizer.

58 Dingel, Jonathan I. and Brent Neiman, „How Many Jobs Can be Done at Home?", Becker Friedman institute, White Paper, Juni 2020, https://bfi.uchicago.edu/wp-content/uploads/BFI_White-Paper_Dingel_Neiman_3.2020.pdf.

59 Deaton, Angus, „We may not all be equal in the eyes of coronavirus", *Financial Times*, 5. April 2020, https://www.ft.com/content/0c8bbe82-6dff-11ea-89df-41bea055720b.

60 Milanovic, Branko, „The Real Pandemic Danger Is Social Collapse", *Foreign Affairs*, 19. März 2020, https://www.foreignaffairs.com/articles/2020-03-19/real-pandemic-danger-social-collapse.

61 Laut dem Global Protest Tracker des Carnegie Endowment for International Peace, https://carnegieendowment.org/publications/interactive/protest-tracker.

62 Milne, Richard, „Coronavirus 'medicine' could trigger social breakdown", *Financial Times*, 26. März 2020, https://www.ft.com/content/3b8ec9fe-6eb8-11ea-89df-41bea055720b.

63 Long, Heather und Andrew Van Dam, „The black-white economic divide is as wide as it was in 1968", *The Washington Post*, 4. Juni 2020, https://www.washingtonpost.com/business/2020/06/04/economic-divide-black-households.

64 McAdam, Doug, „Recruitment to High-Risk Activism: The Case of Freedom Summer", *American Journal of Sociology*, Bd. 92, Nr. 1, Juli 1986, S. 64-90, https://www.jstor.org/stable/2779717?seq=1.

65 Micklethwait, John und Adrian Wooldridge, „The Virus Should Wake Up the West", Bloomberg, 13. April 2020, https://www.bloomberg.com/opinion/articles/2020-04-13/coronavirus-pandemic-is-wake-up-call-to-reinvent-the-state.

66 Knoeller, Herman, „The Power to Tax", *Marquette Law Review*, Bd. 22, Nr. 3, April 1938.

67 Murphy, Richard, „Tax and coronavirus: a tax justice perspective", Tax Research UK, 24. März 2020, https://www.taxresearch.org.uk/Blog/2020/03/24/tax-and-coronavirus-a-tax-justice-perspective.

68 Mazzucato, Mariana, „The Covid-19 crisis is a chance to do capitalism differently", *The Guardian*, 18. März 2020, https://www.theguardian.com/commentisfree/2020/mar/18/the-covid-19-crisis-is-a-chance-to-do-capitalism-differently.

69 Stiglitz, Joseph E., „A Lasting Remedy for the Covid-19 Pandemic's Economic Crisis", *The New York Review of Books*, 8. April 2020, https://www.nybooks.com/daily/2020/04/08/a-lasting-remedy-for-the-covid-19-pandemics-economic-crisis.

70   Dies zeigt sich insbesondere im jährlichen Edelman-Vertrauensbarometer, https://www.edelman.com/trustbarometer.

71   Zwei prominente Beispiele stammen vom International Panel on Social Progress, *Rethinking Society for the 21st Century*, 2018, https://www.cambridge.org/gb/academic/subjects/politics-international-relations/political-economy/rethinking-society-21st-century-report-international-panel-social-progress, und der Weltbank, *Toward a New Social Contract*, 2019, https://openknowledge.worldbank.org/bitstream/handle/10986/30393/9781464813535.pdf.

72   Kissinger, Henry A., „The Coronavirus Pandemic Will Forever Alter the World Order“, *The Wall Street Journal*, 3. April 2020 https://www.wsj.com/articles/the-coronavirus-pandemic-will-forever-alter-the-world-order-11585953005.

73   Hu, Katherine, „I Just Don't Think We Have the Luxury to Have Dreams Anymore“, *The New York Times*, 24. März 2020, https://www.nytimes.com/2020/03/24/opinion/coronavirus-recession-gen-z.html.

74   McNulty, Jennifer, „Youth activism is on the rise around the globe, and adults should pay attention, says author“, UC Santa Cruz, 17. September 2019, https://news.ucsc.edu/2019/09/taft-youth.html.

75 Im September 2019 demonstrierten zum Beispiel 4 Millionen junge Menschen gleichzeitig in 150 Ländern, um dringende Maßnahmen gegen den Klimawandel zu fordern; siehe Sengupta, Somini, „Protesting Climate Change, Young People Take to Streets in a Global Strike", *The New York Times*, 20. September 2019, https://www.nytimes.com/2019/09/20/climate/global-climate-strike.html.

76 Für eine Diskussion über die aktuellen Formen von Nationalismus siehe Wimmer, Andreas, „Why Nationalism Works", *Foreign Affairs*, März/April 2019, https://www.foreignaffairs.com/articles/world/2019-02-12/why-nationalism-works.

77 Rudd, Kevin, „The Coming Post-COVID Anarchy", *Foreign Affairs*, 6. Mai 2020, https://www.foreignaffairs.com/articles/united-states/2020-05-06/coming-post-covid-anarchy.

78 Rodrik, Dani, *The Globalization Paradox*, Oxford University Press, 2012.

79 Pastor, Lubos und Pietro Veronesi, „A rational backlash against globalisation", VOX, 28. September 2018, https://voxeu.org/article/rational-backlash-against-globalisation.

80 Huang, Yanzhong, „U.S. Dependence on Pharmaceutical Products From China", Council on Foreign Relations, Blog-Beitrag, 14. August 2019, https://www.cfr.org/blog/us-dependence-pharmaceutical-products-china.

81 Khanna, Parag, „Post-pandemic: welcome to the multi-speed world of regional disparities", *Global Geneva*, 26. April 2020, https://www.global-geneva.com/post-pandemic-welcome-to-the-multi-speed-world-of-regional-disparities.

82 Global Business Alliance, „Inbound Investment Survey",
Mai 2020, https://globalbusiness.org/dmfile/Global-
BusinessAlliance_InboundInvestmentSurveyFindings_
May2020.pdf.

83 Paulson, Henry, „Save globalisation to secure the future",
Financial Times, 17. April 2020, https://www.ft.com/con-
tent/da1f38dc-7fbc-11ea-b0fb-13524ae1056b.

84 Hauptabteilung Wirtschaftliche und soziale Angelegenhei-
ten der Vereinten Nationen (DESA), „Global governance
and global rules for development in the post-2015 era",
Politischer Vermerk, 2014, https://www.un.org/en/de-
velopment/desa/policy/cdp/cdp_publications/2014cdppo-
licynote.pdf.

85 Subramanian, Arvind, „The Threat of Enfeebled Great
Powers", Project Syndicate, 6. Mai 2020, https://www.
project-syndicate.org/commentary/covid19-will-weaken-
united-states-china-and-europe-by-arvind-subramani-
an-2020-05.

86 Fukuyama, Francis, *Political Order and Political Decay:
From the Industrial Revolution to the Globalization of De-
mocracy*, Farrar, Straus and Giroux, 2014.

87 Shivshankar Menon, ein ehemaliger indischer Berater
für nationale Sicherheit, zitiert in Crabtree, James, „How
coronavirus exposed the collapse of global leadership",
Nikkei Asian Review, 15. April 2020, https://asia.nik-
kei.com/Spotlight/Cover-Story/How-coronavirus-ex-
posed-the-collapse-of-global-leadership.

88 Cabestan, Jean-Pierre, „China's Battle with Coronavirus: Possible Geopolitical Gains and Real Challenges", Aljazeera Centre for Studies, 19. April 2020, https://studies.aljazeera.net/en/reports/china%E2%80%99s-battle-coronavirus-possible-geopolitical-gains-and-real-challenges.

89 Anderlini, Jamil, „Why China is losing the coronavirus narrative", *Financial Times*, 19. April 2020, https://www.ft.com/content/8d7842fa-8082-11ea-82f6-150830b3b99a.

90 Kynge, James, Katrina Manson und James Politi, „US and China: edging towards a new type of cold war?", *Financial Times*, 8. Mai 2020, https://www.ft.com/content/fe59abf8-cbb8-4931-b224-56030586fb9a.

91 Lee Hsien Loong, „The Endangered Asian Century", *Foreign Affairs*, Juli/August 2020, https://www.foreignaffairs.com/articles/asia/2020-06-04/lee-hsien-loong-endangered-asian-century.

92 Fedrizzi, Alessandro und Massimiliano Proietti, „Quantum physics: our study suggests objective reality doesn't exist", *The Conversation*, 14. November 2019, https://theconversation.com/quantum-physics-our-study-suggests-objective-reality-doesnt-exist-126805.

93 Jiaming, Li, „Every move to stigmatize China evokes our historical memory", *Global Times*, 19. April 2020, https://www.globaltimes.cn/content/1186037.shtml.

94 Bill of Rights Institute, „Founding Principles and Virtues", o. J., https://billofrightsinstitute.org/founding-documents/founding-principles.

95   Nye Jr, Joseph S., „No, the Coronavirus Will Not Change the Global Order", *Foreign Policy*, 16. April 2020, https://foreignpolicy.com/2020/04/16/coronavirus-pandemic-china-united-states-power-competition

96   Mahbubanis jüngstes Buch, *Has China Won? The Chinese Challenge to American Primacy*, PublicAffairs, wurde im März 2020, inmitten der Gesundheitskrise, veröffentlicht.

97   Mahbubani, Kishore, „How China could win over the post-coronavirus world and leave the U.S. behind", MarketWatch, 14. April 2020, https://www.marketwatch.com/story/how-china-could-win-over-the-post-coronavirus-world-and-leave-the-us-behind-2020-04-14.

98   Sharma, Ruchir, „The Comeback Nation", *Foreign Affairs*, Mai/Juni 2020, https://www.foreignaffairs.com/articles/united-states/2020-03-31/comeback-nation.

99   Dies ist der Untertitel des bereits zitierten Artikels von Kevin Rudd: „The Coming Post-COVID Anarchy: The Pandemic Bodes Ill for Both American and Chinese Power – and for the Global Order", https://www.foreignaffairs.com/articles/united-states/2020-05-06/coming-post-covid-anarchy. Alle Zitate in diesem Absatz stammen aus diesem Artikel.

100 Miyamoto, Takenori, „Interview: US is a mess but China isn't the solution: Niall Ferguson", *Nikkei Asian Review*, 21. Mai 2020, https://asia.nikkei.com/Editor-s-Picks/Interview/US-is-a-mess-but-China-isn-t-the-solution-Niall-Ferguson.

101 Signé, Landry, „A new approach is needed to defeat COVID-19 and fix fragile states", Brookings, 21. April 2020, https://www.brookings.edu/blog/future-development/2020/04/21/a-new-approach-is-needed-to-defeat-covid-19-and-fix-fragile-states.

102 Wie im *Monthly Barometer* im Juni 2020 berichtet.

103 Miller, Adam, „Call unanswered: A review of responses to the UN appeal for a global ceasefire", Armed Conflict Location & Event Data Project (ACLED), 13. Mai 2020, https://acleddata.com/2020/05/13/call-unanswered-un-appeal.

104 Quammen, David, „We Made the Coronavirus Epidemic", *The New York Times*, 28. Januar 2020, https://www.nytimes.com/2020/01/28/opinion/coronavirus-china.html.

105 „Coronavirus and Wildlife Letter: Stimulus Package", 24. März 2020, https://www.documentcloud.org/documents/6819003-CoronavirusWildlifeLetterStimulusPackage.html.

106 Weltwirtschaftsforum (WEF), „COVID-19 – Food/Nature/Climate", Internes Dokument, Mai 2020.

107 Cui, Yan, et al., „Air pollution and case fatality of SARS in the People's Republic of China: an ecologic study", *Environmental Health*, vol. 2, no. 15, 2003, https://ehjournal.biomedcentral.com/articles/10.1186/1476-069X-2-15.

108 Friedman, Lisa, „New Research Links Air Pollution to
Higher Coronavirus Death Rates", *The New York Times*,
7. April 2020, https://www.nytimes.com/2020/04/07/
climate/air-pollution-coronavirus-covid.html. Der von
Forschern der Harvard University veröffentlichte wissenschaftliche Artikel wurde verfasst von Wu, Xiao, et al.,
„Exposure to air pollution and COVID-19 mortality in
the United States: A nationwide cross-sectional study",
Harvard T.H. Chan School of Public Health, 24. April
2020 Update, https://projects.iq.harvard.edu/covid-pm.
109 Internationale Energieagentur (IEA), *Global Energy Review
2020*, April 2020, https://www.iea.org/reports/global-en-
ergy-review-2020.
110 Umweltprogramm der Vereinten Nationen (UNEP),
Emissions Gap Report 2019, 2019, https://www.unenviron-
ment.org/interactive/emissions-gap-report/2019.
111 S&P Global and RobecoSAM, *The Sustainability Yearbook
2020*, 2020, https://www.robeco.com/docm/docu-robe-
cosam-sustainability-yearbook-2020.pdf.
112 Internationale Energieagentur (IEA), „How clean energy
transitions can help kick-start economies", 23. April 2020,
https://www.iea.org/commentaries/how-clean-energy-
transitions-can-help-kick-start-economies.
113 Hook, Leslie and Aleksandra Wisniewska, „How coronavirus stalled climate change momentum", *Financial Times*,
14. April 2020, https://www.ft.com/content/052923d2-
78c2-11ea-af44-daa3def9ae03.

114 Chenoweth, Erica, et al., „The global pandemic has spawned new forms of activism – and they're flourishing", *The Guardian*, 20. April 2020, https://www.theguardian.com/commentisfree/2020/apr/20/the-global-pandemic-has-spawned-new-forms-of-activism-and-theyre-flourishing.

115 KSTP, „BP takes $17.5B hit as pandemic accelerates emissions cuts", 15. Juni 2020, https://kstp.com/business/bp-takes-over-17-billion-dollar-hit-as-coronavirus-pandemic-accelerates-emissions-cuts/5760005/; Hurst, Laura, „Supermajors find obstacles, and opportunities, as pandemic drags on", World Oil, 16. Juni 2020, https://www.worldoil.com/news/2020/6/16/supermajors-find-obstacles-and-opportunities-as-pandemic-drags-on.

116 Europäische Kommission, „Ein europäischer Grüner Deal", https://ec.europa.eu/info/strategy/priorities-2019-2024/european-green-deal_de.

117 Gray, Emily and Chris Jackson, „Two thirds of citizens around the world agree climate change is as serious a crisis as Coronavirus", Ipsos, 22. April 2020, https://www.ipsos.com/en/two-thirds-citizens-around-world-agree-climate-change-serious-crisis-coronavirus (siehe auch https://www.ipsos.com/de-de/).

118 Weltwirtschaftsforum (WEF), *COVID-19 Risks Outlook: A Preliminary Mapping and Its Implications*, Insight Report, May 2020, http://www3.weforum.org/docs/WEF_COVID_19_Risks_Outlook_Special_Edition_Pages.pdf.

119 Se-jeong, Kim, „Seoul City to implement 'Green New Deal' to mitigate pandemic fallout", *The Korea Times*, 4. Juni 2020 Update, https://www.koreatimes.co.kr/www/nation/2020/06/281_290628.html.

120 Systemiq und Weltwirtschaftsforum, „Building a Nature-Positive Future – Recommendations for Policy-makers to Reset the Economy through the Power of Natural Capital", Juli 2020.

121 Klaus Schwab, *Die Vierte Industrielle Revolution,* Pantheon Verlag, 2016.

122 Beide zitiert in Waters, Richard, „Lockdown has brought the digital future forward – but will we slip back?", *Financial Times*, 1. Mai 2020, https://www.ft.com/content/f1bf5ba5-1029-4252-9150-b4440478a2e7.

123 Frey, Carl Benedikt und Michael A. Osborne, „The future of employment: How susceptible are jobs to computerisation?", *Technological Forecasting and Social Change*, vol. 114, Januar 2017, S. 254-280, https://www.sciencedirect.com/science/article/pii/S0040162516302244.

124 Heric, Michael, et al., „Intelligent Automation: Getting Employees to Embrace the Bots", Bain & Company, 8. April 2020, https://www.bain.com/insights/intelligent-automation-getting-employees-embrace-bots.

125 Chotiner, Isaac, „The Coronavirus and the Future of Big Tech", *The New Yorker*, 29. April 2020, https://www.newyorker.com/news/q-and-a/the-coronavirus-and-the-future-of-big-tech.

126 Holmes, Oliver, et al., „Coronavirus mass surveillance could be here to stay, experts say", *The Guardian*, 18. Juni 2020, https://www.theguardian.com/world/2020/jun/18/corona-virus-mass-surveillance-could-be-here-to-stay-tracking.

127 Harari, Yuval Noah, „The world after coronavirus", *Financial Times*, 20. März 2020, https://www.ft.com/content/19d90308-6858-11ea-a3c9-1fe6fedcca75.

128 Ebenda

129 Morozov, Evgeny, „The tech 'solutions' for coronavirus take the surveillance state to the next level", *The Guardian*, 25. April 2020, https://www.theguardian.com/comment-isfree/2020/apr/15/tech-coronavirus-surveilance-state-dig-ital-disrupt.

130 Thornhill, John, „How Covid-19 is accelerating the shift from transport to teleport", *Financial Times*, 30. März 2020, https://www.ft.com/content/050ea832-7268-11ea-95fe-fcd274e920ca.

131 Sneader, Kevin and Shubham Singhal, „From thinking about the next normal to making it work: What to stop, start, and accelerate", McKinsey & Company, 15. Mai 2020, https://www.mckinsey.com/featured-insights/lea-dership/from-thinking-about-the-next-normal-to-making-it-work-what-to-stop-start-and-accelerate#.

132 Diese Geschichte stammt aus folgendem Artikel:Kulish, Nicholas, et al., „The U.S. Tried to Build a New Fleet of Ventilators. The Mission Failed", *The New York Times*, 20. April 2020 Update, https://www.nytimes.com/2020/03/29/business/coronavirus-us-ventilator-shortage.html.

133 BlackRock, *Sustainable investing: resilience amid uncertainty*, 2020, https://www.blackrock.com/corporate/literature/investor-education/sustainable-investing-resilience.pdf.

134 Tett, Gillian, „Business faces stern test on ESG amid calls to 'build back better'", *Financial Times*, 18. Mai 2020, https://www.ft.com/content/e97803b6-8eb4-11ea-af59-5283fc4c0cb0.

135 Strine, Leo und Dorothy Lund, „How to restore strength and fairness to our economy" wiederegeben in „How Business Should Change After the Coronavirus Crisis", *The New York Times*, 10. April 2020, https://www.nytimes.com/2020/04/10/business/dealbook/coronavirus-corporate-governance.html.

136 Schwab, Klaus, „Covid-19 is a litmus test for stakeholder capitalism", *Financial Times*, 25. März 2020, https://www.ft.com/content/234d8fd6-6e29-11ea-89df-41be-a055720b.

137 Merchant, Brian, „Google Says It Will Not Build Custom A.I. for Oil and Gas Extraction", OneZero, 19. Mai 2020, https://onezero.medium.com/google-says-it-will-not-build-custom-a-i-for-oil-and-gas-extraction-72d1f71f42c8.

138 Baird-Remba, Rebecca, „How the Pandemic Is Driving Labor Activism Among Essential Workers", Commercial Observer, 11. Mai 2020, https://commercialobserver.com/2020/05/how-the-pandemic-is-driving-labor-activism-among-essential-workers.

139 Hamilton, Gabrielle, „My Restaurant Was My Life for 20 Years. Does the World Need It Anymore?“, *The New York Times Magazine*, 26. April 2020 Update, https://www.nytimes.com/2020/04/23/magazine/closing-prune-restaurant-covid.html.

140 Taparia, Hans, „The Future of College Is Online, and It's Cheaper“, *The New York Times*, 25. Mai 2020, https://www.nytimes.com/2020/05/25/opinion/online-college-coronavirus.html.

141 Hess, Amanda, „Celebrity Culture Is Burning“, *The New York Times*, 30. März 2020, https://www.nytimes.com/2020/03/30/arts/virus-celebrities.html.

142 Barry, John, *The Great Influenza: The Story of the Deadliest Pandemic in History*, Penguin Books, 2005.

143 Kruglanski, Arie, „3 ways the coronavirus pandemic is changing who we are“, *The Conversation*, 20. März 2020, https://theconversation.com/3-ways-the-coronavirus-pandemic-is-changing-who-we-are-133876.

144 Pamuk, Orhan, „What the Great Pandemic Novels Teach Us“, *The New York Times*, 23. April 2020, https://www.nytimes.com/2020/04/23/opinion/sunday/coronavirus-orhan-pamuk.html.

145 Case, Anne and Angus Deaton, *Deaths of Despair and the Future of Capitalism*, Princeton University Press, 2020, https://press.princeton.edu/books/hardcover/9780691190785/deaths-of-despair-and-the-future-of-capitalism.

146 Friedman, Thomas L., „Finding the 'Common Good' in a Pandemic", *The New York Times*, 24. March 2020, https://www.nytimes.com/2020/03/24/opinion/covid-ethics-politics.html.

147 Facebook, „Knowledge Capsules: Lockdown or no lockdown", 26. April 2020, https://m.facebook.com/KnowledgeCapsules1/posts/2374859852804537.

148 Bazelon, Emily, „Restarting America Means People Will Die. So When Do We Do It?" *The New York Times Magazine*, 10. April 2020, https://www.nytimes.com/2020/04/10/magazine/coronavirus-economy-debate.html.

149 Twenge, Jean, „New study shows staggering effect of coronavirus pandemic on America's mental health", *The Conversation*, 7. Mai 2020, https://theconversation.com/new-study-shows-staggering-effect-of-coronavirus-pandemic-on-americas-mental-health-137944.

150 Tucci, Veronica und Nidal Moukaddam, „We are the hollow men: The worldwide epidemic of mental illness, psychiatric and behavioral emergencies, and its impact on patients and providers", *Journal of Emergencies, Trauma, and Shock*, vol. 10, no. 1, 2017, S. 4-6, https://www.ncbi.nlm.nih.gov/pmc/articles/PMC5316796.

151 Health and Safety Executive (HSE), „Work related stress depression or anxiety statistics in Great Britain, 2018", Annual Statistics, 31. Oktober 2018, http://greeningconsultants.co.uk/wp-content/uploads/2019/03/HSE-Stats-2018.pdf.

152 Bechtel, Robert B. und Amy Berning, „The Third-Quarter Phenomenon: Do People Experience Discomfort After Stress Has Passed?", in A.A. Harrison, Y.A. Clearwater und C.P. McKay (Hrsg.), *From Antarctica to Outer Space*, Springer, 1991, https://link.springer.com/chapter/10.1007/978-1-4612-3012-0_24.

153 Brooks, Samantha K., et al., „The psychological impact of quarantine and how to reduce it: rapid review of the evidence", *The Lancet*, vol. 395, no. 10227, 14. - 20. März 2020, S. 912-920, https://www.sciencedirect.com/science/article/pii/S0140673620304608.

154 Campbell, Denis, „UK lockdown causing 'serious mental illness in first-time patients'", *The Guardian*, 15. Mai 2020, https://amp-theguardian-com.cdn.ampproject.org/c/s/amp.theguardian.com/society/2020/may/16/uk-lockdown-causing-serious-mental-illness-in-first-time-patients.

155 Bevölkerungsfonds der Vereinten Nationen (UNFPA), „Impact of the COVID-19 Pandemic on Family Planning and Ending Gender-based Violence, Female Genital Mutilation and Child Marriage", Interim Technical Note, 27. April 2020, https://www.unfpa.org/sites/default/files/resource-pdf/COVID-19_impact_brief_for_UNFPA_24_April_2020_1.pdf.

156 Layard, Richard, „A New Priority for Mental Health§, Paper EA035, Centre for Economic Performance, London School of Economics and Political Science, Mai 2015, http://cep.lse.ac.uk/pubs/download/ea035.pdf.

157 Falk, Dan, „Must We All Become More Creative because of the Pandemic?", *Scientific American*, 29. März 2020, https://blogs.scientificamerican.com/observations/must-we-all-become-more-creative-because-of-the-pandemic.

158 Pollack-Pelzner, Daniel, „Shakespeare Wrote His Best Works During a Plague", *The Atlantic*, 14. März 2020, https://www.theatlantic.com/culture/archive/2020/03/broadway-shutdown-could-be-good-theater-coronavirus/607993.

159 Freedland, Jonathan, „Adjust your clocks: lockdown is bending time completely out of shape", *The Guardian*, 24. April 2020, https://www.theguardian.com/commentisfree/2020/apr/24/lockdown-time-coronavirus-prisoners.

160 Whillans, Ashley, „Time for Happiness", *Harvard Business Review*, Januar 2019, https://hbr.org/cover-story/2019/01/time-for-happiness.

161 Helliwell, John F., Richard Layard, Jeffrey Sachs und Jan-Emmanuel De Neve (eds), *World Happiness Report 2020 (Weltglücksbericht 2020)*, Sustainable Development Solutions Network, 2020, https://happiness-report.s3.amazonaws.com/2020/WHR20.pdf.

162 Diese Forschungsergebnisse finden sich zusammengefasst im Buch von Jones, Lucy, *Losing Eden: Why Our Minds Need the Wild*, Allen Lane, 2020.

163 Im, Su Geun, et al., „Comparison of Effect of Two-Hour Exposure to Forest and Urban Environments on Cytokine, Anti-Oxidant, and Stress Levels in Young Adults", *International Journal of Environmental Research and Public Health*, vol. 13, no. 7, 2016, https://www.ncbi.nlm.nih.gov/pmc/articles/PMC4962166.

164 Nieman, David C. and Laurel M. Wentz, „The compelling link between physical activity and the body's defense system", *Journal of Sport and Health Science*, vol. 8, No. 3, 2019, pp. 201-217, https://www.sciencedirect.com/science/article/pii/S2095254618301005.

165 Klaus Schwab am 3. März 2020; siehe auch Weltwirtschaftsforum, „The Great Reset" (Der Große Umbruch), 3. Juni 2020, https://www.facebook.com/worldeconomicforum/videos/189569908956561.

166 McGowan, Kat, „Cooperation Is What Makes Us Human", *Nautilus*, 29. April 2013, http://nautil.us/issue/1/what-makes-you-so-special/cooperation-is-what-makes-us-human.

167 Cleary, Seán, „Rebuild after the crisis on three pillars: Equity, security and sustainability", G20 Insights, Policy Brief, 29. Mai 2020, https://www.g20-insights.org/policy_briefs/rebuild-after-the-crisis-on-three-pillars-equity-security-and-sustainability.

168 Sen, Amartya, „A better society can emerge from the lockdowns", *Financial Times*, 15. April 2020, https://www.ft.com/content/5b41ffc2-7e5e-11ea-b0fb-13524ae1056b.

169 Diamond, Jared, „Lessons from a pandemic", *Finan-cial Times*, 27. Mai 2020, https://www.ft.com/content/71ed9f88-9f5b-11ea-b65d-489c67b0d85d.

170 Harvey, Fiona, „Britons want quality of life indicators to take priority over economy", *The Guardian*, 10. Mai 2020, https://www.theguardian.com/society/2020/may/10/britons-want-quality-of-life-indicators-priority-over-economy-coronavirus.

171 Gray, Emily and Chris Jackson, „Two thirds of citizens around the world agree climate change is as serious a crisis as Coronavirus", Ipsos, 22. April 2020, https://www.ipsos.com/en/two-thirds-citizens-around-world-agree-climate-change-serious-crisis-coronavirus.

172 Weltwirtschaftsforum (WEF), *COVID-19 Risks Outlook: A Preliminary Mapping and Its Implications*, Insight Report, May 2020, http://www3.weforum.org/docs/WEF_COVID_19_Risks_Outlook_Special_Edition_Pages.pdf.